电视艺术学丛书

电视色彩学

DIANSHI SECAIXUE

第2版

刘恩御　李振◎著

中国传媒大学出版社
·北京·

图书在版编目（CIP）数据

电视色彩学 / 刘恩御，李振著 . --2 版 . -- 北京：中国传媒大学出版社，2019.7

ISBN 978-7-5657-2448-0

Ⅰ . ①电… Ⅱ . ①刘… ②李… Ⅲ . ①电视节目 – 色彩 – 制作 Ⅳ . ① G222.3

中国版本图书馆 CIP 数据核字（2019）第 035833 号

电视色彩学（第 2 版）

DIANSHI SECAIXUE（DI-ER BAN）

著　　者	刘恩御　李　振
责任编辑	欧丽娜
封面设计	卡古鸟设计
责任印制	阳金洲

出版发行	中国传媒大学出版社	
社　　址	北京市朝阳区定福庄东街 1 号	邮编：100024
电　　话	010-65450528　65450532	传真：010-65779405
网　　址	http://www.cucp.com.cn	
经　　销	全国新华书店	

印　　刷	北京中科印刷有限公司
开　　本	787mm×1092mm　1/16
印　　张	黑白　12.75　　彩插　1
字　　数	224 千字
版　　次	2019 年 7 月第 2 版
印　　次	2019 年 7 月第 1 次印刷

书　　号	ISBN 978-7-5657-2448-0/G・2448	**定　　价**	68.00 元

前言
Preface

《电视色彩学》（第 2 版）这部奉献给广大读者的著作既是我二十多年教学与科研工作的总结，又是今后前进道路的指南。它与 1997 年 4 月出版的《影视色彩学》和 2002 年 4 月出版的《色彩科学与影视艺术》相比，除了保留在教学、科研及电视节目制作中仍有参考价值的内容外，还在难易程度和知识系统上改进了原来的结构，并注重内容的更新、色彩科学的发展及与电视节目制作的联系。

全书的正文分为十章，包括：色彩、生活与视觉艺术；光源、物体与色彩的关系；色彩的分类、特征与标志；标准染料三基色系统；关于颜色视觉理论；异常色觉模拟方法；视觉适应特性对色彩感觉的影响；色彩感情的表达；色彩的关系与组合；电视节目的色彩设计与调节。

《电视色彩学》这本书是 1988 年 1 月由原北京广播学院出版社出版的，如今已经问世三十年。当初，自己对这本书的评价正如本书的后记中所写的那样："如果把它比作一座建筑物的话，与其说是可供验收的成品，莫如说仅仅是立在基础上的略具雏形的框架"。这种比喻道出了眼前路途的艰难。为了弄清在物体色彩的显现及其感情表达的过程中，物理、生理和心理之间存在的必然联系，我一直专心研究标志色彩的染料三基色系统、颜色视觉理论及色彩感情的生理因素对心理的影响。在这些研究中取得的成果是我在色彩科学理论及实用上阐述己见，并使之与相关理论融通的基础。

我在研究中对某些问题的系统联想及认识的深化，又在眼前展现出新的思路，为给这座形体不健全的建筑更换材料、加固结构、增砖添瓦创造了条件。时间对人的公平首先使我完成了对染料三基色系统的改进，并且利用彩色电子出版系统制成了 12-5 分级染料三基色系统图谱。数字系统在光源、物体与色彩关系上表现出的创造性和先进性，与现代科学技术的结合以及所具有的独到功能和广泛的实用价值，使它成为一项国家级科学技术研究成果，并且以它为主体在原北京广播学院（现中国传媒大学）电视系创建了“电视色彩学”课程。它的创造性和先进性在于把色彩理论和应用中涉及的基本关系纳入一种与心理判断符合的数字系统，能够科学、准确地分析、判断问题，简化思维过程。国际照明委员会（CIE）第二十六届大会接受了我撰写的论文《均匀颜色空间与数字系统》，在此基础上，我撰写的另一篇论文《标准染料三基色系统》被收录在国际照明委员会（CIE）第二十八届大会的论文集中。

从数字系统来看，在色彩的组成上虽然具有严密的物理学规律，却由于视觉生理特性的影响，往往不能客观地反映它的本来面貌。这种视觉生理现象所造成的消极影响，会使在现场看到的景物色彩与记录的景物色彩有某些差别，影响节目的色彩效果。而积极影响则是因为，不管是对色彩的真实感觉还是与现实不符的反应，都会影响人的心理，产生某种色彩意境和色彩感情。因此，我们可以根据节目内容，通过色彩的选择、组合与调节，人为地制造某种心理影响，产生设想的色彩艺术效果。

在对色彩的感觉上，还涉及了异常色觉。我提出的“感色纤维间联结的设想”既表现了异常色觉与正常色觉在生理结构上的差别，又从生理组织不完善的自然规律角度表现了两者之间的联系。因此，对异常色觉现象的研究也是色彩科学中不可忽视的内容。针对“异常色觉的成因”这个近一百多年以来引起许多科学家关注的问题，我阐述了自己的观点：异常色觉起因于感色纤维之间的联结，并能采用改制摄像机分色棱镜的方法进行模拟。《异常色觉与模拟》这篇论文也和《标准染料三基色系统》一样，经国际科学委员会审查、通过，被收录在国际照明委员会第二十八届大会的论文集中。

在画面色彩的处理上，我认为色彩组合的实质是根据表现的内容恰如其分地调整色彩和谐与色彩对比的关系。我对色彩和谐效果的理解是：其一，画面色彩组合要与表现的内容和谐；其二，色彩和谐与色彩对比程度的选择要适当；其三，在和谐的色彩组合中要能够见到对比，在对比的色彩组合中要能够见到和谐。

关于色彩在电视节目制作中的应用，因为在场景、人物服饰等设计中如何进行色彩选择、组合及摄制时的调节，都与对色彩的理解相联系，所以，学习、研究色彩科学，了解色彩的物理、生理及心理规律，提高色彩艺术素养，是在电视艺术创作中能够灵活、巧妙地运用色彩的关键。

本书重视光源、物体与色彩的关系和视觉生理特性对色彩感觉的影响，运用影像记录手段，使景物的色彩正常再现或偏离实际，产生与内容契合的色彩艺术效果；克服对色彩的表面认识，通过对色彩的联想及象征意义的理解，进入创造性的思维，根据特定的内容渲染感情色彩；认为色彩感情的形成不仅出自对生活实践的联想，还与视觉生理因素有关；色彩所具有的自然美的特性不仅由来已久，而且随着时代的发展及科学的进步，产生更加诱人的魅力。

色彩科学与电视节目制作的联系，从根本上来说是色彩与景物的联系。因此，要认识景物，联系色彩，在艺术创作中利用两者之间的关系来表达某种感情。就拿荷花来说，她之所以被人喜爱，是因为具有青翠、挺拔、出淤泥而不染的个性，拟人以纯正、刚毅、不随波逐流的高尚情怀。她那秀丽的形态中映出的色彩，不仅使人感到醒目、清新，还会把留在心中的印象和感受作为色彩思维与创造的素材。这种通过色彩传递景物信息以及对人的视觉与心理产生相应影响的例子比比皆是，这是电视艺术创作取之不尽、用之不竭的源泉。

在电视节目制作中要根据表现主题、发展情节和渲染气氛的需要，认真选择、恰当组合景物的色彩，严格控制、准确调节画面的色彩，合理编辑与组接镜头间的色彩。要想在这几个重要的制作环节中得心应手地运用色彩，充分发挥色彩的表现力，就需要对色彩科学的基本原理及其与电视节目制作的联系有全面、系统的了解。

学生在学习中遇到的问题往往是不能科学地理解色彩的本性，认为它是一种孤立的、不受其他因素影响的自然现象，忽视在色彩显现中涉及的基本关系。究竟应该如何认识色彩呢？生活经验会把人引向探索问题的思路：在夕阳西下、月影消逝的时候，白日里那些色彩艳丽的景物都伴随着夜晚的寂静湮没在黑暗的空间，这说明没有光的照射，物体就没有色彩。因此，应该把色彩这个名词科学地理解为：人的视觉器官以物体为媒介对光的一种反应。以色彩的本质是光为前提思考问题，就容易弄清色彩的物理规律及其在色彩显现、色彩感觉上与视觉生理特性和心理影响的联系，找到色彩科学的门路。

对学习的要求是重在理解，即从物理、生理及心理的角度系统地了解光源的光谱成分、物体的吸收特性与色彩显现的关系。重视这种严密的规律与视觉反应的差别对心理的影响以及在电视节目色彩应用上的意义。避免孤立、片面地理解色彩学中的某些内容、规律或概念，既要分清差别，又要注意联系，融会贯通，才能灵活运用。

前言中的一席话尽管是本着传授知识的心愿对广大读者倾诉的，但也只能连同本书的内容供学习时参考。因为任何一种理论都是人们实践经验的总结，并且随着科学技术的进步会不断地发展和深化。因此，不能把理论当成死板的教条，而是要在灵活的运用中提高认识，发现妙处，形成新的见解。这也是科学发展的普遍规律和必由之路。从这个观点出发，真诚地希望广大读者在参阅本书的时候，予以检验，提出建议。

作者

2016年9月27日

目录
Contents

第六章 异常色觉模拟方法 / 076

第七章 视觉适应特性对色彩感觉的影响 / 089

第一章 色彩、生活与视觉艺术

在人们的眼前展现的自然界，是被无数的色彩渲染得极其美丽而又奇妙的世界，在自然景象的千姿百态中焕发出迷人的光彩，不仅使人爽心悦目、流连忘返，并且激发人们仿效这种自然美的规律，在美化生活上进行着苦苦的探求，并以此为源泉创造光辉灿烂的视觉艺术。

第一节 光彩幻化的自然界

每当我思索自然景色的时候，常常回忆起童年生活的故乡。那里的冬季，虽然是冰天雪地、寒风刺骨，而在阳光辉映下的银白色的世界则使人感到意境奇异、美不胜收。在那晴朗风平的早晨，结满树挂的枝条交错连接、晶光闪烁，仿佛是精工巧制的艺术品；冰雪的背阴处微现的淡淡的青蓝色及与晨光的对比，形成了色彩鲜明、气氛宁静的景致。当风雪袭来的时候，尽管眼前出现了脱掉素裹的树木和阴沉的天空，而飞舞的鹅毛般的雪花则形成了北方独有的景色。由近疏远密的雪花形成的透视效果虽然不过百米的范围，而人们对雪海的联想却伸向了视野以外的空间——那被大雪弥漫的山野、河畔、田园、村庄及以各种方式生存的人们……

当冰雪消融、春风送暖的时候，被唤醒的田野又被敷上了嫩绿的色彩。北国之春虽然比不上自古以来使人眷恋的“山重水复疑无路，柳暗花明又一村”的江南春光，而色彩与物象的契合及对自然美的展现却给人留下了深刻的印象。在那绿柳的深处，溪声绵绵、鸟语阵阵，传送着春意盎然的乐曲。当从远处眺望这个全景场面时，那宁静而充满生机的色彩，那清脆而不显喧闹的声音，会使人在沉醉中领会到春天的诗情和画意。在这满眼春色的另一个景区是在细柳的间隙盛开的野花和起落频繁的蝶群，从多种色彩相互交织的效果来看，是春天的彩色画卷中最艳丽的一折，它充分地渲染了春天那种万物复苏、景象活跃的气氛。

随着春花的凋落，整个大地几乎被浓绿的色彩覆盖起来，春天那种绿中带黄的明快色彩在自然界的色彩基调中消逝了。无论是田园、河畔还是山野的色彩，都充满着比春天更强烈的生机与活力，表现了北方夏季的色彩特征。清晨，当人们漫步在田间小路上的时候，那特征相近的和谐色彩，那缭绕身周的清新气息，使人百看不感视觉疲劳，久留不觉精神厌倦。人的眼睛对绿色的反应和心理上产生的鲜明而舒适的感觉，也许是因为这个象征生命的色彩自古以来就与人类在生存和进化上建立了不解之缘。

当日趋成熟的果实耗尽了绿色生机的时候，景象热烈的秋天便披着暖调的色彩降临在北方的大地。在那白桦林中，橙黄色的树叶静静地飘落着，在树下铺起了金黄色的地毯；从枝叶的缝隙中透过的天光使白色树干的阴影处显现着淡蓝的色彩；这种面积悬殊的冷、暖色彩形成的视觉反差，使秋季的山林给人一种色彩鲜明、艳丽，气氛热烈、欢快的感觉。河畔上的草丛也由宁静的绿色逐渐变黄，同天蓝色的池水与河面形成了对比鲜明的色彩组合，使基调温暖的画面散发着一丝寒气。成群的野鸭带领初飞的幼雏时而在空中盘旋，时而在水中寻觅，为金秋的乐曲增添了欢快的旋律；当它们因受惊钻入草丛的时候，那褐色的羽毛便与大自然的色彩融为一体，表现了色彩间的关系与自然界生存斗争的联系。当幼雏的羽毛丰满、体格健壮，跟随鸭群起程南飞的时候，河畔上只留下映照蓝天的水面和被冷风吹拂的枯草，景象热烈的金秋销声匿迹了，取而代之的又是千里冰封、寒风凛冽、景色壮观的冬天。

整个自然界就是同北方的大地一样，随着季节的变化以及给动植物的生存、发育、形态和习性带来的影响，通过依附于形象的色彩特征和相互关系展现出来的。它之所以使人动情、陶醉、感慨万端，是因为色彩特征与物体形象进行了恰当的搭配，并且在整体上表现了鲜明、和谐的自然美。当光源的特性、照射方向及观看的角度发生变化时，又会改变景物的色彩特征和相互关系，使同一个景物显现出截然不同的色彩效果。

这段对景物色彩的描述同光彩幻化的大自然景色相比，虽说仅仅是蜻蜓点水，却道出了自然景物色彩的奇丽、繁多及其变化的微妙。对研究及应用色彩的人们来说，自觉地与自然界接触，不仅仅是为了获得某种心理感受，进行提高艺术素养的熏陶，更重要的是通过对自然界的观察、留意和认识，领悟景物色彩形成的根源、变化的规律以及对人的生理和心理产生的影响，进而运用这种自然规律美化生活，创造艺术，激起欣赏者的共鸣。

第二节　生活与色彩

人类自起源以来，一向同美丽的自然界息息相关、生死与共；不仅领受大自然的温暖，品味大自然的景色，还仿效自然美的规律更新大自然的面貌，美化生活环境、衣着和用品。人类对自然美的仿效除了表现在造型上以外，在色彩运用上显得尤为突出。

色彩在一定地区、一定空间和一定条件下的显现与变化都是遵循一定规律的，在这种环境中长期生存的人类会对反复出现的色彩特征、组合关系及视觉反应留下深刻的记忆，也会凭借着逐渐形成的判断能力，认识、评价色彩在塑造形象、表达情感和渲染气氛上产生的效果，并且把它作为一种美化生活的借鉴。比如：白雪、蓝天使人感到素雅、清冷；粉花、绿叶使人感到艳丽、鲜明；绿水、青山使人感到宁静、和谐；黄山、红叶使人感到温暖、欢快。这些景物的色彩组合如果同一定的服饰、用具、环境等色彩设计联系起来，就体现了人类在美化生活上对自然界色彩规律的仿效。

当人类的祖先还完全依赖自然界生存的时候，就由于受到自然美的影响而产生了利用色彩美化生活的愿望，他们把自己居住的环境用自然界中带有某种颜色的物体装饰起来。当他们开始能够用双手制造工具的时候，也不仅仅满足于适用的造型，还设法涂上用矿物质研磨成的颜料，制成美丽的外观。当人类进入文明社会的时候，他们对色彩的理解和运用又超越了表面的特征，渗透某种象征意义、民族风情和宗教观念。比如：人们认为绿色具有自然界永远生存的寓意；荷兰人喜欢橙色，等等。这些因素都在生活美化上留下了深刻的痕迹。

在科学技术飞速发展的现代社会，具有开拓意识和创造精神的新一代人虽然还不可能完全摆脱那些旧有的传统观念的影响，而直接或者间接地仿效自然、美化生活的行动及产生的效果，却向人们展示了人类社会光彩绚丽的景象。

人们在运用色彩美化生活上对自然界的仿效，首先表现在对颜色的命名上，即把自然界中某种物体的名称作为与其色彩相像的颜色的附加语。比如：迎春花、橄榄绿、葡萄紫是用植物的名称来命名的；蜻蜓蓝、山鸡褐、银鼠灰是用动物的名称来命名的；海青、石绿、土黄是用无机物质的名称来命名的；天蓝、月灰、夕阳红是用天体的名称来命名的。这些同自然界血肉相连的色彩名称也加深了人类同自然界的鱼水之情。每当人们运用色彩美化生活的时候，往往会情不自禁地联想到自然界的美，模拟自然界鲜明而和谐的美，创造超越自然乃至看不到自然痕迹的美。人类对自然美的仿效在我们的生活中是举目可见的。

当人们从远郊起程步入北京市区的时候，在沿途会看到一座座农家的院落。给人的印象最深刻的是在绿树下的灰色院墙上镶着的形形色色的院门；住宅的墙壁和屋顶也多为灰色，人们一般都把窗框和椽头涂上比较鲜艳的色彩。大面积的绿色、灰色与局部鲜艳色彩的对比，不仅从整体来看给人一种幽静、和谐的感觉，也带有一点儿民间的装饰风味，在色彩的组合上既流露了自然美的迹象，又表现了某种生活气息。在路旁零星出现的商业小店和饭馆，则以其鲜明甚至扎眼的色彩组合从幽静的院落群体中跳跃出来，如同万绿丛中的一点红色，用醒目的形象吸引来往的过客。尽管主人在店铺的色彩设计上无意仿效自然界，而在色彩效果上表现的对比、烘托作用却符合自然美的规律。

随着高层建筑的增多及公路上车辆的密布，北京的市区缓缓向我们敞开了大门。这里，在整体上引人注目的是在绿树丛中竖立的参天建筑，其中的多数被敷上了白色或浅淡的暖调色彩，有的还在楼体的高处镶上色彩鲜明的标志。这些景物由于蓝色天空的烘托，在色彩组合上犹如晴天的绿岭托着一座座石峰，给人一种沉静、明快的感觉，颇有自然美的韵味。

走进繁华的商业街道，那大大小小的商店摩肩接踵地映入人们的眼帘，它们不仅形式各异，并且具有明显的色彩倾向，似乎是想通过与左邻右舍的对比来突出自己的形象，吸引顾客的关注。商店门面的装饰设计人员所创造的多彩市容及其在活跃市场、繁荣商业上发挥的作用，也能从百花盛开、竞相逞美的大自然中找到根据。

当离开拥挤的人群进入居民住宅区的时候，景物色彩的鲜艳和对比程度骤然下降，呈现庭院安静、色彩和谐的景象。走进居民的住宅，凡是在色彩的选择与布局上处理恰当的居室都会给人一种意境鲜明的感觉，或和谐、宁静，或热烈、欢快，或古朴、典雅……这些色彩意境的创造往往与主人的职业、情趣和审美要求相联系。比如：经常在安静的环境中默默工作的教师、作家的居室，除了桌子上摊放的书籍、资料外，多数都把房间布置得井井有条、色调和谐，几乎看不到大面积的鲜艳色彩，给人一种安适、素雅的感觉，符合设计者的心理要求；从事商业和服务行业的青年人，他们的房间设计多带有娱乐的色彩，那温暖、热烈的色彩基调及鲜艳、明快的色彩组合与时而播放的欢快乐曲，合成了一个能使人解除疲劳、养精蓄锐的环境；整天埋头创作的书画艺术家、老年书画爱好者的居室，虽然由于挂着一些正在推敲、改进中的半成品显得有些零乱，而那颜色浓重、样式古朴的陈设形成的色彩基调与装饰风格，却洋溢着浓厚的民族传统艺术气氛。

如果在居民的家中参观、走访的时候留心主人的衣着，就会发现人的情趣、爱好和审美要求等等也会在服饰色彩上表现出来。比如：举止活泼、性情开朗的人常常选用基调温暖、对比鲜明的服饰色彩；谈吐庄重、性格文雅的人喜爱基调宁静、对比柔弱的服饰色彩；处境艰难或生活俭朴的人往往是在朴素的服饰色彩中流露出追求色彩美的心愿。服饰色彩与人的个性的结合虽然不完全符合审美的标准，但从竭力地寻求与自己的心理相应的服饰色彩的主观愿望来看，仍然体现了色彩在美化生活上的作用。就服饰及其色彩的设计者来说，也并不是单纯地为了表现自己的艺术风格，实现某种创作意图，而是遵从商品规律，关注流行色彩的变化倾向，满足各种类型的心理需求，为人们生活的美化作出贡献。在服饰色彩的选择上同以往相比表现的移风易俗精神，不仅仅是减少了陈旧、暗淡的成分，增加了鲜艳、明快的色彩，还在一定程度上打破了性别、年龄的界限，显示出色彩的时代特征。层出不穷、无处不在的服饰色彩已经作为一种悦耳的音符，成了生活色彩旋律中的重要成分。它将不断地遵循自然美的规律，发出人们求美的心声。

通过这段人类运用色彩美化生活的记述，我们看出了色彩与生活的密切关系，人们对自然界色彩美的感受，在应用中的仿效、深入的理解及新的追求。这是研究、应用色彩的人们必须了解的人类生活的一个重要部分，是色彩艺术创造取之不尽、用之不竭的源泉。

第三节　色彩艺术的源泉

艺术作为一种富有创造性的社会意识形态，是自然界和人类的现实生活在艺术家头脑中反映的产物。在构成视觉艺术的诸多材料中，在表现外观和传达感情上最引人注目又耐人寻味的便是色彩。自古以来，人类就用色彩的非凡表现力渲染诸如美术、摄影、戏剧等艺术作品。

原始人在洞窟中描绘的动物形象及鲜明的色彩，虽说仅仅是对自然景物的粗糙模仿，而现代人却把它当成美妙的艺术品来欣赏。因为原始人使用具有创造性的方式把动物的形象描绘出来，涂上自然界所能提供的颜料，并且与自己的狩猎生活相联系。从构成动物形体的黑、红两色的象征意义来看，也符合原始人的恐惧心理和挑战精神。在色彩的运用上，标志着原始人由祈求生命复活或安宁寄托的“人类着色于自身”的行为开始转向“着色于物体”，萌发出色彩对艺术的渲染。

到了人类能够从事农耕、建造住宅、缔造文化的古代文明时期，着在物体上的色彩也像作为原始人生命见证的红色变成了上帝儿子血液的象征一样，被注入各种思想感情和象征意义，丰富了色彩的内涵，增强了人们对造型艺术的表现力。

古埃及人在沙漠上建造的金字塔及橙黄的色彩，不仅象征着王权，也与沙漠在色调上融为一体，创造了天然与人工合成的艺术，并与反射蓝天的尼罗河及充满生机的绿洲相辉映，向世人展现了具有民族特色的国土风貌。在塔内墓室的壁画上，用多种色彩描绘的国王死后生活的极乐世界，形象生动、色彩鲜明，给人一种富丽堂皇的感觉。壁画的创作不仅以国王在世的生活景象为素材，也在渲染艺术上，将应用的色彩与大自然相联系，寓意浓厚的宗教意识。如金黄色象征明亮的太阳神；绿色有起死回生的含义；蓝色代表神权与圣洁，等等。虽然古罗马长期以来一直沿袭古希腊的以白色为中心的无彩色体系，而当古罗马帝国真正接受基督教的色彩象征意义的时候，便从热衷于造型的桎梏中解脱出来，变成了一个绚丽色彩天国，证实了色彩对艺术渲染是人心所向的普遍规律。而这个时期的中国人对色彩的理解则与表现宗教和神话的色彩象征意义相对立，认为色彩是形成宇宙的重要因素。在色彩体系上，以黑色和白色为主，外加红色、黄色和蓝色，这不仅成了西汉末期已经被完善了的“阴阳五行说”的组成部分，也与隋、唐时代开辟的墨色结合的创作方法有着必然的联系。为世界艺术的发展做出了巨大贡献的中国画在色彩的运用上就是墨色结合、墨中加色和以墨代色，并且在墨中的六彩里包括由空地形成的白色。这种不同明度的墨色与种类精练的彩色组成的画面及其所形成的超越自然景色的魅力，是使中国画能够大显绝色、令人赞美、举世瞩目的重要原因。

在中世纪，尽管基督教的色彩象征意义还在教会和修道院延续着，而到了纵贯14–16世纪的文艺复兴时期，人类的灵魂便逐渐地从中世纪的镣铐中解放出来，进入了可以自由翱翔的时代。意大利的列奥纳多·达·芬奇就是文艺复兴美术最杰出的画家和投入文艺复兴运动的最重要的代表。在他的作品中，无论是《最后的晚餐》还是《蒙娜丽莎》，都非常重视光影与明暗在艺术造型和色彩透视效果上的作用，使绘画艺术放射出现实主义光彩。

到了17世纪的巴洛克时期，在画面的光线效果上，又改变了文艺复兴时期的全方位照明，把强光汇聚于主体，环境色彩则湮没在黑暗之中。这如同夜幕中的一丝烛光，很像现代舞台的人物特写照明。这个时期，荷兰著名肖像画家伦勃朗在光线效果的处理上就常常把一道强光射到人物的面部，而将次要部位处理在阴影之中。如他的代表作品《戴金盔的人》中，高明度的金黄色和浓重的朱红色在暗色背景的烘托下，色彩鲜明、形象突出。虽然这个时期的绘画从色彩倾向来看，表现了象征君主的绝对权威和荣耀的金黄色，而从把色彩运用作为一种艺术造型手段来看，仍然是一种新的尝试，是一个进步。如果把以光和影的强烈对比为特征的巴洛克时期叫作男性化时代，那相继而来的 18 世纪的洛可可时期便自然可以称为女性化时代了。因为她在美术和服装的色彩风格上，打破了巴洛克那种充满苦重的框架，用优雅替代威严，用清淡替代浓重，用喜悦替代苦难，使色彩从以往的地位和阶级的束缚中得到了解放。但这个时期，论述色彩的基础还仅仅限于光的视觉效果和心理因素，而光学物理和生理学方面的研究，则是由牛顿和歌德开辟了道路。

英国数学和物理学家牛顿用三棱镜把白色的阳光分散成彩色光谱的实验，虽然没有对光的本质做出解释，但毕竟是 18 和 19 世纪对色彩科学的重大发现，他引导人们对这种直观的色彩现象进行认真的研究。德国文学家和科学家歌德就是在百年之后重复了牛顿的实验，他超越了牛顿仅仅从物理学的角度来解释色彩现象，而向生理和心理学方面发展。他的色彩理论认为一切色彩都包含在正色和负色之中，即能使人产生温暖、喜悦和鲜明感觉的红色、黄色和绿色是正色，能够加重人的冷落、悲伤和怯懦情绪的青色、蓝色和紫色为负色。

英国 19 世纪浪漫主义画家透纳虽然赞成歌德的理论，并且画了《阳光和色彩》及《阴影和黑暗》这两幅画，但他把色彩解释为物质的观点与歌德认为色彩是画家的主观印象的看法是格格不入的。他的著名作品《奴隶船—台风临近》通过光与物体的关系渲染的浪漫主义色彩，正如他的父亲拉斯金所记述的："余晖的波谷上，气息奄奄的罪船落下了死神般的影子，又低又冷地垂入在黑色的夜雾中，倒映着可怕的紫青色影子。奴隶船的桅杆将血染的轮廓映在空中，显得十分恐惧。火焰般的色彩与阳光交织在一起，特别是长长的墓碑般的凄凉波浪此起彼伏，把大海染成血色一般，包围在那该诅咒的恐怖之中。"他用色彩的层次来描绘自然景象的事实，证明了自己坚信的可以使色彩潜入物体之中来表现物体形态的理论的正确，使色彩对艺术的渲染优先于形体，开始了色彩成为形象的时代。

19 世纪中叶，染料的增多及调色板上色彩的丰富，又为以印象派画家为主的色彩革命打下了物质基础。他们的基本观点是色彩不存在于物体，而是由于光的作用；认为色彩是产生于观赏者的知觉，是通过视觉把含有光谱的色感知为色彩，并科学地分析了色彩形成的规律。从这个意义上来说，印象主义画家也具有写实的因素。法国印象派画家莫奈创作的《雾中国会大厦》，画面的整体效果光彩夺目、气势磅礴，而大厦的主体则以暗紫的色调微现在被金色阳光笼罩的晨雾中。这种光与色的融合及对景物的渲染，充分地表现了画家的创意和情怀，在人们的心中留下了深刻的印象。

当时，使色彩得到了科学表现的是法国画家修拉。他在绘画中不仅应用了牛顿光谱中的各种颜色，而且用色点组合的方法来构成画面，并通过视觉混合形成一定的色彩效果，从而保证了色彩的纯度，客观地表现了色彩与光的关系。这种方法在他的代表作《大碗岛上的星期天》中就有明显的表现，画面中那绿色的基调、青蓝色的海水以及分布在阳光下和阴影中的穿着各色服装的人群，尽管在色彩组合上还不够科学，但也产生了一定的色彩混合效果，表现了减色空间混合的规律，把色彩混合的效果同视觉生理特性联系起来。

到了20世纪，随着科学技术的进步及对人的心理、生活方式和审美要求的影响，形形色色的绘画流派也应运而生，并且作为现代绘画的潜在动向发展着。无论在绘画上不以视觉反应为依据，通过主观的色彩组合构成心目中的形象，还是把绘画看成由色、线、形构成的乐曲，进而创造和谐、优美的画面，抑或是通过色彩造型表达自己的心声，等等，从用色彩渲染艺术的角度来看，无一不在时代和色彩科学发展的影响下，化成冲向现代艺海的支流。

20世纪中叶，柯达彩色胶片的问世及彩色摄影的发明，又为色彩对艺术的渲染开辟了新的领域。它使景物的色彩能利用感光物质记录在胶片上，并通过化学显影过程还原出来。这种在艺术造型上与绘画具有某种共性但又使它望尘莫及的摄影作品，不仅能够逼真地再现景物的瞬间形象和色彩，而且可以通过对被摄景物色彩的选择、加用滤色镜及摄影镜头的运动，改变画面的色彩特征及组合关系，产生设想的色彩艺术效果。

随着彩色胶片性能的逐渐完善及彩色电影的出现，人们又借助电影摄影机的功能及视觉暂留的生理特性，在银幕上获得了感觉自然的活动的彩色影像。它使色彩对艺术的渲染冲破了在绘画和摄影中表现静止画面的局限，使依附于活动影像的色彩在流动中发挥其表现力，形成时间与空间结合的色彩旋律。

由于电子科学的发展而形成的电视技术及信息传递的彩色化，又赋予色彩对艺术渲染的新的生命。先进的科学技术使由彩色构成的活动影像可以通过光电转换化成无形的信号，翻山、越海，瞬间传到世界上的各个角落；并且可以在电视节目摄制和播放的过程中，通过三基色信号幅度的调节及特技的运用，改变画面的色彩特征、相互关系及节奏感，产生与节目内容统一的色彩艺术效果。

色彩所具有的自然美的特性，自从人们发觉以来，就把它作为一种造型艺术的语言用于描述自然景象、风土人情、生活气息，以及让人们向往和追求的美妙人生与梦想。它将随着社会的发展和科学的进步，不断地增强渲染艺术的功能，在美化世界、创造文明和丰富人类生活上发挥巨大的作用。

第二章 光源、物体与色彩的关系

自然界中多姿多彩的形象是通过光源与物体之间的关系表现出来的。就光的本质来说，虽然只是具有一定波长范围的电磁辐射波，但是，由于各种物体都有固定的吸收特性，便对照射光线产生了不同的反应，因此，才能在同一光源照射下通过色彩把自己的形象表现出来，并且受着光源光谱成分变化的影响。在色彩应用的实践中，为了弄清物体的色彩之所以千差万别和它形成的规律，人们通过对光线本质的深入分析引出了蓝、绿、红三原色光。实践也证明：物体显现的各种色彩都是由一定比例的三原色光组成的，而黄、品、青三种染料又能够分别吸收蓝光、绿光和红光，控制三原色光的比例。因此，用黄、品、青三种染料以一定比例组成的染料三基色数式，既能表示光源的光谱成分，又能概括物体的吸收特性，描述物体的色彩，客观地表现光源、物体与色彩的关系。这是色彩科学最根本的物理规律，也是在电视节目制作中能够对画面色彩进行控制与调节的依据。

第一节 光的本质及三原色光

作为色彩本质的光线，是一种什么样的自然现象呢？关于这个问题，自然科学领域的科学家们已经争论了 150 余年。虽然牛顿的微粒学说在时光进入 20 世纪以来又得以复苏，而当今占主导地位的仍然是惠更斯的波动学说。按照波动学说的观点，光现象是一种电磁现象，光波就是一种频率很高的电磁辐射波。它从光源开始，如同沉石在水中引起的波纹那样，以每秒 30 万公里的高速在空中传播。它在一秒钟内可以围绕地球走完七圈半的路程，这为电视中两地信息的快速传递创造了技术条件。

光在整个电磁辐射波谱范围内只占很小一部分，其波长大约从 380 至 780 纳米（1纳米等于百万分之一毫米，用字母 nm 来表示）。也只有这一段电磁辐射波才能引起人的视觉反应，产生光的感觉，也称为可见光。

当一束白光射到三棱镜上的时候，就会由于组成白光的各种光线的波长及折射率的不同而被分解成为明晰可见的红、橙、黄、绿、青、蓝、紫七种色光。在光学上把这种能使白光分解的现象称为“光的色散”（表2-1为七种色光所对应的波长范围），把这个依次排列的彩色光带称为光谱，把组成光线的不同波长的多种色光称为光谱成分，并把它作为光源光谱特性的标志。

表2-1　可见光的颜色及其对应的波段

可见光的颜色	波长范围（纳米）
紫	380—430
蓝	430—470
青	470—500
绿	500—560
黄	560—590
橙	590—630
红	630—780

为了应用的方便，把波长为400—700纳米的可见光分为三段：400—500纳米为蓝光范围；500—600纳米为绿光范围；600—700纳米为红光范围。国际照明委员会也曾规定，将波长分别为435.8纳米、546.1纳米和700纳米的蓝、绿、红光作为能够匹配等能光谱色的三原色光。实践也证明了通过三原色光的定比组合可以模拟自然界的各种色彩。或者说，自然界中物体的各种颜色都是由一定比例的三原色光组合形成的。

第二节　色光混合与滤减的规律

为了表现色彩的类别、特征、相互关系以及实用中的色彩控制与调节，我们就必须研究组成色彩的蓝、绿、红三原色光的比例，并使这种比例与色彩名称相对应。这也是能否自如地运用色彩的关键。由于自然界中的色彩种类是不计其数的，加之人的视觉分辨能力的限制，对所有色彩的三原色光组合比例都进行分析和研究是不必要的，也是不可能的。只要选择一些典型的组合比例进行研究，即可明了三原色光的混合规律及其对色彩特征的影响。

一、三原色光的混合

色光混合的最基本的规律是蓝、绿、红三原色光之间以最大的光量进行等量混合。当三原色光等量混合时，形成白色光；当绿光与红光等量混合时，形成黄色光；当蓝光与红光等量混合时，形成品色光；当蓝光与绿光等量混合时，形成青色光。如果用字母 B、G、R、Y、M、C、W 分别代表蓝光、绿光、红光、黄光、品光、青光和白光，可用下式表示三原色光等量混合的规律（字母前的系数表示光量，100 为最大的光量，是为了与色光滤减的规律相对应）。

蓝光（100B）+ 绿光（100G）+ 红光（100R）→白光（W）

绿光（100G）+ 红光（100R）→黄光（Y）

蓝光（100B）+ 红光（100R）→品光（M）

蓝光（100B）+ 绿光（100G）→青光（C）

如果分别在三个幻灯机的镜头前加上分光吸收特性适当的蓝、绿、红滤色片，并使透射光分别局部叠加地投射到白色银幕上，那么就可以看到三原色光等量混合的效果（见图 2–1）。

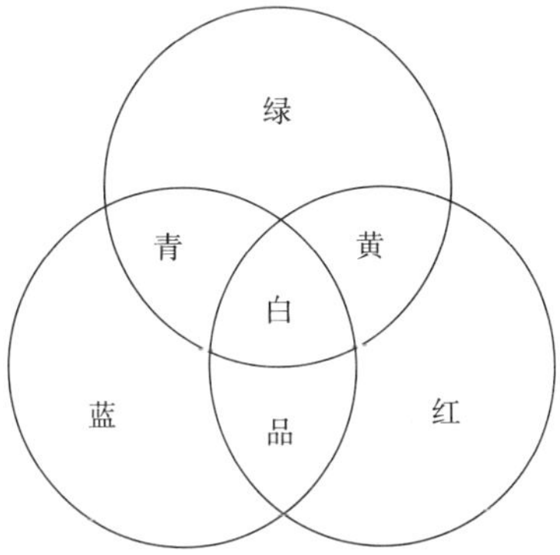

图 2–1　三原色光在银幕上的等量混合

三原色光等量混合的规律还体现在光谱色的排列上，即红、绿之间为黄，蓝、绿之间为青；若使光谱彩带首尾相接，又可推测在蓝、红之间有不在光谱上的品色。从色相上也可以断定黄光、品光和青光是由三原色光中哪两种原色光混合形成的。比如：黄光中丝毫不见蓝光的迹象，却有红光和绿光的影子；品光中看不出绿光成分，而闪现蓝光和红光；青光具有蓝、绿两色的特点，而与红光无关。通过与光谱、色相的联系，不仅可以加深我们对色光混合的印象，还有助于我们认识色彩之间的关系。

当蓝光与绿光以 2∶1 的比例混合时，蓝多绿少为天色（100B+50G），蓝少绿多为翠色（100G+50B）；当绿光与红光以 2∶1 的比例混合时，绿多红少为草色（100G+50R），绿少红多为橙色（100R+50G）；当红光与蓝光以 2∶1 的比例混合时，红多蓝少为粉色（100R+50B），红少蓝多为紫色（100B+50R）。

蓝、绿、红三原色光经上述比例混合形成的天色、翠色、草色、橙色、粉色和紫色，从色彩的位置关系来看，分别为蓝色、青色、绿色、黄色、红色和品色的间色（见图2-2），并可通过两色的混合表现出来。

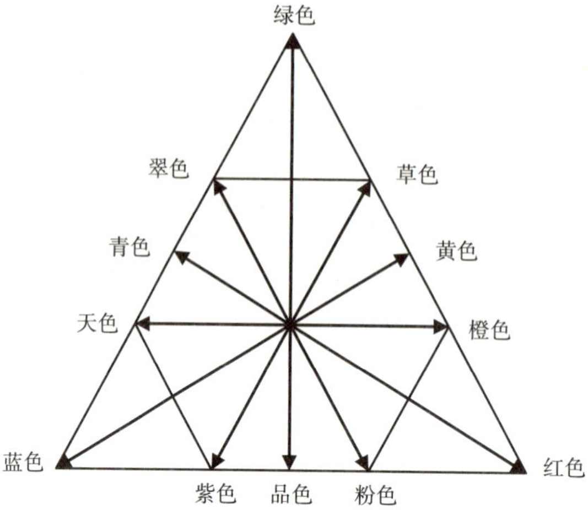

图2-2　由三原色光比例体现的色彩位置关系

无论是在观赏景物时接触的色彩，还是在美化生活上选择的色彩，抑或是在创造艺术中运用的色彩，由于景物的物质结构和由此形成的吸收特性的不同以及光源光谱特性的影响，都是各种各样的。为了在色彩设计及对景物影像色彩的控制与调节上准确无误，产生良好的艺术效果，研究色彩的组成是非常必要的。其中的首要问题是了解色光混合的基本规律。这样，才能分析、判断成分比较复杂的色光是由哪些原色光以何种比例混合形成的。比如：分析浅青色光的成分时，可以从浅色中含有白色成分（数量是看三原色光中最小的）来确定它是由蓝、绿、红三种原色光组成的，而浅青色的显现又表明其中除了有由一定数量的三原色光组成的白色成分外，剩下的是蓝光和绿光等量混合的彩色成分（数量是看组成彩色成分的三原色光中最大的），因而断定浅青色光的三原色光组合比例为（100B+100G+50R）；判断三原色光组合比例为（100B+50G+75R）的色光时，先把其中的白色成分（50B+50G+50R）分出，剩下的是蓝光和红光以2：1的比例混合的彩色成分（50B+25R），由此确认，蓝、绿、红三原色光以100：50：75的比例混合时，形成浅紫色光。一些看着深暗的色光，是由于其中掺入了三原色光数量同时减少而形成的黑色成分（数量是看三原色光中减少至最少的）。比如：组成深青色光（50B+50G）的三原色光中没有一种达到最大值（100），它含有的黑色成分与由蓝光和绿光等量混合形成的彩色成分相混合，给人一种深青色的感觉；若在这种色光中掺入白色成分（25B+25G+25R），又会使深暗的色光看着发浅，给人一种彩中加灰的感觉，即灰青色（75B+75G+25R）；由三原色光等量混合形成的色光中，除了白色的以外，还有黑色的和深浅不同的灰色。表 2–2 中所列的是由三原色光以一定比例混合时形成的一些色光。

表 2–2　色光混合比例及色彩中的三种成分

三原色光混合比例	黑色成分	白色成分	彩色成分	三种成分总量	色名
50G+100R	0	0	100	100	橙色
50B+75G+100R	0	50	50	100	浅橙
25G+50R	50	0	50	100	深橙
25B+50G+75R	25	25	50	100	灰橙
100R	0	0	100	100	红色
50B+50G+100R	0	50	50	100	浅红
50R	50	0	50	100	深红
25B+25G+75R	25	25	50	100	灰红
100B+ 50R	0	0	100	100	紫色
100B+50G+75R	0	50	50	100	浅紫
50B+25R	50	0	50	100	深紫
75B+25G+50R	25	25	50	100	灰紫
100B+100G+100R	0	100	0	100	白色
75B+75G+75R	25	75	0	100	浅灰
50B+50G+50R	50	50	0	100	中灰
25B+25G+25R	75	25	0	100	深灰
0B+0G+0R	100	0	0	100	黑色

若两种色光等量混合时形成白光，则这两种色光之间的关系为互补色光。因为白光是通过这两种色光互相补充形成的，即补成了白光，所以称为互补关系。比如在图 2–2 中，隔着等边三角形的中心点相对的蓝色和黄色、天色和橙色、青色和红色、翠色和粉色、绿色和品色、草色和紫色，这六对色光均为互补关系（见表 2–3）。

表 2-3 色光之间的互补关系

色光名称	三原色光比例	色光名称	三原色光比例	混合结果	
				三原色光比例	颜色
蓝色光	100B	黄色光	100G+100R	100B+100G+100R	白光
天色光	100B+50G	橙色光	100R+50G	100B+100G+100R	白光
青色光	100B+100G	红色光	100R	100B+100G+100R	白光
翠色光	100G+50B	粉色光	100R+50B	100B+100G+100R	白光
绿色光	100G	品色光	100B+100R	100B+100G+100R	白光
草色光	100G+50R	紫色光	100B+50R	100B+100G+100R	白光

两种纯度较高的互补色光进行组合时，由于视觉刺激上的特点，给人一种对比鲜明而舒适的感觉。这种规律在景物的色彩组合中是较为常见的。比如：中央电视台《新闻联播》节目的片头常用橙色与天色或黄色与蓝色的组合；2014 年 8 月 10 日下午，中国乒乓球俱乐部超级联赛女子团体第二阶段决赛中，山东鲁能和八一冀中能源两队穿的运动衣色彩分别近于红色和青色。

二、物体的吸收特性及对三原色光的滤减

当照射光源的光谱成分固定时，物体反射或透射的光线及由此形成的色彩仅仅决定于物体对照射光线的吸收特性。一个物体究竟吸收哪种原色光，可以通过白光的照射检验出来。比如：当由蓝、绿、红三原色光组成的白光照射景物时，成熟的橘子吸收了白光中的蓝光和一半的绿光，把全部的红光和一半的绿光反射出来，显现了橙色；红色的花朵吸收了白光中的蓝光和绿光，由反射的红光显现了自己的色彩；迎春花吸收了白光中的蓝光，把绿光和红光反射出来，显现了黄色；初落的雪把白光中的蓝、绿、红三原色光全部反射出来，显现了洁白的色彩；墨汁把白光中的蓝、绿、红三原色光全部吸收，显现了乌黑的色彩。

从上述物体的吸收特性还可以看出，能够反射或透射两种原色光的物体，只吸收一种原色光。即：黄色物体吸收蓝光，反射或透射绿光和红光；品色物体吸收绿光，反射或透射蓝光和红光；青色物体吸收红光，反射或透射蓝光和绿光。根据这个规律，可以采用能够分别吸收蓝、绿、红三原色光的黄、品、青三种染料的定比组合来表现由物体不吸收的光线形成的色彩。这是一种与色光混合截然不同的色光滤减的方法。使用这种方法的时候，先按黄（Y）、品（M）、青（C）

的顺序组成一种标记形式（Y/M–C），即染料三基色数式，并把足以吸收相应色光的染料浓度称为染料三基色数式的最大染料值（详见本书的第四章）。比如，染料三基色数式 0/100–50 中的黄染料为 0，将白光中的蓝光全部反射；品染料为 100，把白光中的绿光全部吸收；青染料为 50，吸收了白光中一半的红光。因此，这个数式表示蓝光和红光以 2∶1 的比例混合的紫色。

用色光滤减的方法表现的色彩之间也存在互补关系；把标志互补两色的染料三基色数式中的黄、品、青三种染料分类加合起来都变为最大值（100），形成全部吸收三原色光的黑色（见表 2–4）。

表 2–4　色彩之间的互补关系

色彩名称	染料三基色数式	色彩名称	染料三基色数式	加合结果	
				染料三基色数式	颜色
黄色	100/0–0	蓝色	0/100–100	100/100–100	黑色
橙色	100/50–0	天色	0/50–100	100/100–100	黑色
红色	100/100–0	青色	0/0–100	100/100–100	黑色
粉色	50/100–0	翠色	50/0–100	100/100–100	黑色
品色	0/100–0	绿色	100/0–100	100/100–100	黑色
紫色	0/100–50	草色	100/0–50	100/100–100	黑色

三、色光混合与色光滤减的区别

在研究色光混合和色光滤减的时候，两者的概念是不容混淆的；无论是色光混合还是色光滤减，都是相对光而言的。所谓“色光混合”，指的是色光与色光的相加，所以，相加之后的混合光不仅颜色与单色光不同，而且增加了亮度。比如：等量的绿光和红光混合后，变成了亮度比绿光或红光都强的黄色光（100R+100G）；如果再加上等量的蓝光，就会变成更亮的白光（100R+100G+100B），这属于“色光混合”。假如在白光下把绿滤色镜和红滤色镜叠起来，好像也是绿、红两色相加，但并不能显现亮度比单个滤色镜的颜色更亮的黄色，而是变成了黑色。这是因为，两个滤色镜合起来把组成白光的蓝、绿、红三原色光全部吸收，这属于“色光滤减”。两个滤色镜叠起来时，对白光的吸收量为两者分别吸收的总和。比如：当由蓝、绿、红三原色光组成的白光投射到红滤色镜上的时候，其中的黄染料和品染料分别吸收了蓝光和绿光，因为没有青染料，红光被透射过去；当它射

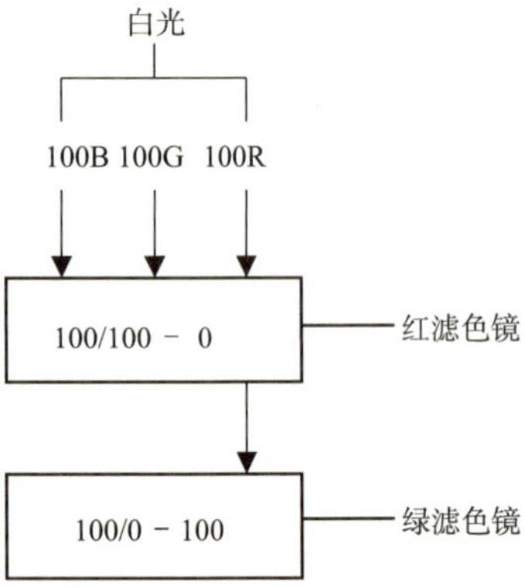

图 2-3　色光滤减示意图

到下面的绿滤色镜上时，又被其中的青染料吸收。由于这两块滤色镜合起来，吸收了全部三原色光，没有光线透过，给人一种黑色的感觉（见图 2-3）。

用色光滤减的方法计算时，若相加后的黄、品、青染料的数值超过 100，仍按 100 计算，因为此时相应的原色光已经被全部吸收。比如，一个橙滤色镜和一个黄滤色镜叠起来，由透射光显现的颜色为：（100/50-0）+（100/0-0）=200/50-0→100/50-0（橙色）。

第三节　影响物体色彩的客观因素

一、物体的吸收特性及光源的光谱成分

人们看到的景物的色彩并不能保持它的特征，而是在多种因素的影响下，不断地变化着。当太阳光线的色彩因大气及云雾的影响而瞬息万变的时候，被它照射的景物也以自己对照射光源的特定反应，几乎使人难以察觉地变换着色彩。只有当阳光近于白色的时候，各种物体的本色才相对地稳定下来，显现出人们印象中的色彩。影响景物色彩的因素，除了直射阳光外，还有由物体反射光形成的环境光。

前些年笔者遇到过这样一件事：一位女学生去暗房放大黑白照片（作业）之前，在走廊看同学寄来的一封信。还没等看完的时候，实验室的工作人员就催她进暗房了。因实习还没开始，她便重新打开了那封信，一看，竟然表现出惊异的神色，并脱口说出“字呢？”在场的同学们也跟着惊讶起来。这是为什么呢？原来，这封信是用红笔在白纸上写的。在走廊里是白光照明，白色的信纸是全反射体，把照射它的蓝、绿、红三原色光全部反射出来，显现了它的本色；而红字能吸收白光中的蓝光和绿光，把红光反射出来。白纸、红字对比鲜明，清晰可见（见图 2-4）。而暗房里是安全灯照明（红光），白纸和红字都能反射红光，信纸和字迹之间的界线看不见了，给人一种纸上无字的感觉。

这个事例充分地说明了物体对光线的吸收特性，在本身色彩的显现上起着重要的作用，而色彩的变化则取决于光源特性的改变。因为任何一个物体只有固定的吸收特性，没有固定的颜色；当光源的光谱成分改变了，并且同白光照射下相

比，不能充分发挥它的反射或透射特性的时候，其色彩就要发生变化。

上例中的白纸和红字有各自的吸收特性，它们的色彩都受光源光谱成分变化的影响。但是，色彩的变化也有先决条件，即当变化了的光源还能充分发挥它的反射或透射特性时，色彩就不会发生变化，如红字在白光下为红色，在红光下也为红色。而白纸在白光下为白色，在红光下为红色，是因为变化了的光源不能充分发挥它的反射特性，因而使色彩发生了变化。在电视节目制作中，人们必须重视光源特性改变时对场景色彩产生的不同影响，并以此为依据进行照明设计、灯光控制与色彩调节。

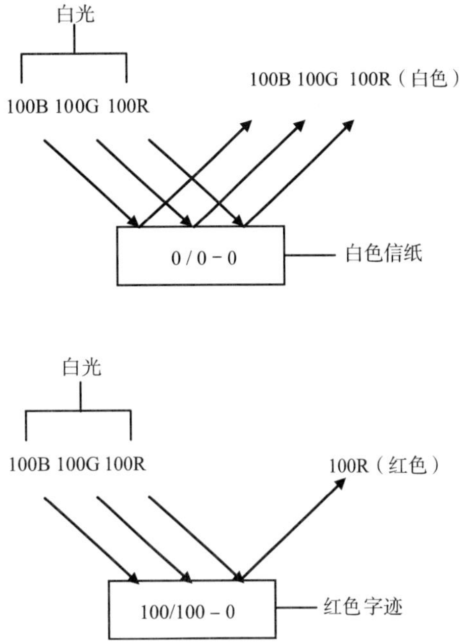

图 2–4　在白光照射下信纸为白色，字迹为红色

二、对光源特性标志（色温）的认识

为了便于不同特性光源之间的比较、选择、适用控制条件的调整以及某些应用的色度计算，人们通常用色温来标志照明光源的光谱特性。这种方法的由来是将绝对黑体从绝对零度（–273.15℃）开始加温，温度每升高一度称为 1 开氏度（用字母 K 来表示）。当温度升高到一定程度的时候，绝对黑体便辐射出可见光。其光谱成分及给人的感觉也会随着温度的不断升高发生相应的变化。于是，人们就把绝对黑体辐射一定色光时的温度定为发射相同色光光源的色温。比如：在电视节目摄制中使用的新式卤钨灯的色温为 3200K；标准日光的色温为 5500K。

在国际规定的五种标准光源中，A 光源的色温为 2854K，近于 40W—60W 的普通灯泡的色温；B 光源的色温为 4800K，近于上午直射阳光的色温；C 光源的色温为 6800K，近于阴天较高的色温；D 光源的色温为 6500K，相当于平均昼光的色温；E 光源是为了简化色度学的计算而假想的一种光源，是可见光中各种波长的光所辐射的功率相同时形成的一种白光，色温与标准日光相近。

作为光源光谱特性标志的色温，只与光源的光谱成分相联系，与光源的温度无关。在色温低的光源中，蓝光成分少，红光成分多；在色温高的光源中，蓝光成分多，红光成分少。

三、影响物体色彩的综合光源

在一定环境中的物体之所以色彩丰富、变化无常，是因为受到特性不断改变的多种光源的影响，尤其是瞬息万变的自然光源。其中，普照大地的太阳光线就时时刻刻处在变化之中，被它照射的景物色彩也随之发生变化，形成光彩夺目的自然界。

（一）日光在空间传递中的损失及色温的变化

日光光谱成分的变化是因为在空间的长途传递中经过了大气层的介质。当介质的直径近于或大于光线的波长时，就会改变光线的传播方向，发生漫射现象，减弱了日光的强度，但不改变光谱成分。所以，当天空中有微量的小水珠时，就会通过对日光中蓝、绿、红光的等比漫射，形成洁白的浮云；如果水珠再多，又会由于漫射到地面上的三原色光的减少，形成灰色的阴云；晴朗天气的天边不像空中那样蓝，是由于接近地面的水汽或尘埃等比例地漫射了日光中的三原色光。

当介质的直径远远小于光线的波长时，则使长短不同波长的光线产生不同程度的散射：光线的波长越短，散射量越大；光线的波长越长，散射量越小。因此，晴天仰望天空时，人们会看到由大气中微小质点散射的大量的蓝光和少量的绿光混合的天色；也是这个原因及晴天中午的日光经过大气层的路程较短，蓝、绿、红三原色光以顺次递增的微小差别形成了略带橙调的白光；而刚刚露出地面的太阳，则由于经过大气介质的路程很长，使日光中波长较短的蓝光和绿光几乎全部被大气介质散射，只有波长较长的红光几乎全部透过，显现出火红的太阳（见图2–5）。

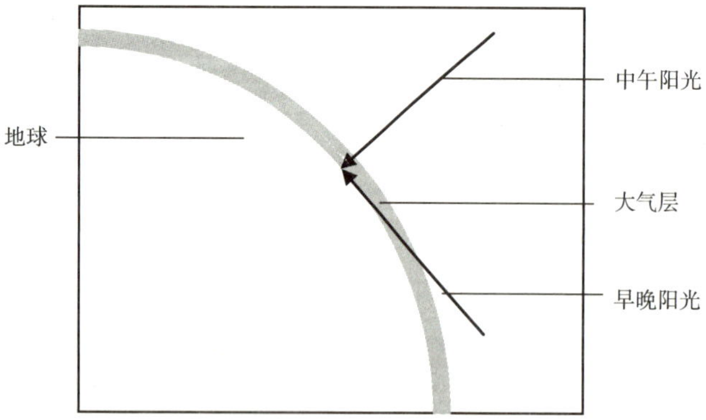

图2–5　日光在大气介质中传播路程的变化

（二）被大气介质散射的日光形成的天光

“天光”是指来自天空的非直射阳光，即被大气中的介质漫射或散射的太阳的光线。它们和直射阳光一起组成了综合光源，照射自然界的景物。因此，当天气、直射阳光的照射方向、景物的位置及拍摄角度发生改变，使景物接收的天光光谱成分在综合光源中的比例发生变化时，就会改变综合光源的色温，影响被照景物的色彩。比如：阴雨的天气，由于乌云的漫射，天光中所含的红光成分与被大气介质非等比例散射的直射阳光相比显著减少，令综合光源的色温变高，使被照景物的色彩与晴天相比偏蓝；晴朗的天气，处在阴影中的景物由于主要是接受含蓝光成分较多的天空散射光的照明，所以，色彩与直射阳光下的同一景物相比偏蓝，此种光源下的同一景物的背光部分的色彩比向阳部分偏蓝（见图 2-6）；在没有直射阳光的室内，景物由于主要是靠天光照明，所以，和室外直射阳光下的同一种颜色的景物相比，有些偏蓝。

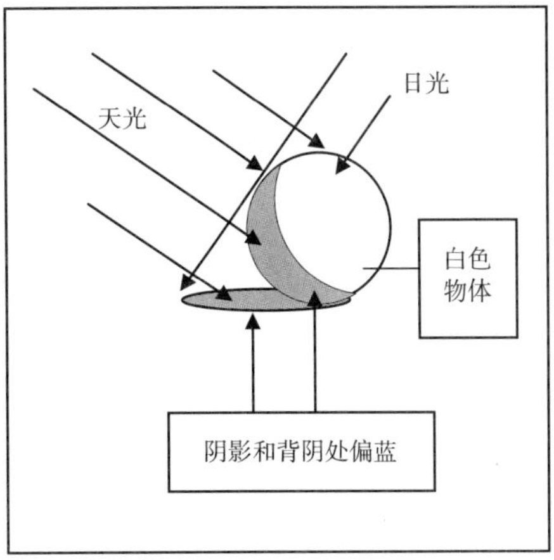

图 2-6　天光对雪景色彩的影响

捷克的一位名为柏金赫的医学博士曾在 1852 年发现一种现象：在一个傍晚，他看墙上挂的一幅油画时，发现画上的颜色除了带有蓝绿倾向的色彩以外，其他色调的色彩都不鲜明。后来，人们把这种现象称为柏金赫现象，这也是物体色彩受天光影响的例子。因为傍晚太阳已经落山，射入房间的是透过窗子的天光，所以，只有那些在白光下看着倾向蓝绿色的物体能反射含蓝绿成分的天光，显现出比较明显的色彩。

（三）由物体反射光形成的环境光源

人们之所以能看到被光照射的物体，是因为物体把本身不吸收的光线反射到人的眼睛里。可见，任何一个被光照射的物体对人的眼睛来说都是一个光源。这个光源也必然波及周围的物体，我们把这个由物体反射光形成的光源称为环境光源（见图 2-7）。处在环境光源中的物体，既是环境光源的组成部分，其色彩又受环境光源的影响。比如：池中的白色荷花由于受水面、荷叶反射光等环境光源的影响，显现出多样的浅淡色彩，而不是纯白；一个手持红色花束注视的人，脸上会显现出微红的色彩。

在电视节目制作中，这种影响往往会对画面的色彩、气氛的形成发挥积极作用，但也会造成不良影响。比如：暖调环境光源的辉映对喜庆气氛的表达就起到渲染作

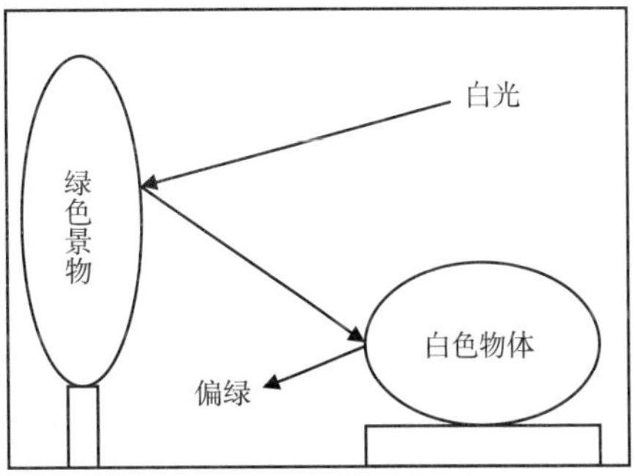

图 2-7　环境光源对物体色彩的影响

用；冷调的环境光源会使人物肤色不能正常表现。因此，在摄制电视节目的时候，要分析环境光源的特征及其对拍摄对象色彩的影响，以便根据节目内容的要求，有效地利用、避开环境光源，或做某些技术控制的调整。

四、物体的显色方式

物体色彩显现的方式是多种多样的。一类物体的色彩是由其本身辐射的光线形成的，我们把这类物体称为发光体，如太阳、灯具、火焰等等。发光体的颜色决定于所发出色光的光谱成分，其颜色可以根据光谱功率分布曲线来推断。从图 2-8 标志的光源中可以看出，光谱功率分布曲线表示红光成分多，蓝光成分少，绿光成分在两者之间，因此，该光源为近于钨丝灯光的浅橙黄色。

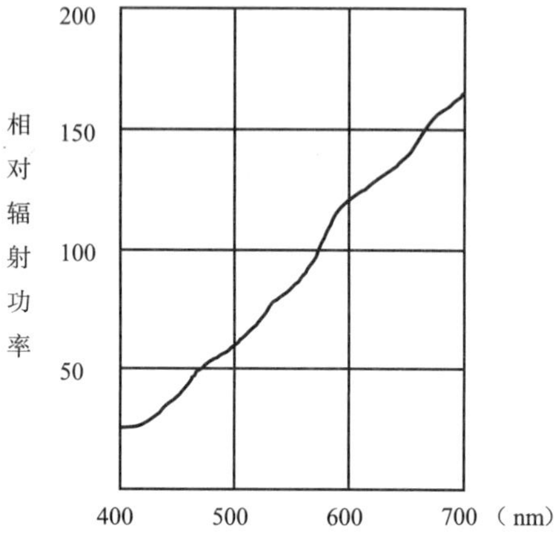

图 2-8　钨丝灯光光谱功率分布曲线

自然界中绝大多数物体的色彩不是由其本身辐射的光线形成的，而是通过对照射光线的吸收、反射和透射表现出来的，我们把这类物体称为非发光体。在非发光体中，对照射光线完全反射或完全透射的物体是没有的，因为无论其反光率或透光率有多大，都或多或少要吸收一部分投射光。比如：初降的雪，其反光率最高，也仅仅是看作 100%；氧化镁和硫酸钡是最白的物质，其反光率也不过 95%；最黑的物质是黑丝线，也有大约 2% 至 0.2% 的反光率。我们把对光线吸收很少、透过很多的物体称为透明体，对光线吸收或反射很多、透过很少的物体叫不透明体。透明体或不透明体的色彩都是由不被它们吸收的照射光线形成的。

还有一类物体的色彩是通过光的折射、衍射和干涉现象形成的。比如：白光透过棱镜后，因折射形成的各种色彩；羽毛因使白光产生衍射，呈现各色光纹；肥皂泡因其薄膜作用形成的光的干涉现象而变得五彩缤纷。

当人们从适当的角度去看一个被白色光源照射的表面光滑的非发光物体（如彩色的油漆桌面、花瓶或透明的有色玻璃等等）的时候，就会发现它失去了本来的颜色，而呈现光源的色彩。这是一种对三原色光均不吸收的定向反射现象。它对增加物体的立体感觉、调剂色彩关系和活跃画面气氛起到良好的作用。能完全吸收三原色光的绝对黑体不能通过反射光源的光线显现自己的色彩，只能借助环境色彩的烘托表现自己的形象。

有些物体对组成白光的蓝、绿、红三原色光都是以同等的比例吸收、反射或透射。这种“非选择吸收”的物体由于对照射光线吸收量的不同而显现出被称为消色的白色、灰色和黑色。根据人的视觉对光的敏感与适应的特性，反光率在 75% 以上的物体感觉为白色低于 75%、高于 10% 的物体感觉为灰色；低于 10% 的物体感觉为黑色。这些消色物体色彩的显现可以用理想的反射曲线表示出来（见图 2–9）。

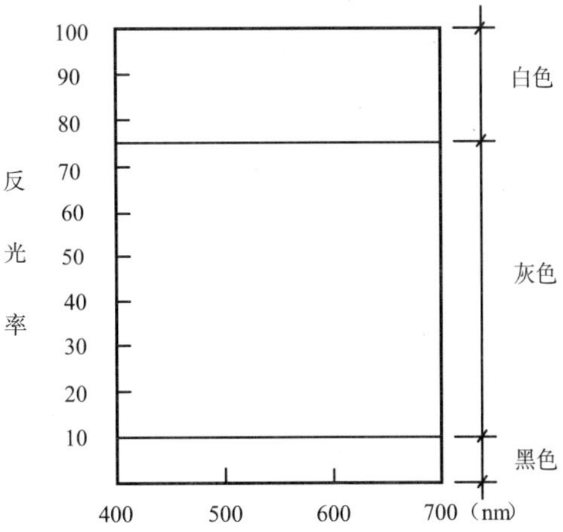

图 2–9　消色物体的理想反射曲线

除此以外的物体对组成白光的蓝、绿、红三原色光的吸收、反射或透射都不是等量的，而是一种“选择吸收”的结果。当一种光源的光线投射到这类物体上时，经过它的选择吸收后，会把余下的色光反射出来，或透射过去。其反射或透射的光，由于是经过对照射光线的有选择吸收形成的，不仅亮度减弱了，而且改变了三原色光的比例。因此，形成了在物体的反射或透射光中含有彩色成分的物体，即彩色物体。这类物体色彩的显现可以通过染料三基色数式与照射光源的关系或分光特性曲线（反射曲线或透射曲线）表示出来。

在白光照射下的草色（100/0–50）不透明物体，因为其中浓度很大的黄染料几乎全部吸收了白光中的蓝光，绿光因为没有被品染料吸收全部反射出来，浓度较小的青染料大约吸收了白光中一半的红光，于是，由绿光和红光以 2∶1 比例混合的反射光形成了这个物体的色彩。在白光照射下的青色（0/0–100）滤色镜，因为其中不含黄染料和品染料，使蓝光和绿光全部透过，而浓度很大的青染料几乎把红光全部吸收，于是，由透射的等比而足量的蓝光和绿光形成了这个物体的色彩（见图 2–10）。

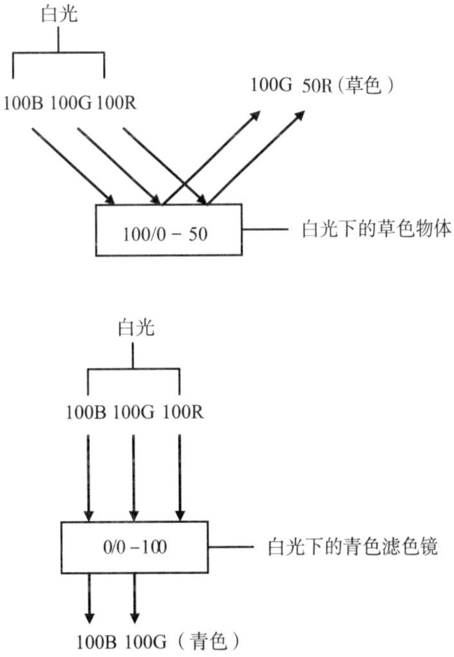

图 2–10　用染料三基色数式表示物体色彩的显现

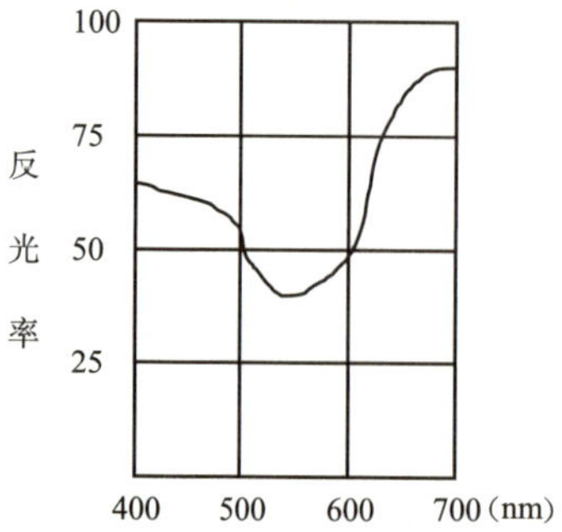

图 2-11　浅粉色花朵的反射曲线

在白光照射下的浅粉色花朵只吸收白光中的一小部分红光，将大部分反射出来；对白光中的绿光吸收得较多，反射得较少；白光中的蓝光经过吸收后，反射的光线多于红光的一半。在反射光中，除了以绿光的光量为等量形成的白色成分外，剩下的是红光和蓝光大约以 2∶1 的比例混合的粉色成分，显现了这个花朵的色彩（见图 2-11）。

第三章 色彩的分类、特征与标志

第一节 色彩的分类和特征

一、色彩的类别

同一类别的色彩在外观上给人一种具有某些共性的感觉。从光源与物体的关系来看，可以根据物体对三原色光的吸收特性及其色彩中所含的黑色成分（表现对三原色光的同时吸收）、白色成分（表现对三原色光的同时反射）和彩色成分（表现对三原色光的非等量吸收或非等量反射）的不同来划分。

当某些物体对组成白光的蓝、绿、红三原色光进行不同程度的等量吸收时，形成了包括黑色、白色和灰色的消色系列，它们的共性是不含彩色成分。黑色物体全部吸收三原色光，其色彩中只含黑色成分（0B+0G+0R）；白色物体全部反射三原色光，其色彩中只含白色成分（100B+100G+100R）；灰色物体同时吸收和反射一部分三原色光，其色彩中既含黑色成分，又含白色成分（50B+50G+50R）。

当某些物体对蓝、绿、红三原色光进行非等量吸收时，形成了包括纯色、洁色、浊色和彩灰色的彩色系列，它们的共性是含有彩色成分。

纯色物体对三原色光既不同时吸收，又不同时反射，使其色彩中不含黑色成分和白色成分，给人一种纯净、鲜艳的感觉，如黄色（100G+100R）、橙色（50G+100R）、红色（100R）、粉色（50B+100R）、品色（100B+100R）、紫色（100B+50R）、蓝色（100B）、天色（100B+50G）、青色（100B+100G）、翠色（50B+100G）、绿色（100G）和草色（100G+50R）。

洁色物体除了对三原色光都有反射外，还将其中的一种或两种原色光全部反射，使其色彩中含有白色成分，不含黑色成分，给人一种洁净、明快的感觉，如浅黄色（50B+100G+100R）、浅橙色（50B+75G+100R）、浅红色（50B+50G+100R）、浅粉色（75B+50G+100R）、浅品色（100B+50+100R）、浅紫色（100B+50G+75R）、浅蓝色（100B+50G+50R）、浅天色（100B+75G+50R）、浅青色（100B +100G+50R）、浅翠色（75B+100G+50R）、浅绿色（50B+100G+50R）和浅草色（50B+100G+75R）。

浊色物体除了对三原色光都有吸收外，还将其中的一种或两种原色光全部吸收，使其色彩中含有黑色成分，不含白色成分，给人一种污浊、浓重的感觉，如深黄色（50G+50R）、深橙色（25G+50R）、深红色（50R）、深粉色（25B+50R）、深品色（50B+50R）、深紫色（50B+25R）、深蓝色（50B）、深天色（50B+25G）、深青色（50B+50G）、深翠色（25B+50G）、深绿色（50G）和深草色（50G+25R）。

彩灰色物体对三原色光都有吸收和反射，但不是等量的，使其色彩中含有黑色成分和白色成分，给人一种灰淡、朴素的感觉，如灰黄色（25B+75G+75R）、灰橙色（25B+50G+75R）、灰红色（25B+25G+75R）、灰粉色（50B+25G+75R）、灰品色（75B+25G+75R）、灰紫色（75B+25G+50R）、灰蓝色（75B+25G+25R）、灰天色（75B+50G+25R）、灰青色（75B+75G+25R）、灰翠色（50B+75G+25R）、灰绿色（25B+75G+25R）和灰草色（25B+75G+50R）。

二、色彩的基本特征

色彩的类别仅仅是根据外观上的相近及组成上的共同之处划分成消色和彩色两大系列，共七类色彩。而色彩之间的细微差别是根据外观上表现的基本特征来区分的，即色调表现色彩的种类，明度表现色彩的深浅，纯度表现色彩的鲜艳程度。这三个特征在色彩中的变化与结合，表现了光彩纷繁的世界。

（一）表示颜色种类的色调

色调是色彩的主要特征，它虽然表示色彩的种类，但指的不是一种色彩。同一色调的色彩是指色彩中组成彩色成分的三原色光比例相同的一系列色彩，在外观上表现出一种鲜明的色彩倾向。比如，上面提到的紫色（100B+50R）、浅紫色（100B+50G+75R）、深紫色（50B+25R）和灰紫色（75B+25G+50R）就属于同一色调。当把呈现这几个颜色的物体反射的白色成分去掉后，剩下的彩色成分的三原色光比例分别为100B+50R、50B+25R、50B+25R和50B+25R。组成彩色成分的三原色光均为蓝光和红光以2∶1的比例相混合。它们之间的差别仅仅是明度和纯度的不同，因此，色调相同的色彩在画面中组合时，给人一种和谐的感觉。由于人们视觉上的差别，人们对同一色调的色彩会有不同的感觉，因此，对任何一种色调的标定都不是绝对准确的，只是为了理论阐述和应用上的方便。

（二）表示颜色深浅的明度

色调相同的色彩看上去还有深浅之分，我们把色彩的这一特征称为明度。因为人对色彩明度的感觉受视觉生理特性的影响，所以说色彩的明度是用反光率表示的颜色知觉属性。从色彩的类别来看，在消色系列中，白色的明度最高，黑色的明度最低，灰色的明度在两者之间。在彩色系列的同一色调的色彩中，从总体来看，纯色的明度居中，彩灰色的明度低于洁色的最高明度，高于浊色的最低明度。当纯度相同时，洁色的明度高，浊色的明度低，彩灰色的明度在两者之间。人的眼睛虽然对色彩明度的变化很敏感，并且能够比较精确地判断明度的差别，但不能准确地判断某种色彩明度的大小。

（三）表示颜色鲜艳与否的纯度

色调相同的色彩除了有明度上的差别外，还表现了不同的鲜艳程度，即色彩的纯度。由于人的眼睛在观察物体色彩时还要受主观因素的影响，所以，我们把心理上的纯度称为饱和度。色彩纯度的高低是看色彩中的彩色成分与消色成分（黑色成分和白色成分）的比例。所含的彩色成分越多，消色成分越少，色彩的纯度越高，直至不含消色成分的纯色。比如，从纯黄（100G+100R）的色彩组合来看，由于其中没有蓝光，失去了由三原色光组成白色成分的条件，又由于其中的绿光和红光均为最大值，失去了对三原色光同时吸收形成黑色成分的条件，因此，给人一种纯洁、鲜艳的感觉。所含的彩色成分越少，消色成分越多，色彩的纯度越低，直至不含彩色成分的消色。黑色（0B+0G+0R）、白色（100B+100G+100R）和中灰色（50B+50G+50R），都因色彩中三原色光的等量混合而不含彩色成分，给人一种纯度很低的感觉。在其他各类色彩中，也都会由于彩色成分与消色成分比例的不同而表现出不同的色彩纯度。色彩纯度的高低与色彩明度有密切关系，当明度变化时，纯度也会随之改变，明度增大或减小时，纯度都降低；只有当明度适中时，色彩的纯度才最高。

色彩纯度的高低受到物体表面结构、照射光源的特点及视觉生理特性的影响。表面光滑物体的颜色，要比表面粗糙物体的颜色显得饱和；表面平滑物体的定向反射光虽然对物体色彩的纯度冲淡得十分严重，但是，只要变换一个观看的角度，人们仍然可以看到鲜艳的色彩。表面粗糙的物体，由于光线的多向反射及部分反射光受到粗糙表面的阻碍，因而物体色彩的饱和度大大降低。棉织品不如丝织品的色彩鲜艳，就是这个原因。

同一表面平滑的物体，在集射光源照射下，就比在漫射光源照射下看着色彩饱和。因为集射光是从一个方向射来的，根据光线反射的特性，其反射的白光也必然是定向的，改变观看角度可以避免降低色彩饱和度。而在漫射光源的照射下，因其表面反射的光也是漫射的，产生的效果与表面粗糙的物体相似，不容易避免色彩饱和度的降低。比如，在充满漫射光的阴天拍摄的彩色片，就没有在晴天集射阳光下拍摄的彩色片颜色鲜艳、饱和。

第二节　国际典型颜色系统的原理与特点

一、CIE 标准色度学系统

这个颜色系统是国际照明委员会（CIE）1931 年在“1931CIE-RGB 系统”的基础上，为了使光谱三刺激值和色度坐标中不出现负值，使匹配等能光谱色的三原色数值标准化及计算的方便，把 R（红）、G（绿）、B（蓝）三原色改为设想的 X（红）、Y（绿）、Z（蓝）三原色，并且把匹配等能光谱色的三原色数值命名为“CIE1931 标准色度观察者光谱三刺激值”，组成“1931CIE-XYZ 系统”，即“CIE1931 标准色度学系统”。

“CIE1931 标准色度观察者光谱三刺激值”是通过颜色匹配实验确定的。它采用的是一种把两个颜色调节到在感觉上相同的方法。比较精确的颜色匹配实验是通过蓝、绿、红三原色光混合的方法实现的。这种方法是在一个白色屏幕的两侧（中间有黑色挡屏相隔）分别投射具有一定颜色的光线和可以调节强度的蓝、绿、红三原色光。当通过三原色光强度的调节使混合光的颜色效果与另一侧的色光看着相同的时候，即可用这三原色光的比例数值来标志这一色光的组成。

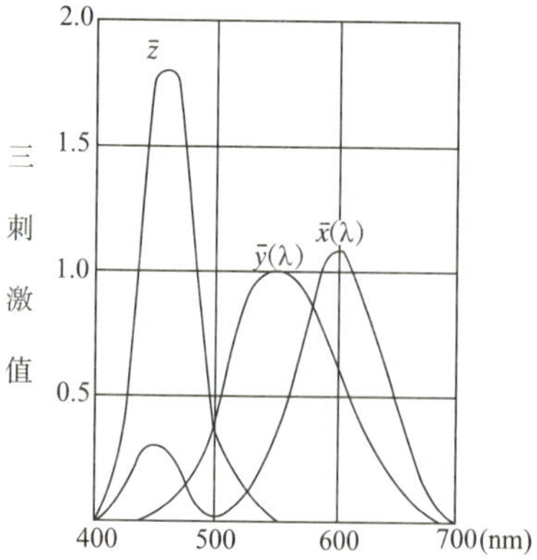

图 3-1　CIE1931 标准色度观察者光谱三刺激值

“CIE1931 标准色度观察者光谱三刺激值”就是用来匹配等能光谱刺激的 X、Y、Z 三原色的数值，所以，也被称为“CIE1931 标准色度观察者颜色匹配函数”，简称“CIE1931 标准观察者”（见图 3-1）。

CIE1931 色度图是根据“1931CIE-XYZ 系统”及其通过实验计算的任一光谱色的标准色度观察者光谱三刺激值绘制的。为了能够采用坐标的方法绘制色度图，我们将 x、y、z 三个刺激值按照下式转换成三个色度坐标的比例数字，即：

$$x=\frac{\bar{x}}{\bar{x}+\bar{y}+\bar{z}}\quad y=\frac{\bar{y}}{\bar{x}+\bar{y}+\bar{z}}\quad z=\frac{\bar{z}}{\bar{x}+\bar{y}+\bar{z}}$$

从上式可以看出 x+y+z=1，所以，仅用 x 和 y 两个量组成色度坐标，并且根据光谱上各色的坐标点画出光谱色的轨迹，再把 400–700 纳米的空段用直线相连，形成一个舌形曲线，即 CIE1931 色度图（见图 3–2）。

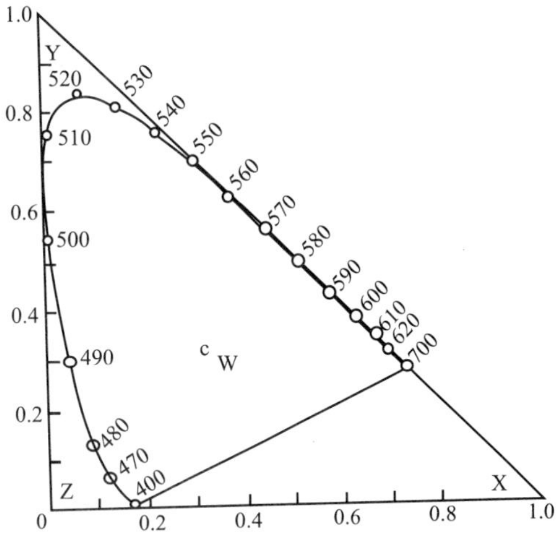

图 3–2　CIE1931 色度图

从绘制的色度图上可以看出，这个舌形曲线在一个直角三角形内。蓝（Z）、绿（Y）、红（X）三个原色点分别位于三角形的三个角顶。从数值上来看，由于 x+y+z=1，所以，当原色蓝的数值为 1 时，原色绿和原色红的数值均为 0；当原色绿的数值为 1 时，原色蓝和原色红的数值也都为 0；当原色红的数值为 1 时，其他两个原色的数值也同样为 0。这就决定了红、绿、蓝三个原色点不可能位于舌形曲线所包围的范围之内，体现了 x、y、z 三原色在选择上的假定性。

从图 3–2 中还可以看出，包围色度图的直角三角形的两个相互垂直的边相等，并且斜边的较长一段与色度图的一边是重合的。因此，在这一段的光谱轨迹上，当色点的位置改变时，只有红（X）、绿（Y）两个原色发生变化：X 的数值增加多少，Y 的数值就减少多少；X 的数值减少多少，Y 的数值就增加多少，与原色蓝（Z）无关。这些高纯度的色彩与色度坐标也是吻合的。色度图中的色彩明度还与 Y 值相联系，即在色度图的颜色组成上，含绿光成分的比例越大，色彩的明度越高。

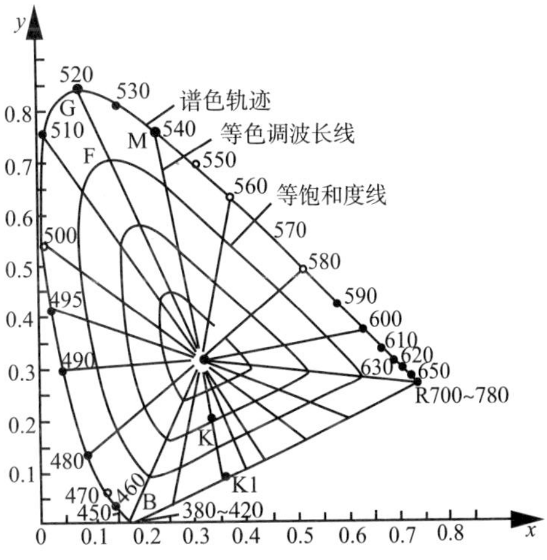

图 3–3　色度图中的等色调波长线和等饱和度线

具有一定色度坐标的任何一种颜色，均可在色度图中表示。其色调用色调波长（也称主波长）来表示。所谓色调波长，就是由标准白光的标点（图 3–3 中的 W）引一条通过欲标色点 F 的直线，延长后与光谱轨迹交于 G 点，G 点的波长（520nm）即为色点 F 的色调波长，直线 WG 称为等色调波长线。等色调波长线上的每个色点都属同一色调。同一色调的颜色离 W 越近，所含的白光成分越多，纯度越低，一直到标准白光的坐标点；离光谱轨迹越近，纯度越高，一直到最纯的光谱色。色调波长不同而饱和度相同的各个色点的连线称为等饱和度线。光谱轨迹的两个端点与标准白光色度点构成的三角形 BWR 区域内的颜色（如色点 K）不能由白光和某一光谱色混合形成。因为由 W 经过 K 点引的直线与舌形曲线的底边交于 K1 点，不能和光谱轨迹相交，所以，也不能用色调波长来表示。而是将直线 WK1 反向延长与光谱轨迹交于 M 点，用 M 点的波长（540nm）前面加一负号（-540nm）或后面加 C 即补色波长来表示。由于在确定光谱三刺激值时，y 曲线被调节到符合明视觉（主要是由视网膜的锥体细胞起作用的视觉）光谱效率函数，所以，我们用 y 曲线来计算颜色的亮度特性。

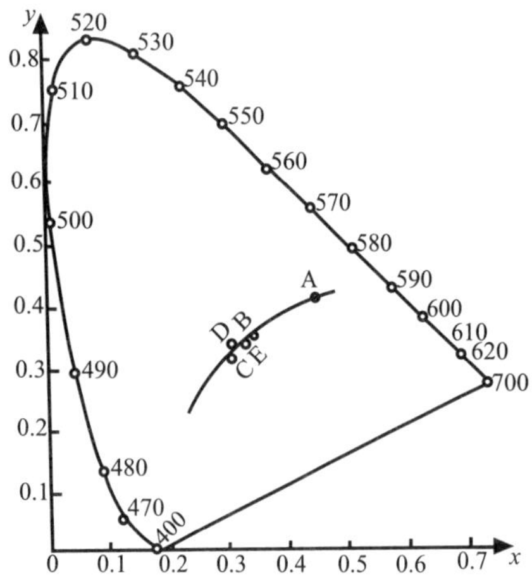

图 3-4　国际标准光源在色度图中的位置

国际标准光源 A、B、C、E 和 D65 在色度图中的位置及色度坐标如图 3-4 和表 3-1 所示。从这 5 个光源的位置关系来看，离坐标轴的 O 点越近，红光和绿光成分减少，蓝光成分增多，表示色温的升高；如反向远离，则红光和绿光成分增多，蓝光成分减少，表示色温的降低。

表 3-1　国际标准光源的色度坐标

光源	色度坐标		
	x	y	z
A	0.4476	0.4075	0.1450
B	0.3484	0.3516	0.3000
C	0.3101	0.3162	0.3737
E	0.3333	0.3333	0.3333
D65	0.3130	0.3290	0.3580

二、孟塞尔颜色系统

这个颜色系统是由美国的美术教育家孟塞尔（A.H.Munsell）于 1905 年创立的。它是从心理学的角度，根据颜色的视知觉特点制定的颜色分类和标定系统。这个颜色系统的颜色立体是由具有一定类别、特征和标记的颜色样品组成的。颜色立体的中央轴代表中性色的明度等级，由顶部的白色至底部的黑色组成，其数值在实用中一般分为 1–9 级。离开中央轴的水平距离代表颜色的彩度（饱和度），用以表示具有相同明度值的颜色离开中性灰色的程度。各颜色的最大彩度值是不同的，最饱和的颜色可达 20 或者更大一些（中央轴上中性色的彩度为 0）。颜色立体水平剖面上的各个方向代表 10 种色调，其中包括 5 种主要色调，即红（R）、黄（Y）、绿（G）、蓝（B）、紫（P），以及 5 种中间色调，即黄红（YR）、绿黄（GY）、蓝绿（BG）、紫蓝（PB）、红紫（RP）。这 10 种色调的等级均定为 5，如 5Y，5YR；其细分的间色等级定为 10，如 10Y，10YR（见图 3–5）。如再进一步划分，5 前面还有 2.5，5 后面还有 7.5，如 2.5Y，2.5YR，7.5Y，7.5YR。

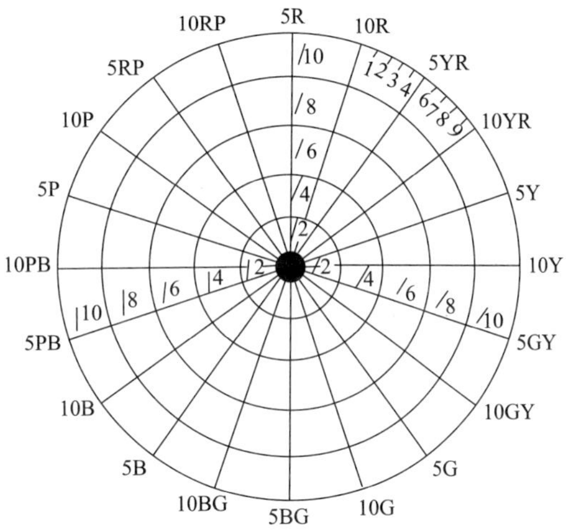

图 3–5　孟塞尔颜色立体的水平剖面

标定颜色的色调、明度和彩度分别用字母 H、V 和 C 来表示，其标号为：

HV/C

比如：标为 10Y8/12 的颜色，其色调是黄（Y）与绿黄（GY）的中间色，明度值是 8，彩度是 12，从这个标号可以看出，这是一个比较明亮的高饱和度颜色；标为 7.5B9/2 的颜色，其色调是有些偏紫的蓝色，明度值为 9，反光率高，而彩度则由于色彩中掺入了较多的白色成分而变得很低，因此，我们可以把它称为淡蓝色；标为 10G2/2 的颜色，其色调是绿中带蓝，因为只有数值为 2 的明度，也使彩度变得很低（数值也为 2），我们可以把这个颜色称为暗绿；标为 2.5G5/3 的颜色，从色调来看是绿中稍带黄色，明度为 5 属于中等，而彩度却很低（数值为 3），这类颜色彩度的降低，是由于其中同时掺入了黑色成分和白色成分，可称为灰绿。

白黑系列的中性色用字母 N 来表示，它和明度值 V 一起组成中性色的标号：

NV/

例如：明度值为5的中性色写为N5/，称为中灰。凡彩度低于0.3的颜色一般都标定为中性色。比较精确的标号为：

NV/（H.C）

比如，一个略带黄色的浅灰色写为N8（Y、0.2）。当然，用标号HV/C来标定低彩度的颜色也是可以的。

《孟塞尔颜色图册》最早出版于1915年，1929年和1943年又分别经美国国家标准局和美国光学会修订出版。颜色立体的各色调垂直剖面的颜色样品共40页。

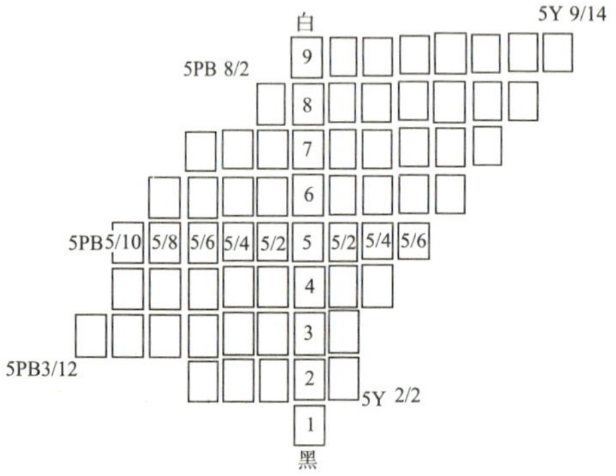

图3-6 孟塞尔颜色立体的Y-PB垂直剖面

图3-6是颜色立体5Y和5PB两种色调的垂直剖面，中央轴表示1-9的明度值等级。当明度值为9时，黄色的彩度最高（标号为5Y9/14）。当明度值为3时，紫蓝色的彩度最高（标号为5PB3/12）。表3-2中所列的是一部分色彩的名称及其对应的孟塞尔标记。在分析表中色彩与孟塞尔标记的对应关系的时候，首先要从色调入手。比如，“淡玫瑰红”的标记是2.5R8.5/2，从R前面的数字来看是2.5，在色调环上靠近含有蓝光的紫色，因此，显玫瑰红色调。接着看色彩的明度值。仍以淡玫瑰红的标记为例，它的明度值为8.5。这个较高的明度使色彩中掺入了大量的白色成分。这不仅使颜色变浅淡了，也降低了彩色成分与消色成分的比值，使彩度数值仅仅为2。

孟塞尔新标系统色样的编排，不仅接近视觉上的等距，并且每个色样都有相应的CIE1931标准色度学系统的色度坐标。美国和日本出版的《孟塞尔颜色图册》均为新标系统。

色标明度等级的确定，采用的是视觉实验的方法，即在黑、白两个色样之间经过逐次选择与相邻色样具有同等差别的方法，或者是以黑色为起点，通过仅能察觉亮度差别为准来确定次级色样的方法。比如：在黑、白两个色样中确定出中灰色样，再分别从黑、中灰两个色样和中灰、白两个色样中确定出深灰和浅灰两个色样，或者是从黑色开始，依次确定出深灰、中灰、浅灰直至白色。这样就得到了一个多级的由黑到白的均匀灰度系列，即各等级的明度值。

色调与彩度的确定，首先通过对大量的具有相同亮度的各种颜色样品的色度测定以及与灰色样品的比较，选出彩度等级相同的颜色样品，在 CIE1931 色度图上形成一个恒定彩度轨迹圈。然后，在这个彩度轨迹圈上评定出多个（10、20 或 40 个）具有相同彩度、在视觉上等差的各种色调以及与它们色调相同而彩度不同的各种色样。最后，在色度图上把这些色样的 x、y 坐标点连接起来，就得出了恒定色调轨迹（见图 3–7）。

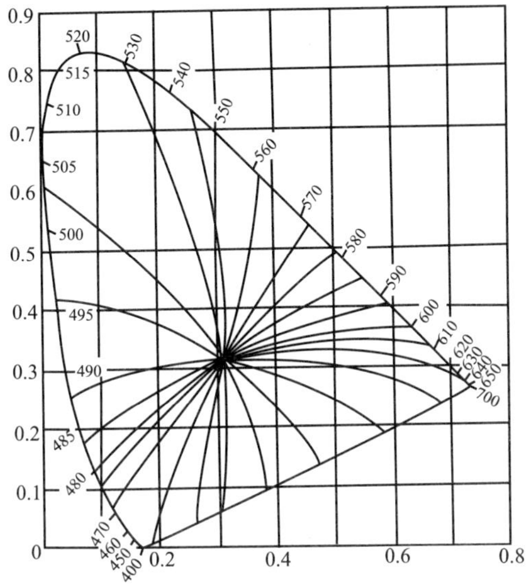

图 3–7　CIE1931 色度图上表面色的恒定色调轨迹

表 3–2　色彩名称及孟塞尔标记

色彩名称	孟塞尔标记	色彩名称	孟塞尔标记
粉红	10RP4.5/13	玫瑰桃红	7.5R4.5/4
深红	1.5R3.5/7	琥珀红	7.5R4/10
淡玫瑰红	2.5R8.5/2	浅桃红	8R8/2
石竹红	2.5R8/5	橙红	10R8/6
樱桃红	2.5R7/6	桃红	10R5/8
蔷薇红	2.5R6/10	火红	10R6.5/8
老玫瑰红	2.5R5/6	砖红	10R5/6
红色	3R5/10	粟红	10R3.5/5
玫瑰洋红	2.5R4/13	光谱橙	2YR6/4
深洋红	5R3/12	富铁锻土黄	2YR3.5/6
珊瑚红	7.5R7/8	烧橙	2YR4.5/10

续表

色彩名称	孟塞尔标记	色彩名称	孟塞尔标记
深玫瑰红	7.5R5.5/9	华茶色	5YR2.5/3
树密橙	3.5YR7.5/8	驼色	6YR6/4
玫瑰琥珀色	3.5YR5.5/12	枯叶色	6YR4/4
赭石色	3.5YR4.5/8	金黄	9YR6.5/10
黄褐色	3.5YR4.5/6	炎黄褐色	10YR8/3
赭色	3.5YR3.5/4	枫叶色	10YR7.5/1
摩洛哥橙	4YR6.5/14	密黄	10YR7/4.5
皮革褐色	4YR5/6	浅褐色	10YR6/2.5
香草色	5YR8.5/4	枫糖色	10YR5/4
玉米皮色	5YR8/6	乌贼黑色	10YR2.5/2
杏色	5YR7.5/10	杏黄	1YR8.5/8
浅橙	5YR7/6	奶油色	1Y9/3
相橙色	5YR6.5/12	黄赭石色	1Y6.5/9
肉桂色	5YR6.5/6	橄榄褐色	1Y3.7/1
琥珀色	5YR5.5/6	象牙白	1.5Y8.5/2.5
黄褐色	5YR5/9	玉米色	1.5Y8.5/7
煅赭土色	5YR3.5/5	深铬黄	1.5Y8/13
铬柠檬色	4Y7.5/10	金黄	1.5Y6.5/9.5
浅橄榄色	4Y3.5/3	橄榄绿	1.5Y4.7/4.5
叠茶色	5Y7.5/3.5	春绿色	6.5GY7/8
芥米色	5Y7.5/7	柳绿色	7.5GY7/1
松茶色	5Y5.5/4	草绿色	7.5GY5/4
灰褐色	5Y5.5/2.5	仙人掌绿色	7.5GY5/4
青铜色	5Y4.7/6	山鸠绿色	7.5GY5/2
樱草色	6.5Y8/10	苔藓绿色	2.5G9/2
柑桔色	7.5Y9/4	灰绿色	2.5G8/2
油黄色	7.8Y7/7.5	翡翠色	2.5G6/8
苔绿色	7.5Y6/6	草绿	2.5G5/4
老苔色	7.5Y5.5/3	灰绿	2.5G5/3
亮青铜色	7.5Y2/2	孔雀石绿	2.5G4/6

续表

色彩名称	孟塞尔标记	色彩名称	孟塞尔标记
柠檬色	10Y7.5/8	光谱绿	5G5.5/8
柠檬绿	10Y5/4	深绿	7.5G3/2.5
灰色橄榄色	10Y3/2	深蓝	5PB2.5/7
芽色	3.5GY7.5/4	绀青	6PB4/6
豌豆绿	5GY6/7.5	群青	6PB3.5/12
黄绿色	5GY4.5/5	浅紫色	9PB5.5/4
暗绿	10G2/2	龙胆紫	9PB5/6
蓝绿	5BG5/10	淡紫	2.5P6.5/4
蓝绿松石色	10BG5/8	紫罗兰	5P6/8
绿松石蓝	10BG7.5/4.5	黄灰色	3Y4/0.5
深蓝绿	2.5B5/3	沙灰	5Y6/0.5
浅蓝绿色	5B8.5/4	鼠灰	5GY6/0.5
宝石蓝	5B6.5/4	橄榄灰	5GY4.5/0.5
暗青绿色	5B4/4	银灰色	6PB7/0.5
浅蓝	7.5B4.5/8	珍珠灰	N–8.5
浅蓝色	7.5B9/2	橡树灰	N–3.2
钢蓝	7.5B4.5/1.5	黑	N–1.0
光谱蓝	2.5PB4.5/10	矿石灰	N–5
铅色	6.5P7/3	牡丹紫	2.5RP5.5/13
浅淡紫	7.5P8/4	老紫	2.5RP5/2
石英紫色	7.5P4/6	葡萄紫	5RP4/4
木紫	7.5P3/10	洋红	5RP4/12
蓝紫色	10P7/6	紫色	5RP2/5
深紫	10P4/2	曙光色	7.5RP8/4
皇家紫	10P3/8	玫瑰粉红	7.5RP7.5/6

因为恒定色调轨迹上的各个色样的彩度是不相等的，所以，我们通过视觉评定、选样等方法，在色度图上确定出等彩度色样的各点，再连接起来，得出了一系列恒定彩度的轨迹（见图 3–8）。

在已经确定的恒定色调及恒定彩度轨迹的基础上，我们对颜色样品的轨迹做

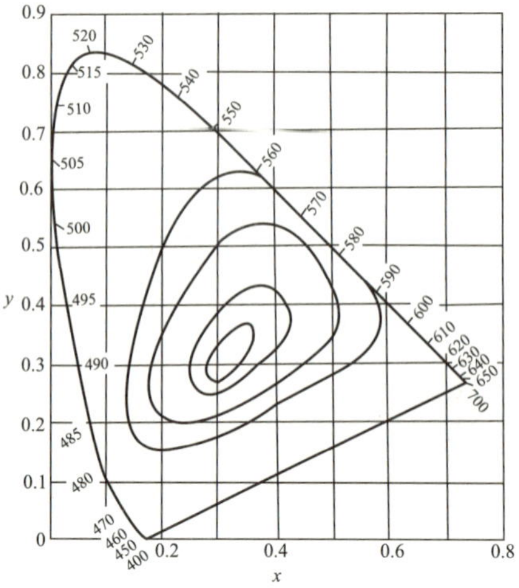

图 3-8　CIE1931 色度图上表面色的恒定彩度轨迹

进一步调整，即可得出具有一定明度值的恒定色调和恒定彩度轨迹的色度图。然后我们再从图中推导出各色样标号的 X、Y 色度坐标。图 3-9 是明度值为 5 的恒定色调和恒定彩度轨迹的色度图。从色度图中我们可以看出色度图的面积越大，彩度轨迹圈的数量就越多。这也表明色彩为中等明度时（亮度因数 Y 为 12%-30%），其饱和度最大。

孟塞尔新标系统的用途，不仅可以确定表面色（如纺织品、塑料制品、染料

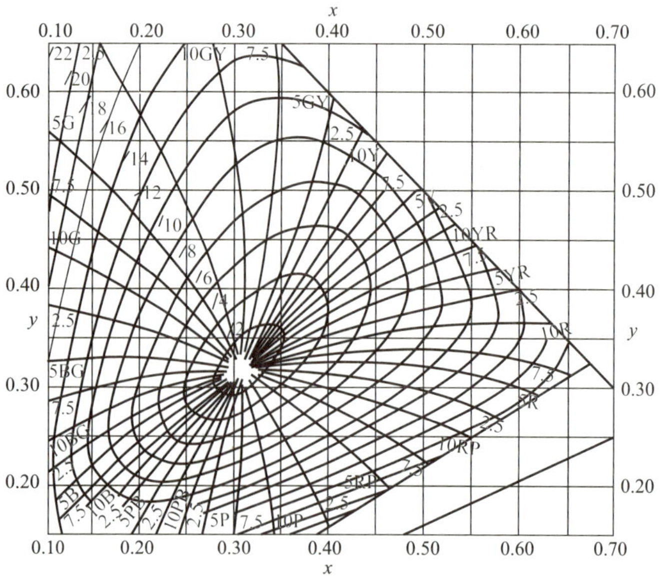

图 3-9　孟塞尔新标系统明度值为 5 的色品在 CIE1931 色度图上的恒定色调和恒定彩度轨迹

涂料、医药和化学制品等）的颜色标号，而且能与 CIE1931 标准色度学系统相互转换。它的重要性还在于能够评价颜色的视觉特性与颜色标定之间的关系，弥补了主波长不能准确地代表色调知觉这一缺陷。

三、奥斯特瓦尔德颜色系统

这个颜色系统是由德国荣获诺贝尔奖的化学家奥斯特瓦尔德（Ostwald）于 1923 年创立的。色品用内含的彩色（C）、白色（W）和黑色（B）三种成分及排列方式客观地表现了色彩的构成及理想反射特性，具有鲜明的特点，为色彩的分类提供了依据。图 3-10 是根据色调的不同按一定规律填设色品的等边三角形。三角形的三个顶点分别定为 C、W、B 的最大值。当等边三角形的高度为 100 时，三角形内代表任一色品的 C、W、B 三个数值之和均为 100。

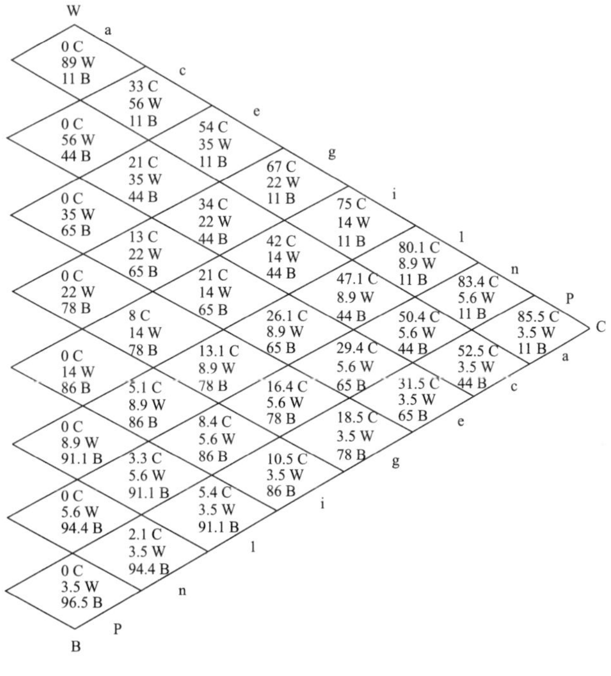

图 3-10　奥斯特瓦尔德颜色系统的同色调三角形

这个颜色系统是选择一定的主波长来表示各等边三角形中色品的色调，并且与对应的等边三角形形成色彩的互补关系。这显示了它与 CIE 标准色度学系统之间的必然联系，也由此获得了良好的配色效果。色调的划分以赫林（E.Hering）的四色学说为依据，在黄、橙、红、紫、蓝、蓝绿、绿和黄绿 8 个色调的基础上划分出 24 个色调（见表 3-3）。

表 3-3 奥斯特瓦尔德颜色系统的色调、符号与主波长

色调	符号	编号	主波长（nm）	色调	符号	编号	主波长（nm）
黄色	1Y	1	573	蓝色	1UB	13	464
	2Y	2	579		2UB	14	473
	3Y	3	582		3UB	15	479
橙色	1O	4	587	蓝绿	1T	16	483
	2O	5	593		2T	17	485
	3O	6	602		3T	18	488
红色	1R	7	617	绿色	1SG	19	490
	2R	8	494C		2SG	20	494
	3R	9	508C		3SG	21	503
紫色	1P	10	545C	黄绿	1LG	22	543
	2P	11	557C		2LG	23	556
	3P	12	403		3LG	24	566

色彩图中，等色面明度的划分是从韦伯比率出发分成 8 个等级，即：89，56，35，22，14，8.9，5.6 和 3.5。每相邻两个大小数字的比值均近似于 1.6。这个在一定范围内固定的明度间隔，不仅限定了色标的标色数目，也由于没有依靠心理判断而不能确定颜色知觉的等距性。在 WB 一列色品的黑色成分数值可以通过 100 与白色成分数值之差计算出来，即顺次为 11，44，65，78，86，91.1，94.4 和 96.5。含有彩色成分的各个色品中的白色成分和黑色成分，可根据图中的等白系列和等黑系列推算出来。而彩色成分，则通过 100 与白色成分和黑色成分之差来计算。

这个颜色系统是用彩色成分与白色成分的比值（C/W）来表示色彩的纯度（称为奥斯特瓦尔德纯度）的。因为决定色彩纯度的大小有两个因素，即彩色成分与消色成分的数量；在消色成分中又包括黑色成分和白色成分，它们的大小都影响色彩的纯度。

在奥斯特瓦尔德颜色系统的等边三角形内，与 C、W、B 的对边等距的各列色品中，只在 C、W、B 三个数值之和相等的前提下，分别做到了 W 值和 B 值的一致，C 值并不相同，在色品的编排上，没有把等彩系列和等纯系列在数值上准确地表现出来。

奥斯特瓦尔德色彩图中的色品是用色调标记或编号与位置标号来表示的。在图 3-10 中，等边三角形的上、下两个边标的 a，c，e，g，i，l，n，p 这 8 个字母是色品位置的标号，字母排列的顺序由上而下。比如：一个彩色成分为 85.5，白

色成分为 3.5，黑色成分为 11 的黄色标为 2Ypa 或 2pa；由白至黑的一系列消色分别标为 aa，cc，ee，gg，ii，ll，nn，pp。颜色样品是根据其中所含的彩色成分、白色成分和黑色成分的比例通过混合制成色卡的。

第三节　其他色彩标志方法简介

一、中国色谱

“中国色谱”是中国科学院编译出版委员会于 1957 年 10 月编辑出版的。这个色谱虽然在色彩组合及排列上不够科学、系统，但是用自然界物体的颜色来描述色彩的特征使人容易理解，便于应用。比如，提起鹅掌黄、鼠皮灰、荷叶绿，人们就会很快地想象出动植物色彩的鲜明特征及其与有关色彩组合时产生的效果。

这个色谱的彩色部分，以罗马数字 I 到Ⅷ分别代表黄、橙、红、品、紫、蓝、青、绿 8 个基本颜色。每种颜色又按照上列顺序与相邻的颜色以由浅到深 7 个等级混合成 49 种颜色。

表 3-4 中为橙与黄的混合，其中 11′ 为明度最大的颜色，77′ 为明度最小的颜色。从这一大组的 49 种色品中，选出三到四种有代表性的色品，并使每一个色品与一系列由浅到深的灰色混合成明度及饱和度不同的 49 种颜色。消色部分由 13 个不同明度的灰色和 1 个白色组成。全色谱共有 1631 种颜色，其中命名的有 625 种，其余的用数字符号表示。

表 3-4　色谱中改变色调的橙—黄

标号	1′	2′	3′	4′	5′	6′	7′
1	乳白	杏仁黄	茉莉黄	麦秆黄	油菜花黄	佛手黄	迎春黄
2			篾黄	葵扇黄	柠檬黄	金爪黄	藤黄
3		酪黄	香水玫瑰黄	淡蜜黄	大豆黄	素馨黄	向日葵黄
4					鸭梨黄	黄连黄	金盏黄
5		蛋壳黄	肉色		鹅掌黄	鸡蛋黄	鼬黄
6				榴萼黄	淡橘黄	枇杷黄	橙皮黄
7		北瓜黄		杏黄	雄黄	万寿菊黄	

由于这个色谱选用的8个基本颜色是每相邻的两个颜色通过掺入白色成分形成7个不同明度的等级之后再进行混合的，并且参与混合的颜色对一种原色光均不吸收，所以，除了形成两者的中间色调及不同明度的洁色外，不会形成含有黑色成分的浊色。采用这种选色及混合方式只能形成纯色和洁色两类色彩，并且会不可避免地形成某些相同的色彩。这主要是由于经过颜色混合之后，某种染料一旦超过足以吸收相应原色光的浓度，色彩的效果就不受其数值变化的影响。这也是色品的组合与排列不够科学、系统的表现。

二、分光特性曲线

“分光特性曲线”是以物体发射、反射或透射的某种色光的光量（相对辐射功率、反射率或透射率）为纵坐标，以概括蓝、绿、红三原色光的可见光波段为横坐标绘制的。无论是发光体还是非发光体（透明物体和不透明物体）的色彩，均可用分光特性曲线来表示。对色彩类别的划分依据也是色彩中包含的黑色成分、白色成分和彩色成分。因为黑色成分是通过对三原色光同时吸收形成的，所以，它的数量是看曲线的上限：上限离横坐标越远，对三原色光同时吸收得越少，黑色成分的数量也少；上限离横坐标越近，对三原色光同时吸收得越多，黑色成分的数量也多。因为白色成分是通过对三原色光同时反射形成的，所以，它的数量是看曲线的下限：下限离横坐标越远，对三原色光同时反射得越多，白色成分的数量也多；下限离横坐标越近，对三原色光同时反射得越少，白色成分的数量也少。彩色成分是由于色彩中三原色光比例的不均衡形成的，所以，它的色调及数量是看去掉白色成分后剩余的三原色光的比例以及黑色成分与白色成分的数量（见图3-11）。若曲线在三个波段中起落的幅度不大，与横坐标近于平行，那么属于消色系列的色彩。其中，相对辐射功率、反射率或透射率较高的会感觉为白色，极低的产生黑色感觉，在两者之间的为一系列的灰色。

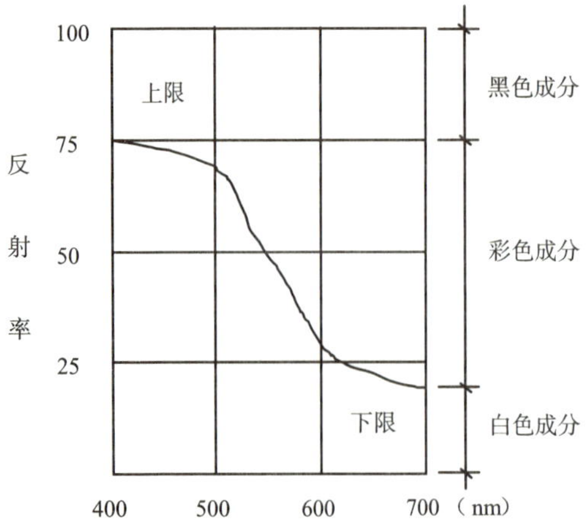

图3-11　浅灰天色不透明物体的三种成分

在彩色系列中，曲线的下限接近横坐标，曲线的上限接近纵坐标的最大值，会感觉是几乎不含黑色成分和白色成分的纯度较高的色彩（见图3-12）。与纯色相比，若曲线的下限离横坐标较远，为掺入白色成分的洁色。若与纯色相比，曲线上限较低，则为掺入黑色成分的浊色。当曲线的上限较低、下限较高时，则为同时含有三种成分的彩灰色（见图 3–13）。

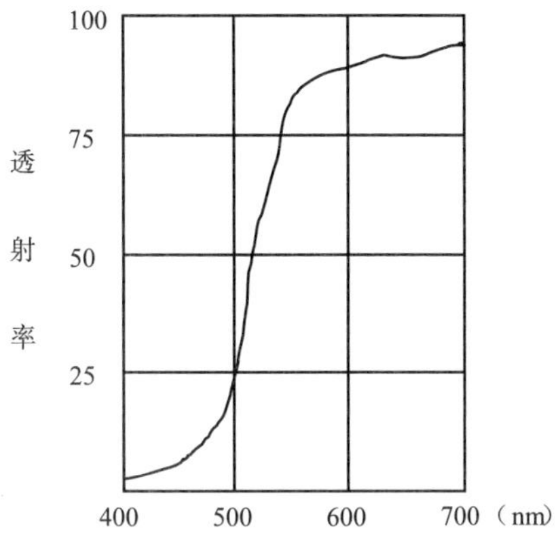

图 3–12　纯度比较高的黄滤色镜

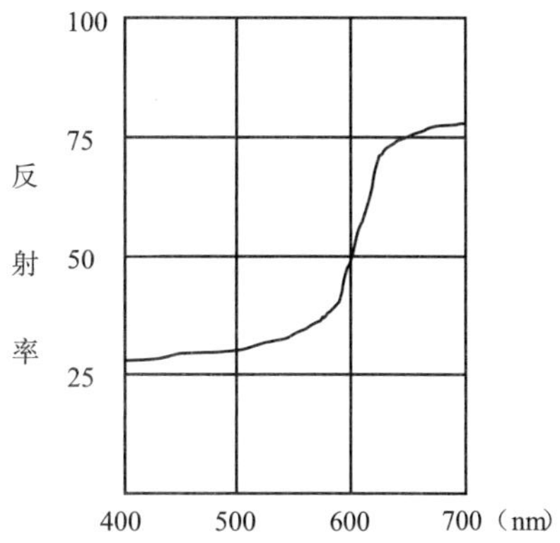

图 3–13　灰红色的不透明物体

色彩的特征也可以在特性曲线上表示出来。色调是看特性曲线的下方的三原色光面积的比例（要去掉白色成分），即组成彩色成分的三原色光的比例。如图 3–11 中，组成彩色成分的蓝光与绿光的比例接近 2∶1，色调为天色。明度是看特性曲线的上限和下限的位置：两者离横坐标越远，色彩中的黑色成分越少，白色成分越多，色彩的明度越高；两者离横坐标越近，色彩中的黑色成分越多，白色成分越少，色彩的明度越低。色彩的纯度是看特性曲线的上限和下限的位置：上限离横坐标越近，色彩中掺入的黑色成分越多，色彩的纯度越低；上限离横坐标越远，色彩中掺入的黑色成分越少，色彩的纯度越高；下限离横坐标越远，色彩中掺入的白色成分越多，色彩的纯度越低；下限离横坐标越近，色彩中掺入的白色成分越少，色彩的纯度越高。图 3–12 中的黄滤色镜，则因上限离横坐标较远，下限离横坐标较近，标志纯度较高的色彩。

三、麦克斯韦色三角形

英国物理学家麦克斯韦创立的这个色三角形是以蓝（B）、绿（G）、红（R）三原色光等量相加产生白色为前提，再通过三原色光不同比例的混合，形成各种颜色。标志颜色的图形是个等边三角形（见图 3–14）。

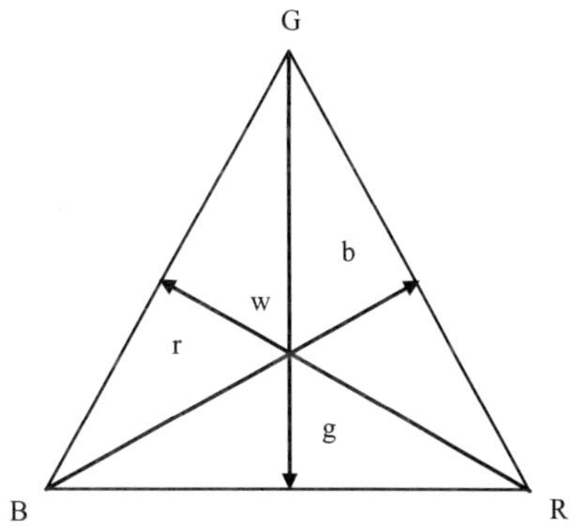

图 3–14　麦克斯韦色三角形

三个角的顶点分别为蓝色、绿色和红色。三角形内任一点到各边的垂线长度（b、g、r）

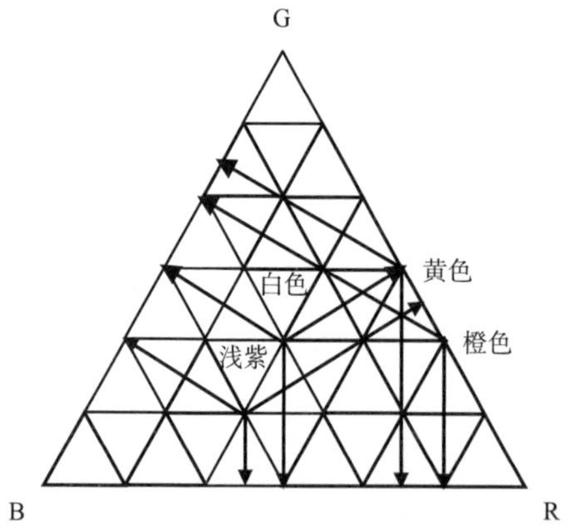

图 3-15　三角形中的色点及对应的三原色光比例

为该边对应原色参与色彩组合的比例数，并将三角形内任何一种颜色所含的蓝、绿、红三原色光的总量定为 1（b+g+ r =1）。因为位于角顶的三种原色光与相邻两边的垂直距离为 0，所以，它们与对边的垂直距离等于 1。比如：B 点，因为 g=0，r=0，所以，b=1；G 点，因为 b=0，r=0，所以，g=1；R 点，因为 b=0，g=0，所以，r=1。

从图 3-15 中可以看出，因为三角形每边上的各个点与该边的垂直距离为 0，所以，这个边上的一系列颜色是两端的原色以不同比例组成的。比如：在 GR 边上的中点，b=0，g=1/2，r=1/2，为黄色；当 b=0，g=1/3，r=2/3 时，为橙色。

当蓝、绿、红三原色光的数量分别为 3/6、1/6 和 2/6 时，其中，以绿光为等量的三原色光形成白色成分，剩下的是蓝光和红光以 2∶1 的比例形成紫色成分，两者混合后，形成浅紫色。等边三角形的重心点，b=2/6，g=2/6，r=2/6，为蓝、绿、红三原色光等量混合形成的白色。三角形各边上的点，只能包含一种或两种原色光，不能形成白色成分，因此是最纯的颜色。

在三角形内的色点中，若同时含有蓝、绿、红三原色光，便掺入白色成分，并且离重心点越近，掺入的白色成分越多，颜色越浅淡，纯度越低，最后变成白色。这个平面色三角形只能表示白色、纯色和洁色这三类色彩。

第四章 标准染料三基色系统

第一节 创造颜色系统的梦想

笔者是1960年9月从北京广播学院无线电系毕业、留校工作后，在摄影技术课师资青黄不接的时候，于1977年3月走上讲台的。摄影专业的教学内容使笔者对颜色科学产生了浓厚的兴趣，并在色彩应用的实践中发现国际现有的颜色系统没有表现出光源、物体与色彩显现的关系，不能通过数式的比较与计算，分析、判断物体在一定条件下显现的色彩，给色彩感觉的分析与判断造成了困难。比如：一个在白光照射下的浅青色物体同时在红光和绿光照射下，显现什么颜色；欲使被摄黄色物体的影像变为橙色，应在镜头前加上什么颜色的滤色镜；把青色的剪字放在绿色衬底上观看时，色彩感觉有什么变化；从远处观看蓝、黄、白三色相间的物体时，效果如何；把红色和浅青两种不透明染料混合后，会变成什么颜色。这几个在应用中常见的问题，如用现有的颜色系统来分析、判断显然是困难的。为了创造具有这种独到功能的颜色系统，笔者便从1978年4月开始研究、设计“染料三基色系统”，走上使梦想成真的道路。

在进行染料三基色系统的总体构思时，首先认定：色彩应用的实践证明，自然界中人的眼睛能够分辨的各种色彩都是由一定比例的蓝、绿、红三原色光组成的，而黄、品、青三种染料又能分别吸收蓝光、绿光和红光，控制三原色光的比例。因此，笔者认为，用黄、品、青三种染料以一定比例组成的“染料三基色数式”，既能表示光源的光谱成分，又能概括物体的吸收特性，描述物体的色彩，客观地表现光源、物体与色彩的关系。

染料三基色系统研究、设计的理论依据虽然显得无可置疑的明确和充分，而数字系统的组成、均匀颜色空间的建立及色彩的类别、特征和相互关系表现上的难度却使我苦心、极力地奋斗多年。

在染料三基色系统的研究中，笔者首先遇到的问题是如何设计首尾相接的色调环，这关系到用黄、品、青三种染料对纯色的标志。这是在研究工作开始后的第五年即1982年完成的。这一突破为染料三基色系统的组成和均匀颜色空间的建立奠定了基础。表现色调差别和关系的染料三基色数式是在保证纯色特征的前提下，在一定的色区内，只让一种染料以一定的级差变化形成的。进而，在只含彩色成分的纯色的基础上，通过黑色成分和白色成分的加入，以不含彩色成分的中性轴为主干，组成了染料三基色系统的均匀颜色空间。

随着染料三基色系统研究的进展，直到1994年6月，中国科学院印刷厂用彩色电子出版系统将12-5分级染料三基色系统（色调数目为12，纯度分级为5，染料三基色数式的最大染料值为10，标色数目为311个）图谱制作成功的时候，才使笔者在数字系统与心理判断的符合上看到了梦想成真的曙光。

染料三基色系统1995年10月通过广播电影电视部的鉴定（为国际先进水平），并经推荐及国家科学技术委员会审查，于1996年9月作为国家级重大科学技术研究成果正式登记，并于同年12月获国家科技成果完成者证书；1997年10月荣获联合国技术信息促进系统中国国家分部颁发的“发明创新科技之星奖”（为了表彰在科学技术发明创新方面做出的卓越成就）；同年12月，由国家科学技术委员会授予“国家技术发明奖”（为表彰在技术发明创造方面做出重大贡献者）；1999年1月，经国际经济评价中心评审授予“世界华人重大科学技术成果”荣誉，并在《世界华人重大科学技术成果公报》（ISBN 962-85509-1-8为国际标准书号）和香港《文汇报》（1999年2月12日）上发布；2000年6月，经中国“九五”科学技术成果编审委员会审定，作为我国“九五”期间优秀科学技术成果入选、公布；2006年11月，深入阐述染料三基色系统原理和特点的论文《均匀颜色空间与数字系统》（*Uniform Color Space and Numeral System*）被国际照明委员会第26届大会审核后接受，登入大会的论文集，色彩鲜明的海报也于会议期间（2007年7月4—11日）在该会的会址北京国际会议中心展出。

国际照明委员会第27届大会于2011年7月10—15日在南非太阳城举行。笔者申报的论文《刘恩御颜色系统——标准染料三基色系统》（LIU-ENYU COLOUR SYSTEM—STANDARD TRICOLOR DYE SYSTEM）虽然因故（在提交论文和附图时，因为超过50MB，于2010年7月12日通过北京国际邮电局寄的U盘）没有按照大会的要求以电子邮件的形式在规定的时间内提交，但组委会鉴于笔者的特殊情况和论文的重要价值，在论文评选工作已经结束之后（截止期为2011年1月30日），破例于2011年3月11日作为张贴论文（Poster）接收。但因没有按时注册和交费，按照规定，论文被视为撤回。

染料三基色系统的最终完成是在“均匀颜色空间与数字系统”的基础上建立的“标准染料三基色系统”（色调数目为 60，纯度分级为 10，染料三基色数式的最大染料值为 100，标色数目为 6021 个）。这个颜色系统与国际典型颜色系统相比，在染料三基色数式这种标志方式及光源、物体与色彩显现的关系上，具有鲜明的特点、科学系统性和独到功能。

这个颜色系统与国际典型颜色系统相比的独特之处：一是，用能够分别吸收蓝、绿、红三原色光的黄（Y）、品（M）、青（C）三种染料以一定比例组成的染料三基色数式（Y/M-C）标志具有理想反射特性的色彩；二是，这种标志方式既能表示光源的光谱成分，又能概括物体的吸收特性，描述物体的色彩，客观地表现光源、物体与色彩之间的关系，能够通过数式的比较与计算，分析、判断物体在一定条件下显现的色彩；三是，能使黄、品、青三种染料对蓝、绿、红三原色光的吸收特性与蓝、绿、红三种感色纤维因产生疲劳而降低对三原色光的敏感性相联系，利用染料三基色数式的加合（三种染料分类加合）来分析、判断由色觉相继对比、同时色反差这类视觉生理现象引起的异常色彩感觉；四是，表现色彩类别、特征和相互关系的数字在同一方位上，都是以相同的级差连续变化的，组成了均匀颜色空间。

这个颜色系统之所以能在国际典型颜色系统中自成体系，不仅在于标志方式的新颖、科学，应用上的独到之处和广泛的范围，还由于色品内含的三种组合（黄、品、青三种染料的组合，蓝、绿、红三原色光的组合，黑、白、彩三种成分的组合）及用数字系统表达的严密的立体排列规律，使它既有自己的鲜明特点，又与国际典型颜色系统有可以沟通的渠道。

这个颜色系统不仅可以剖析色彩理论，解释色彩现象，而且能够应用于电影、电视、摄影、戏剧、绘画、广告等视觉艺术创造，染织图案、物品装潢、服饰、居室等色彩设计领域，以及用于彩色电子印刷、电脑配色和灯光纸、滤色镜、颜料、染料产品的系统标志。

第二节　研究设计的原理

一、数字系统的组成

在组成数字系统时，我们首先根据欲标颜色的数量确定色调数目（*H*）和纯度分级（*C*），并把足以吸收相应色光的染料浓度称为染料三基色数式的最大染料值（*HC/6*），组成 *H-C* 分级染料三基色系统。它的标色数目矩形色标（染料三基色系统中还有三角色标和菱形色标）为 HC^2+2C+1。要组成60–10分级染料三基色系统的矩形色标（被称为标准染料三基色系统，最大染料值为100，标色数目为6021个），先根据纯色的特点和视觉等距性，按照表4–1的方法确定60个色调纯色的染料三基色组合，再依照特定的规律，填设、排列出全部色品的染料三基色数式，组成一套科学、严密的数字系统。

表4–1　60–10分级染料三基色系统纯色的组合

色品名称		黄色	橙味黄	橙黄	黄橙	黄味橙	橙色	红味橙	红橙	橙红	橙味红	红色	粉味红
染料三基色值	Y	100	100	100	100	100	100	100	100	100	100	100	90
	M	0	10	20	30	40	50	60	70	80	90	100	100
	C	0	0	0	0	0	0	0	0	0	0	0	0
图谱分页		1	2	3	4	5	6	7	8	9	10	11	12

色品名称		粉红	红粉	红味粉	粉色	品味粉	品粉	粉品	粉味品	品色	紫味品	紫品	品紫
染料三基色值	Y	80	70	60	50	40	30	20	10	0	0	0	0
	M	100	100	100	100	100	100	100	100	100	100	100	100
	C	0	0	0	0	0	0	0	0	0	10	20	30
图谱分页		13	14	15	16	17	18	19	20	21	22	23	24

色品名称		品味紫	紫色	蓝味紫	蓝紫	紫蓝	紫味蓝	蓝色	天味蓝	天蓝	蓝天	蓝味天	天色
染料三基色值	Y	0	0	0	0	0	0	0	0	0	0	0	0
	M	100	100	100	100	100	100	100	90	80	70	60	50
	C	40	50	60	70	80	90	100	100	100	100	100	100
图谱分页		25	26	27	28	29	30	1	2	3	4	5	6

色品名称		青味天	青天	天青	天味青	青色	翠味青	翠青	青翠	青味翠	翠色	绿味翠	绿翠
染料三基色值	Y	0	0	0	0	0	10	20	30	40	50	60	70
	M	40	30	20	10	0	0	0	0	0	0	0	0
	C	100	100	100	100	100	100	100	100	100	100	100	100
图谱分页		7	8	9	10	11	12	13	14	15	16	17	18

色品名称		翠绿	翠味绿	绿色	草味绿	草绿	绿草	绿味草	草色	黄味草	黄草	草黄	草味黄
染料三基色值	Y	80	90	100	100	100	100	100	100	100	100	100	100
	M	0	0	0	0	0	0	0	0	0	0	0	0
	C	100	100	100	90	80	70	60	50	40	30	20	10
图谱分页		19	20	21	22	23	24	25	26	27	28	29	30

二、均匀颜色空间的建立

（一）染料三基色数式中的三种组合

从图 4–1 可以看出，每个标志色彩的染料三基色数式中都包含表现色彩类别、特征和相互关系的三种组合：黄染料、品染料和青染料的组合；蓝光、绿光和红光（没有被相应染料吸收的原色光，最大值等于染料三基色数式的最大染料值）的组合；黑色成分（由物体对三原色光同时吸收形成的，数值等于数式中三种染料的最小值）、白色成分（由物体对三原色光同时反射形成的，数值等于最大染料值与数式中三种染料的最大值之差）和彩色成分（是从物体反射的三原色光中减去白色成分后，由剩余的原色光组成的，数值等于数式中三种染料的最大值与最小值之差）的组合（三种成分的数值之和等于染料三基色数式的最大染料值）。

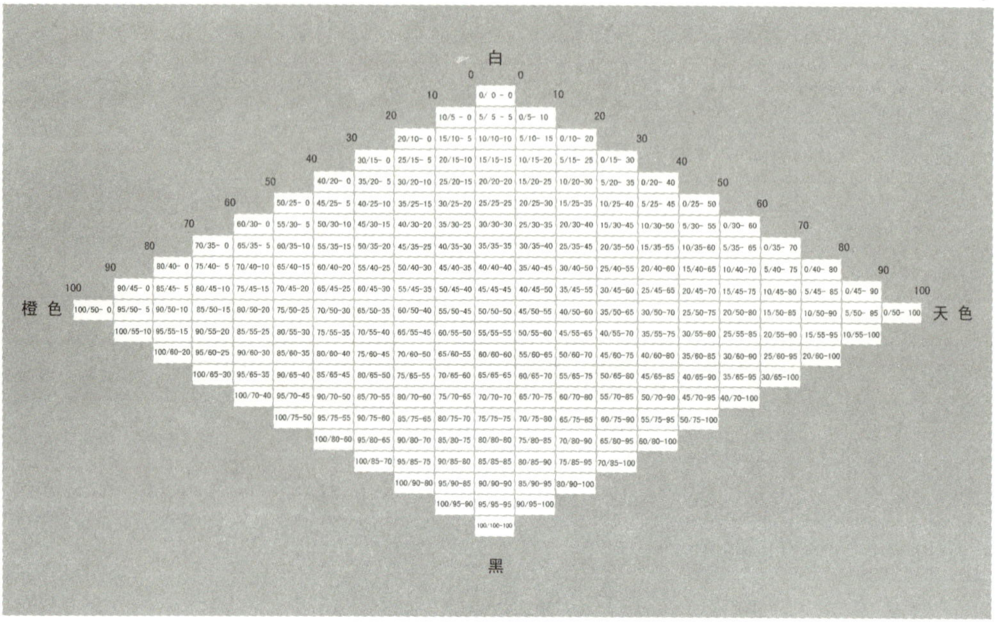

图 4-1　60–10 分级 6 分页矩形色标的染料三基色数式

（二）在不同类别色彩中展现的均匀颜色空间

根据染料三基色数式中含有的三种成分的不同，我们把自然界的色彩分为 7 类（见图 4-2）：属于消色的有黑色（100/100–100，含有黑色成分）、白色（0/0–

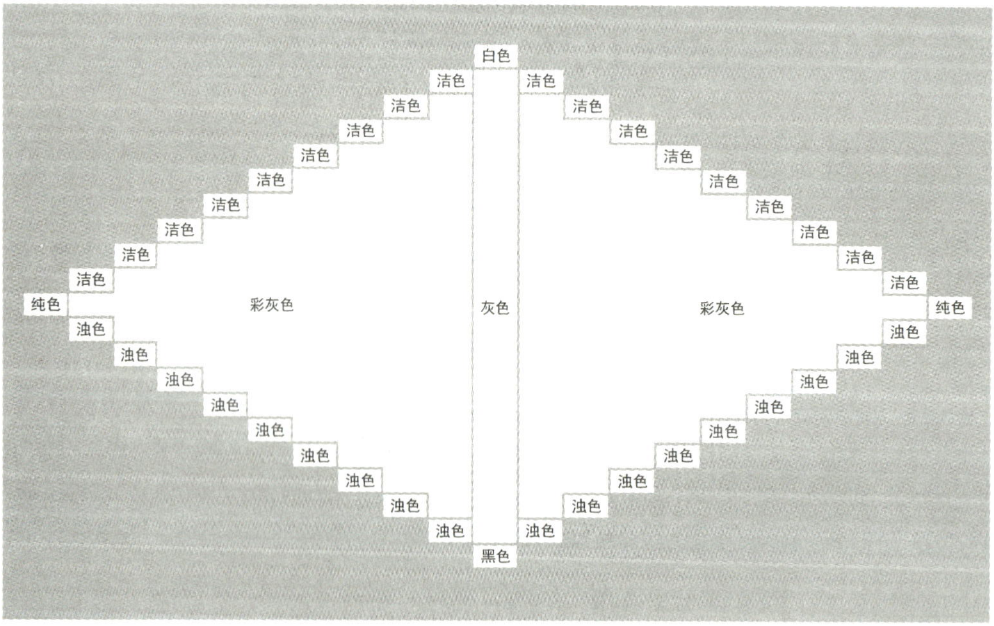

图 4-2　60–10 分级矩形色标色品的分区

0，含有白色成分）和灰色（如中灰 50/50-50，含有黑色成分和白色成分）；属于彩色的有纯色（如橙色 100/50-0，含有彩色成分）、洁色（如浅橙 60/30-0，含有彩色成分和白色成分）、浊色（如深橙 100/70-40，含有彩色成分和黑色成分）和彩灰色（如灰橙 80/50-20，含有彩色成分、黑色成分和白色成分）。从图 4-1 中可以看出，标志 7 类色彩的染料三基色数式之间，三种染料在同一方位上都是以相同的级差连续变化的，在数字关系上体现了染料三基色系统的均匀颜色空间。

（三）均匀颜色空间在色彩特征上的表现

让人产生色彩感觉差别的基本特征有色调、明度和纯度。

色彩的色调是用组成彩色成分的三原色光的比例来表示的，在不同色调色品之间，均匀颜色空间是通过一种染料的等差变化来表现的（如表 4-1 中相邻色调的纯色之间）。

因为黄、品、青三种染料在反光率上的明显差别（黄染料为 0.89，品染料为 0.41，青染料为 0.70），所以，色彩的明度用相对吸收值（染料三基色数式中三种染料的数值分别乘以各自的相对吸收系数 <黄染料为 0.11，品染料为 0.59，青染料为 0.30>，再加合起来）来表示。这个数值越大，色彩的明度越低。由于它的数值在图谱中的各个方向都是等差变化的（见图 4-3），因此，均匀颜色空间也在色彩明度上表现出来，使一次复制的图谱（见图 4-4）给人一种逐级过渡的感觉。

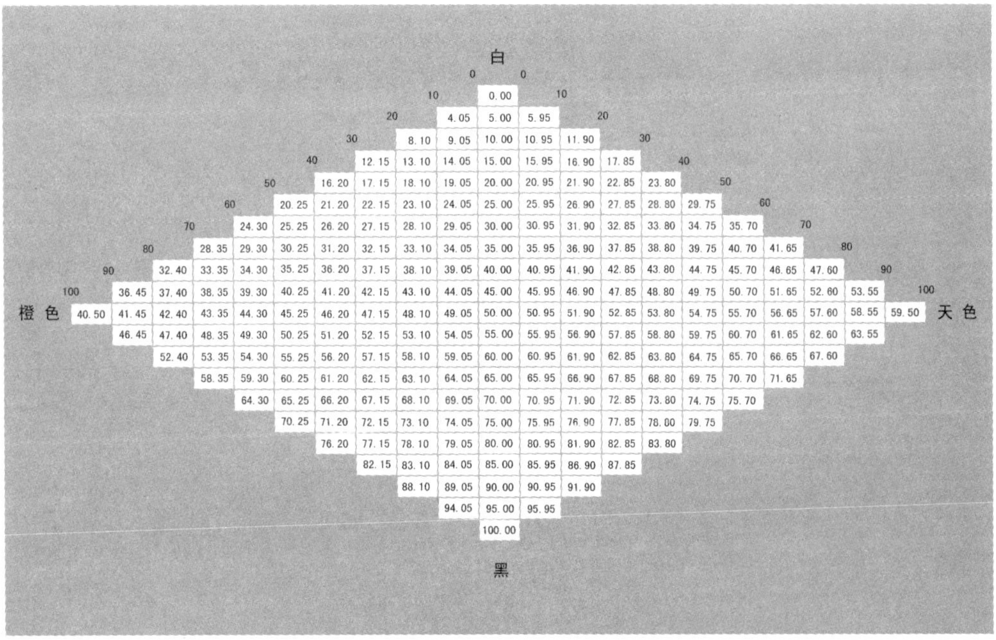

图 4-3　60-10 分级 6 分页矩形色标的相对吸收值

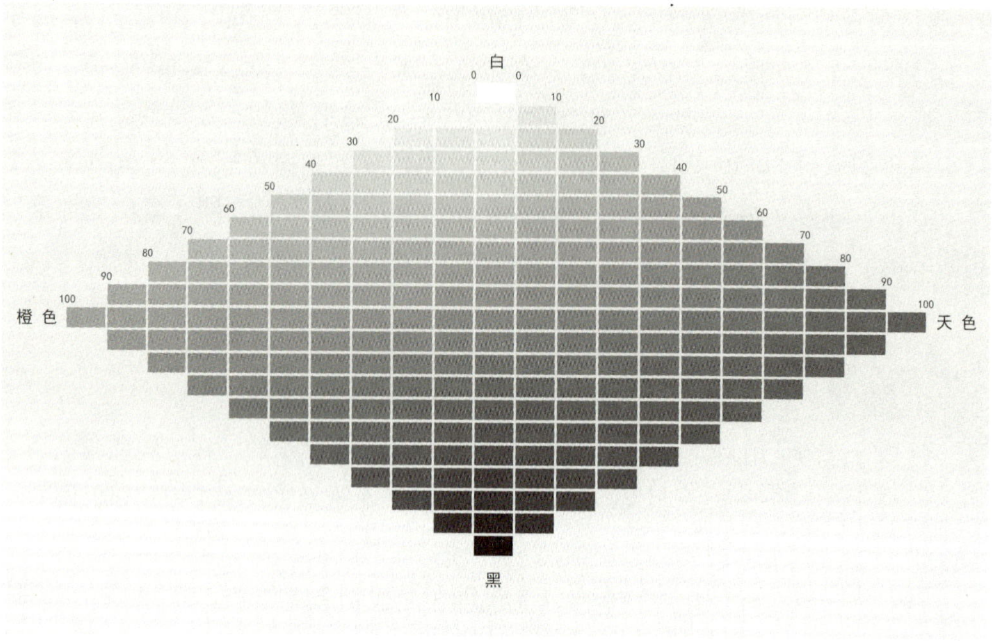

图 4–4　60–10 分级 6 分页矩形色标的图谱

色彩的纯度用彩色成分与消色成分（黑色成分和白色成分）的比例来表示（彩色成分越多，消色成分越少，色彩的纯度越高），彩色成分和消色成分的等差变化及对色彩纯度的影响，也符合均匀颜色空间组成的规律（见图 4–5）。

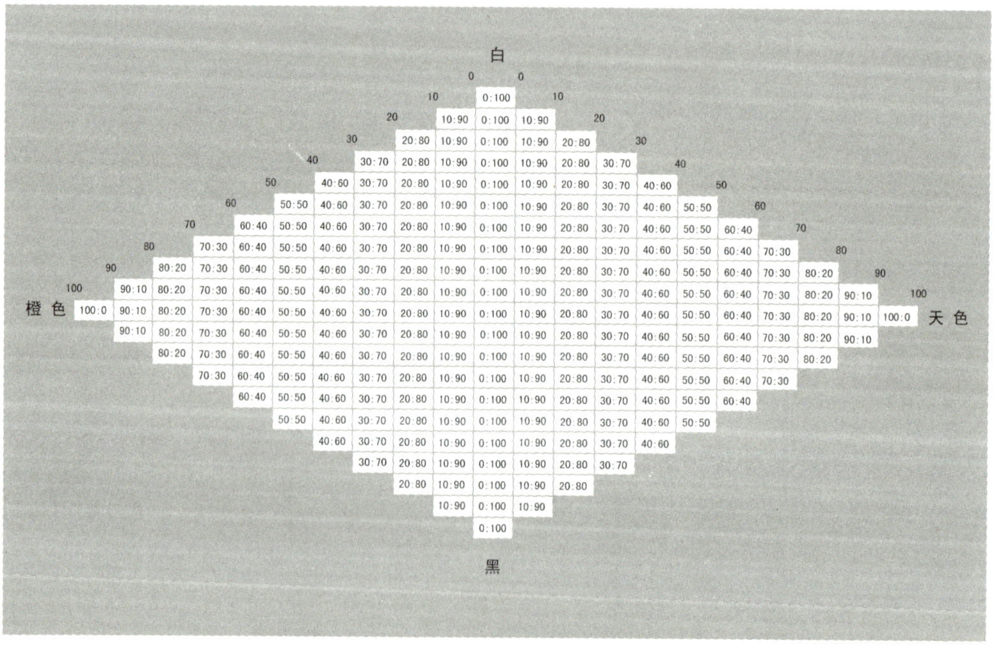

图 4–5　60–10 分级 6 分页矩形色标色品的彩色成分与消色成分的比例

（四）均匀颜色空间中的色彩关系

在染料三基色系统展现的均匀颜色空间中，主要的两种关系是色彩和谐与色彩对比：标志色彩的染料三基色数式差别越小，越显得和谐；差别越大，越显得对比鲜明。在相互为对比关系的色彩中，从色彩感觉差别来看，都与色彩的特征和染料三基色数式中内含的黑、白、彩三种成分有关。比如：主要与色调有关的含有彩色成分的清冷与温暖；主要与明度有关的含有黑色成分和白色成分的轻盈与沉重；主要与色调和纯度有关的含有黑色成分、白色成分和彩色成分的鲜艳与朴素；与色调、明度和纯度都有关系的含有黑色成分、白色成分和彩色成分的活泼与稳定、冷静。标志互补两色的染料三基色数式加合（三种染料分类加合）后，形成标志黑色的数式，两色的相对吸收值之和等于染料三基色数式的最大染料值。

三、数字系统与色彩应用的联系

其一，从物理上体现的光源、物体与色彩的关系来看，首先是根据色彩的本质与组成，用染料三基色系统对它进行科学的分类，确切地表现色彩的特征和相互之间的关系，为色彩的选择、组合与调节提供一种适用的工具。这不仅可以通过标志相关色彩的染料三基色数式的加合来分析、判断物体在一定色光照明下显现的色彩，而且能推断想要使景物或者它的影像色彩发生某种变化，应该在白色照明灯前加上什么颜色的灯光纸或者在摄影镜头前加上什么颜色的滤色镜；采用类似的方法还能推断几种颜料、染料混合形成的色彩。

比如，一个青色（0/0–100）物体在黄光（100/0–0）照射下显现的色彩为：（0/0–100）+（100/0–0）= 100/0–100（绿色）。想让浅蓝色（0/50–50）的花朵变成紫色（0/100–50），拍摄时应该在白灯前加的灯光纸或者在摄影镜头前加的滤色镜的颜色是：（0/100–50）–（0/50–50）= 0/50–0（浅品色）；同一景物中的草色（100/0–50）叶子会同时变成：（100/0–50）+（0/50–0）= 100/50–50（深黄色）。把红色（100/100–0）和黄色（100/0–0）等量混合起来，会形成：［（100/100–0）+（100/0–0）］/2=100/50–0（橙色）。

其二，从生理上涉及的视觉适应特性来看，能使黄、品、青三种染料对蓝、绿、红三原色光的吸收特性与蓝、绿、红三种感色纤维因产生疲劳而降低对三原色光的敏感性相联系，利用染料三基色数式的加合来分析、判断由色觉相继对比、同时色反差这类视觉生理现象引起的异常色彩感觉。

比如，较长时间地注视一个绿色（100/0–100）物体之后，再转视黄色

（100/0–0）的反射面时，看到的“后像的颜色倾向于先看物体的补色”：[（100/0–0）+（0/50–0）=100/50–0]（橙色，即黄色偏红）。把黄色（100/0–0）的剪字贴在红色（100/100–0）的衬底上，它的颜色会“倾向于背景的补色”：[（100/0–0）+（0/0–50）=100/0–50]（草色，即黄色偏绿）。

其三，从心理上要求的与景物及画面内容相关的色彩组合来看，是根据塑造形象、烘托主体、表现情节和渲染气氛的需要，选择用染料三基色系统标志的具有某种特征、意境和关系的色彩，进行恰当的组合与布局。

比如，一个姑娘的夏装色彩若想给人一种清新、明快、和谐的感觉，可通过标志色彩的染料三基色数式中黑、白、彩三种成分的选择与组合来表现。例如：含有白色成分（50）和彩色成分（50）的浅品色（0/50–0）的短袖汗衫；含有白色成分（100）的白色（0/0–0）的裙子；含有黑色成分（10）、白色成分（40）和彩色成分（50）的灰青色（10/10–60）的凉鞋。

第三节　典型用例

凡凭视觉欣赏的艺术无不通过依附于形象的色彩表现出来，色彩的千差万别则决定于物体从照射光线中选择的三原色光的组合。作为这个颜色系统实体的黄、品、青三种染料又能客观地表现三原色光的组合比例、色彩的特征及相互关系，人通过视觉和心理反应能够感受到色彩艺术效果。这个颜色系统所表现的光源、物体与色彩显现的关系使它具有广泛的适用范围。下面仅从物理、生理和心理的角度举出十个典型的用例。

一、对“减色效应”的解释

我们通常把光源的光谱成分、物体的吸收特性与色彩显现的关系称为光的“减色效应”。当它与滤色镜联系时，具有如下的基本规律。

原色（蓝、绿、红）滤色镜，只允许与本身颜色相同的色光透过。这是因为，在标志蓝（0/100–100）、绿（100/0–100）、红（100/100–0）滤色镜的染料三基色数式中，分别没有吸收蓝光、绿光和红光的黄染料、品染料和青染料。

间色（黄、品、青）滤色镜只允许与本滤色镜颜色相同的色光和形成这种间色的两个原色光透过。这是因为，在标志黄（100/0–0）、品（0/100–0）、青（0/0–

100）滤色镜的染料三基色数式中，只分别含有黄染料、品染料和青染料，各自吸收了白光中的蓝光、绿光和红光，透过了绿光和红光、蓝光和红光、蓝光和绿光，混合形成三个滤色镜的颜色，即黄色、品色和青色。

两种间色滤色镜叠用只允许形成这两种间色而又是共同具有的那一种原色光透过。这是因为，在标志两种滤色镜的两个染料三基色数式中，缺少同一种染料，使参与两种滤色镜颜色混合的那种原色光透过。比如：黄滤色镜（100/0–0）和品滤色镜（0/100–0）中都缺少青染料，透过红光［（100/0–0）+（0/100–0）→ 100/100–0］；黄滤色镜（100/0–0）和青滤色镜（0/0–100）中都缺少品染料，透过绿光［（100/0–0）+（0/0–100）→ 100/0–100］；品滤色镜（0/100–0）和青滤色镜（0/0–100）中都缺少黄染料，透过蓝光［（0/100–0）+（0/0–100）→ 0/100–100］。

三种间色滤色镜叠用，各种色光被相继减阻后，最终都不能透过，而呈暗黑的效果，或依据各滤色镜本身的浓淡情况以及光谱特性的不同而呈现不同程度的中性灰的视觉效果。这是因为，三种间色滤色镜叠用后产生的视觉效果是通过三种滤色镜对相应色光的综合吸收产生的，所以，可用标志三种间色（黄、品、青）滤色镜的染料三基色数式加合的方法表现出来。当滤色镜中的染料浓度大时，叠加后为黑色［（100/0–0）+（0/100–0）+（0/0–100）→ 100/100–100］；浓度小时为中灰色［（50/0–0）+（0/50–0）+（0/0–50）→ 50/50–50］；浓度再小时为浅灰色［（25/0–0）+（0/25–0）+（0/0–25）→ 25/25–25］。

两原色滤色镜叠用，各种色光也是都被减阻，即各种光波都不能透过。这是因为，标志两种原色滤色镜的染料三基色数式加合后，形成能够全部吸收蓝、绿、红三原色光的黑色：绿滤色镜和红滤色镜叠用［（100/0–100）+（100/100–0）→ 200/100–100 → 100/100–100］；蓝滤色镜和红滤色镜叠用［（0/100–100）+（100/100–0）→ 100/200–100 → 100/100–100）］；蓝滤色镜和绿滤色镜叠用［（0/100–100）+（100/0–100）→ 100/100–200 → 100/100–100］。

综上所述，表现减色效应的具有一定吸收特性和颜色的滤色镜，都可以用染料三基色数式来标志，并表明它在白光下由透射的原色光形成的色彩。某几个滤色镜叠用，可以采用标志参与叠加滤色镜的染料三基色数式加合的方法表现对照射光线的综合吸收及显现的色彩。

二、对影片色彩再现过程的表示

拍摄用的电影胶片称为彩色底片，它是通过能分别感受蓝、绿、红三原色光的三层卤化银乳剂来记录被摄景物的。当景物的反射光通过摄影镜头在底片上清晰成像的时候，在曝光部件的控制下，经过一定时间的感光，就在底片上形成了由银粒组成的潜影。彩色底片在冲洗的过程中，通过化学药液的显影及成色剂的耦合作用，分别在蓝、绿、红三个乳剂层中生成黄、品、青三种染料，即通常所说的染料三基色。图 4–6 为蓝、深红、浅绿、青、黑和白六种颜色在彩色底片上成色的过程。当把洗完的底片对着白光时，通过染料层对光的滤减作用，会显现出被摄景物的补色，形成负像。

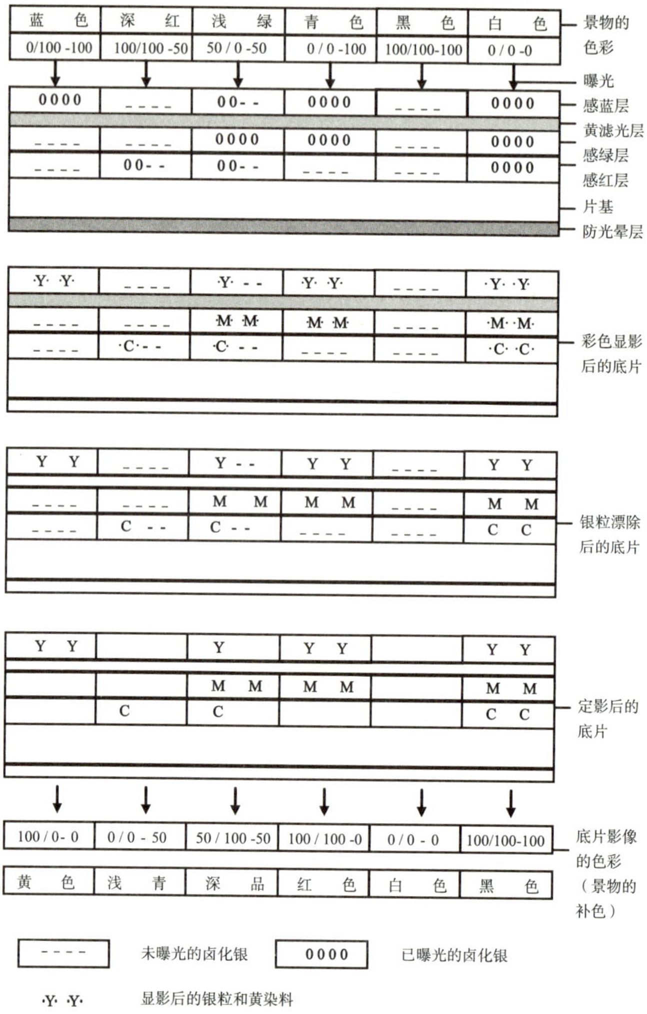

图 4–6　彩色底片色彩再现的过程

我们再通过底片使正片感光（印片），并经过冲洗加工，制成正片，即电影拷贝（见图 4–7）。在银幕上放映时，通过染料层对放映光源光线的滤减，重现被摄景物的色彩。

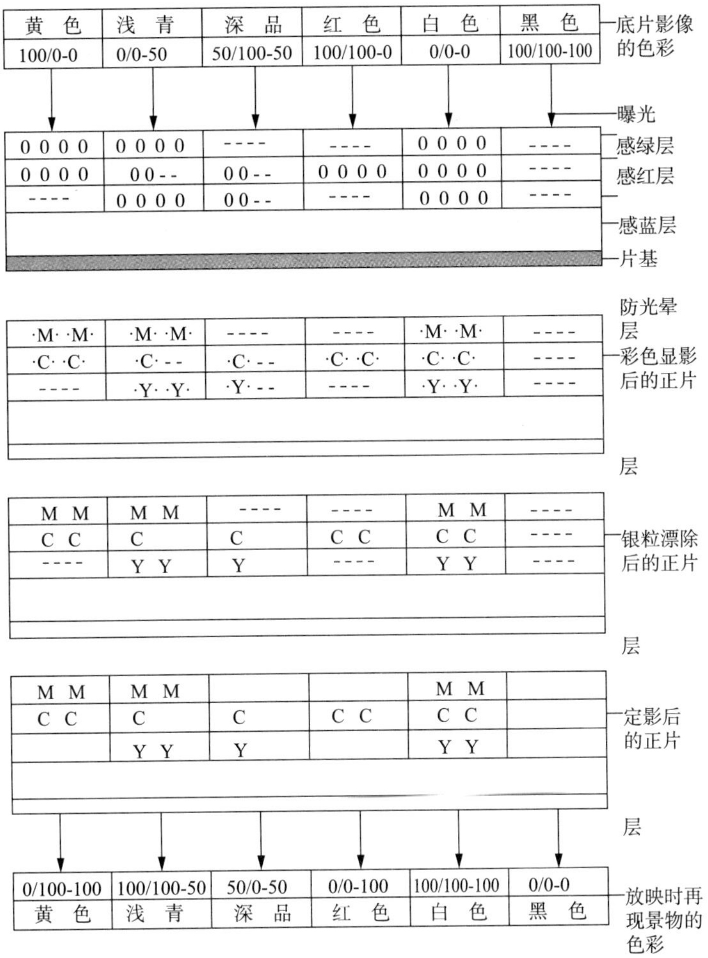

图 4–7　由底片到正片色彩再现的过程

经过拍摄和反转冲洗后，直接放映的反转片虽然与由底片到正片的加工过程不同，但从染料形成及色彩再现上来看是一样的（见图 4–8）。首先是进行黑白显影；其次，经过二次曝光，使没有显影的卤化银全部感光；再次，经过彩色显影，形成由染料和银组成的两个影像；最后，经过漂白，将两次显影形成的银影去掉，就形成了与景物色彩相同的染料影像。

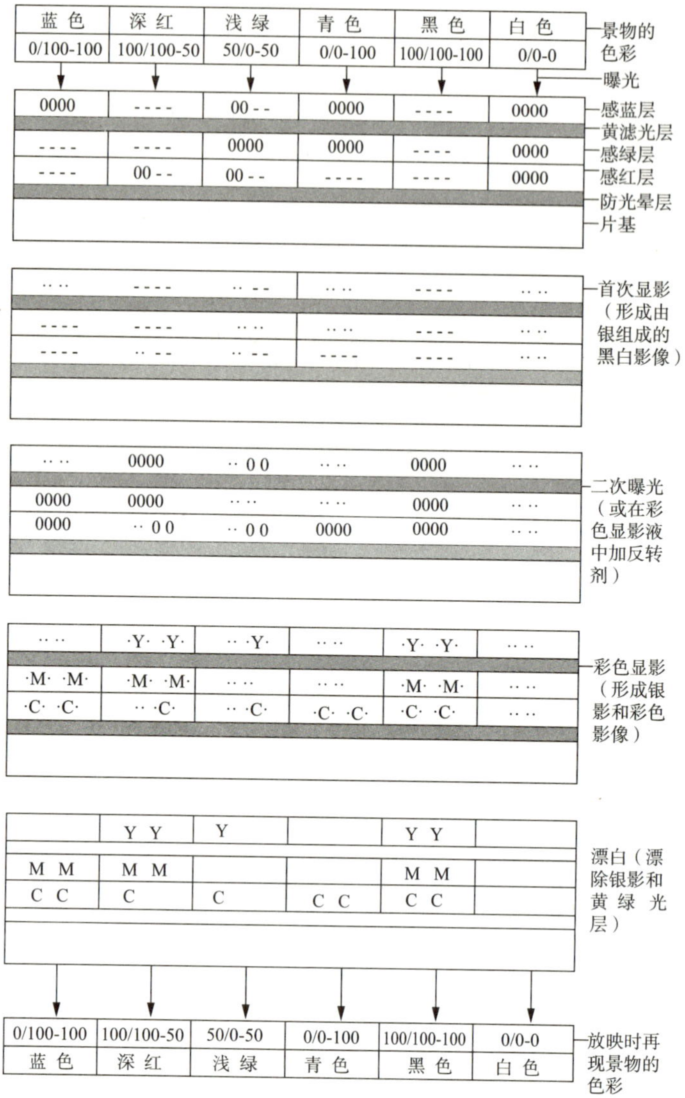

图 4-8　彩色反转片色彩再现的过程

三、对影片偏色与配光校正的分析

在影片摄制的过程中，由于受到彩色片的三层乳剂记录和还原色彩的不平衡、照明光源色温的变化、拍摄时曝光控制上的误差以及冲洗条件不准等因素的影响，使得通过底片印制的正片不能正确还原被摄景物的色彩。为了校正这种偏色现象，我们在印片时采取了调整印片光源光谱成分的方法，即彩色片配光。仅就印片来说，正片的偏色是由底片的偏色造成的，它改变了射向正片的三原色光的正确比例。因此，我们可通过减色法印片和加色法印片来改变印片光源中三原色光比例的方法进行调整。

减色法印片，是用吸收特性不同的黄、品、青滤色片来调整印片光源的三原色光比例，使被摄景物的色彩在正片上正确还原。比如：拍摄的景物是白色（0/0–0）的荷花，翠色（50/0–100）的荷叶，浅青色（0/0–50）的背景。如果在正片上想要把这个被摄景物的色彩再现得非常准确，在底片上应该显现景物的补色，即荷花是黑色（100/100–100），荷叶是粉色（50/100–0），背景是深红（100/100–50）。假如由于某种因素的影响，使底片的黄染料减少了 50%，则透过底片的蓝光就增加了 50%，使黑色的荷花变成了深蓝色（50/100–100），粉色的荷叶变成了品色（0/100–0），深红的背景变成了深品色（50/100–50）；当用这个底片印制正片时，就在正片的相应位置上形成了底片的补色，即荷花是浅黄色（50/0–0），荷叶为绿色（100/0–100），背景变成了浅绿色（50/0–50）。这种色彩失真的现象，不仅使荷花明显地偏色，也由于与背景、荷叶色彩的接近，给人一种影像平淡的感觉。因为正片的偏色是由于底片上的黄染料减少的缘故，所以，当采用减色法印片时，可用浅黄（50/0–0）滤色片来弥补，即在印片机光源和底片之间加一浅黄滤色片，从光源中减去 50% 的蓝光，让透过底片射向正片的三原色光比例恢复正常，使被摄景物的色彩在正片上正确还原。

减色法印片校正的过程和色彩效果也可以通过染料三基色数式加合计算来表现。比如：拍摄的景物是白色（0/0–0）荷花，它在不偏色的底片上是黑色［（100/100–100）–（0/0–0）=（100/100–100）］的；在色彩正常的正片上是白色［（100/100–100）–（100/100–100）=（0/0–0）］的；如果在底片上因缺少 50% 的黄染料而呈现深蓝色（50/100–100），荷花会在为底片补色的正片上显现浅黄色［（100/100–100）–（50/100–100）=（50/0–0）］。想要校正这种偏色现象，可在印片时在印片机光源和偏色底片之间加一浅黄滤色片，以达到校正底片偏色的目的［（50/100–100）+（50/0–0）=（100/100–100）］，这样可以使荷花在为底片补色的正片上色彩正常还原［（100/100–100）–（100/100–100）=（0/0–0）］（白色）。

从减色印片校正的实质来看，是用黄、品、青滤色片弥补底片中缺少染料的方法来滤掉透过底片的相应色光的余量，因此，所加滤色片的颜色正是正像所偏的色彩（底片偏色的补色）。在实际使用过程中，可根据正像偏色的情况加适当颜色、适当深浅的黄、品、青滤色片或组合滤色片（包括调整光量的中灰滤色片）。

现代的彩色片配光程序尽管采用电子控制，但仍然是通过对印片光源中的三原色光进行分光调整来校正被摄景物影像偏色的。首先，用具有反射与透射不同色光分光特性的二向色镜把从印片光源射出的光线（白光）分解成蓝、绿、红三种单色光，并在分光的通路上设置调整光量的光阀，以便在印片窗上获得适当比例的三原色光。对多透过底片的 50% 的蓝光不是像减色法印片那样用黄滤色片滤掉，而是在分解出来的蓝光光路上进行调整，减少蓝光的光量。

根据底片和正片色彩的互补关系可以断定：与色彩还原正确的相比，正片中多余的染料是由于底片中缺少该种染料造成的。因此，电影制片厂在减色校正印片法中才规定了正片偏什么颜色，在校正印片时，就加什么颜色的滤色片的校正原则，以弥补底片中缺少的染料。这与在加色校正印片法中规定的正像偏什么颜色，校正印片时，就在印片光源中增加什么色光所要达到的目的是一致的。

四、对色光照明技术的运用

在色光照明中涉及的光源与物体吸收特性的关系及色彩的显现，也可以通过标志光源与物体色彩的染料三基色数式的加合表现出来。

当要求改变场景中某一局部的色彩时，可以在白色照明灯前加上具有一定吸收特性的灯光纸，通过色光照明使物体的色彩显现出设想的效果。比如，要把一个黄色的桌子变成橙色，应该在白色照明灯前加的灯光纸的颜色，可以通过标志黄色（100/0–0）和橙色（100/50–0）的染料三基色数式的比较或计算进行选择，即（100/50–0）–（100/0–0）→ 0/50–0。从计算的结果可以看出，在白色照明灯前加一浅品（0/50–0）灯光纸就能把黄色的桌子变成橙色，即（100/0–0）+（0/50–0）→ 100/50–0。这样做之所以有道理，是因为体现了物体色彩显现的过程中对照射光线的综合吸收（见图 4–9）。

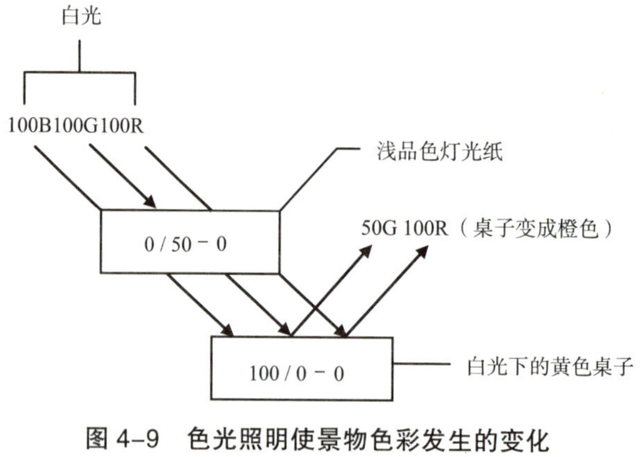

图 4–9　色光照明使景物色彩发生的变化

根据剧情的要求，需要突出某种色彩而压低另一种色彩的时候，应该在白色照明灯前加的灯光纸的颜色，也可以采用色光照明的方法，根据标志相关色彩的染料三基色数式进行分析和判断。比如，在一场戏中，有穿着红色和青色两种服装的人物，若想突出红色、压低青色，应该在白色照明灯前加上什么颜色的灯光纸呢？从标志红色（100/100–0）和青色（0/0–100）的染料三基色数式可以看出：要保持红色的鲜艳，在标志灯光纸的染料三基色数式中不应该有吸收红光的青染料；要压低青色，在标志灯光纸的染料三基色数式中必须有吸收蓝光的黄染料或吸收绿光的品染料。从这个要求出发，可以选择的灯光纸虽然有多种，但其中既能保持红色鲜艳又能把青色的感觉变弱并且对人物肤色影响不大的是浅黄色（50/0–0）。

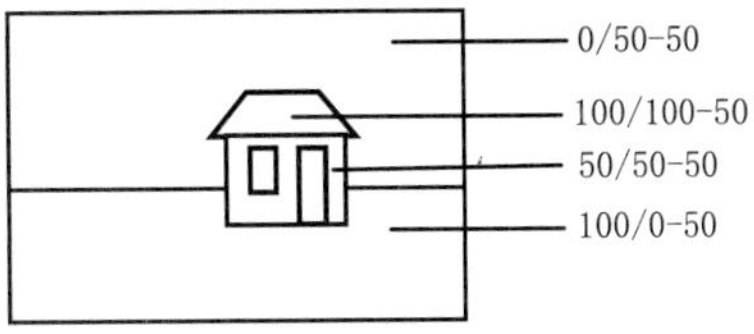

图 4–10　色光照明对画面色彩效果的影响

在有诸多色彩的场景中应用色光照明时，应该根据光源的特性与物体色彩显现的关系预计场景色彩的变化以及给画面色彩基调、色彩关系和色彩构图带来的影响。图 4–10 为与照明设计结合的舞台布景。当用白光照明时，天空为浅品色（0/50–0），房顶为红色（100/100–0），墙壁为浅红色（50/50–0），地面为黄色（100/0–0）。由于标志上述色彩的染料三基色数式中都没有青染料，它们反射的大量的红光不仅使画面呈现暖色基调，也因色彩组成上的共性，使画面色彩对比柔弱。这不仅给人一种和谐的感觉，也使画面中作为结构中心的房子不突出。用什么色光照明才能改善画面的色彩效果呢？在设计构思时，应该从削减画面色彩的和谐因素入手，增加染料三基色数式中的青染料，即在白色照明灯前加上浅青色（0/0–50）灯光纸。当用这种色光照明时，天空变成浅蓝色［（0/50–0）+（0/0–50）→ 0/50–50］，房顶变成深红色［（100/100–0）+（0/0–50）→（100/100–50）］，墙壁变成中灰色［（50/50–0）+（0/0–50）→ 50/50–50］，地面变成草色［（100/0–0）+（0/0–50）→ 100/0–50］。画面的色彩特征、色彩关系及色彩构图的变化，不仅使画面的色彩基调由温暖转为宁静，而且突出了画面的结构中心。

在戏剧舞台和电视文艺节目中，常常采用照明色光混合的方法改变天幕、场景和人物的色彩，渲染节目气氛。当使用这种方法的时候，可以根据设想的效果，在几个白色照明灯前分别加上具有一定吸收特性的蓝、绿、红灯光纸，再让投射光进行混合，并使被照射的景物显现某种色彩。比如，舞台上有一位身穿浅黄色服装的歌唱家，如果根据歌曲的内容及演唱的情绪使服装的色彩由浅黄依次变成草色、绿色、翠色、深青、深蓝、深品、粉色、浅红和橙色，仅从分别加上蓝色（0/100–100）、深蓝（50/100–100）、绿色（100/0–100）、深绿（100/50–100）、红色（100/100–0）和深红（100/100–50）灯光纸的 6 个白色照明灯中进行选择与组合并照射人物，即可产生设想的色彩效果。若使浅黄色（50/0–0）的服装变成草色（100/0–50），则需要混合光的颜色为：（100/0–50）–（50/0–0）→50/0–50（浅绿）。根据色光混合的规律来判断，需用分别加上深蓝（50/100–100）、绿色（100/0–100）和深红（100/100–50）灯光纸的白色照明灯同时照射舞台上的歌唱家，即可使浅黄色的服装变成草色：（50/100–100）+（100/0–100）+（100/100–50）–（200/200–200）+（50/0–0）→100/0–50（见图4–11）。

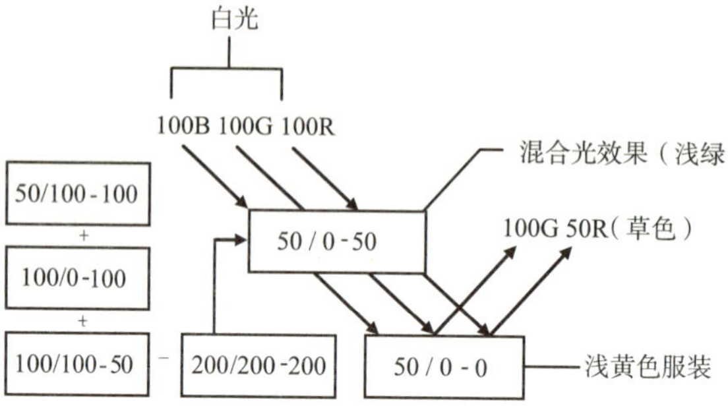

图4–11　照明色光混合及景物色彩的变化

在算式中减去黑色成分（200/200–200），是因为单纯的色光混合不与物体发生关系，也不会形成黑色成分，所以要减去。

五、用滤色镜对画面色彩的调节

在电视节目制作中，可在摄影镜头前加上具有一定吸收特性的滤色镜，通过对景物反射光进行滤减来改变景物影像的色彩。当采用这种造型手段时，我们也可以通过对标志色彩的染料三基色数式进行比较和计算，来选择滤色镜和判断景物影像的色彩效果。

当拍摄景物时，往往会由于色彩特征的接近，使色彩之间的对比不鲜明，影响画面的色彩构图和色彩效果。如遇到这种情况，拍摄时就需要在摄影镜头前加上一个具有一定吸收特性的滤色镜，来改变景物影像的色彩反差，调节画面的色彩关系。

比如，图4–12是在青色（0/0–100）的花瓶中插着一束黄色（100/0–0）的花朵，背景是浅绿色（50/0–50）。从标志色彩的染料三基色数式可以看出这几种色彩的特征和相互关系：因为标志青色与黄色的染料三基色数式中的品染料均为0，反射光中含有等量的绿光，所以色彩对比不鲜明；虽然由于数式中的青染料与黄染料相对吸收系数的不同形成了青色与黄色明度上的差别，但并不显著；在标志青色与黄色的染料三基色数式中，数值最小的染料均为0，数值最大的染料均为

100，不含黑色成分和白色成分，两者纯度相同；浅绿色同青色、黄色相比，虽然因含有白色成分，表现了明度与纯度的不同，但彩色成分中的绿光则是与两色形成和谐关系的因素。由于景物色彩特征的接近，因此给人一种对比柔和、景象平淡的感觉。

为了调节景物影像的色彩关系与画面的色彩效果，拍摄时需在镜头前加上什么颜色的滤色镜呢？判断这个问题，应该从削减和谐因素入手，改变数式中的品染料都是 0 的状态。因此，需要加上浅品（0/50–0）滤色镜，让花瓶变成天色［（0/0–100）+（0/50–0）→ 0/50–100］，花朵变成橙色［（100/0–0）+（0/50–0）→ 100/50–0］，背景变成中灰色［（50/0–50）+（0/50–0）→ 50/50–50］，使色彩对比鲜明的花瓶和花朵印在消色的背景上，形成一幅色彩鲜明、和谐、主体突出的画面（见图 4–12）。

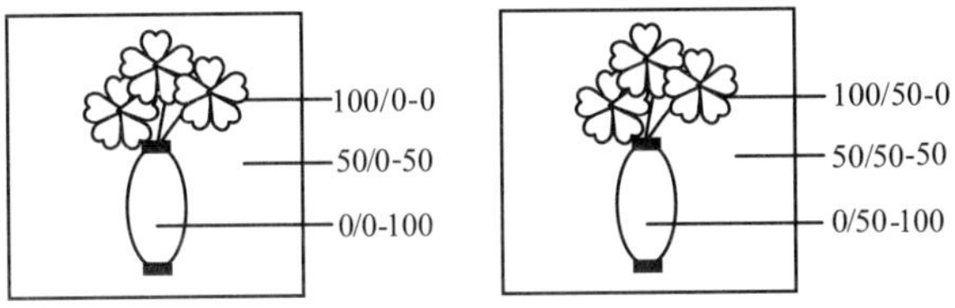

图 4–12　景物影像色彩效果的调节

六、对色觉相继对比现象（色后像）形成的认识

对于色后像的形成，有人认为“是因为眼睛把先看色彩的补色残像加到后看物体色彩上面的缘故”。这也是从视觉生理现象来认识色后像形成的规律，与色后像的颜色倾向于先看物体补色的观点是一致的。从色光滤减的规律来看，把先看物体色彩的补色残像加到后看物体的色彩上面，体现了在看第一个物体色彩时，相应感色纤维发生疲劳，因而，再看第二个物体色彩时，对某些色光反应迟钝，感觉色彩产生某种倾向的变化。这种色觉相继对比现象及色彩倾向，也可以用染料三基色数式的加合来判断。比如：先看的是红色（80/80–0）物体（标志色彩的最大染料数值为 80 而不是 100，是因为自然界中没有绝对纯净的色彩），它的补色残像的色彩为淡青色（0/0–20）。后看的是橙色（80/40–0）物体，它的色彩变化为：（80/40–0）+（0/0–20）→ 80/40–20。染料三基色数式 80/40–20 与 80/40–0 相比多出的青染料（20），体现了在看红色物体时，因感红纤维的疲劳对红光信息传递的减少，缩小了与橙色中绿光的差距（只看橙色时，感觉的红光为 80，绿光为 40；看完红色再看橙色时，感觉的红光为 60，绿光为 40），因此，感觉橙色倾

向于黄色（黄味橙）。

表4–2是用标准染料三基色系统对法国化学家肖武路提出的连续对比现象的分析。从计算的结果来看，在30组色彩中，有27组与肖武路判断的相同。其中不同的3组：一是，看完橙色之后再看蓝色时，用标准染料三基色系统计算的色后像为绿味蓝（0/90–100），而肖武路运用视觉连续对比现象感觉的为紫味蓝；二是，看完黄色之后再看蓝色时，用标准染料三基色系统计算的色后像为蓝色（0/100–100），而肖武路运用视觉连续对比现象感觉的为紫味蓝；三是，看完蓝色之后再看黄色时，用标准染料三基色系统计算的色后像为黄色（100/0–0），而肖武路运用视觉连续对比现象感觉的为橙味黄。

上述的不同之处，是由于受自然界中没有绝对纯净色彩的影响：看完橙色之后再看蓝色之所以为紫味蓝，是因为如从色彩不纯的角度，在国际照明委员会的标准色度学系统中取波长为458nm的蓝光（色度坐标值x、y、z分别为0.14693、0.02663、0.82644），染料三基色数式相当于0/80–60，再与先看色彩的补色残像数式（0/10–20）加合后，为紫味蓝（0/90–80）；看完黄色之后再看蓝色之所以为紫味蓝，是因为如蓝光的波长也选458nm，色度坐标值x、y、z分别为0.14693、0.02663、0.82644，染料三基色数式相当于0/80–60，再与先看色彩的补色残像数式（0/20–20）加合后，为紫味蓝（0/100–80）；看完蓝色之后再看黄色之所以为橙味黄，是因为如黄光的波长选580nm，色度坐标值X、Y、Z分别为0.51249、0.48659、0.00092，染料三基色数式相当于80/20–10，再与补色残像的数式20/0–0加合，为橙味黄（100/20–10）。

表4–2 对肖武路连续对比的分析

先看的色彩及补色残像数式		后看的色彩		对比后的影响	
色 名	数 式	色 名	数 式	色 名	数 式
红	0/0–20	橙	80/40–0	黄味橙	80/40–20
红	0/0–20	黄	80/0–0	绿味黄	80/0–20
红	0/0–20	绿	80/0–80	蓝味绿	80/0–100
红	0/0–20	蓝	0/80–80	绿味蓝	0/80–100
红	0/0–20	紫	0/80–40	蓝味紫	0/80–60
橙	0/10–20	红	80/80–0	紫味红	80/90–20
橙	0/10–20	黄	80/0–0	绿味黄	80/10–20
橙	0/10–20	绿	80/0–80	蓝味绿	80/10–100

续表

先看的色彩及补色残像数式		后看的色彩		对比后的影响	
橙	0/10–20	蓝	0/80–80	紫味蓝	0/90–100
橙	0/10–20	紫	0/80–40	蓝味紫	0/90–60
黄	0/20–20	红	80/80–0	紫味红	80/100–20
黄	0/20–20	橙	80/40–0	红味橙	80/60–20
黄	0/20–20	绿	80/0–80	蓝味绿	80/20–100
黄	0/20–20	蓝	0/80–80	紫味蓝	0/100–100
黄	0/20–20	紫	0/80–40	蓝味紫	0/100–60
绿	0/20–0	红	80/80–0	紫味红	80/100–0
绿	0/20–0	橙	80/40–0	红味橙	80/60–0
绿	0/20–0	黄	80/0–0	橙味黄	80/20–0
绿	0/20–0	蓝	0/80–80	紫味蓝	0/100–80
绿	0/20–0	紫	0/80–40	红味紫	0/100–40
蓝	20/0–0	红	80/80–0	橙味红	100/80–0
蓝	20/0–0	橙	80/40–0	黄味橙	100/40–0
蓝	20/0–0	黄	80/0–0	橙味黄	100/0–0
蓝	20/0–0	绿	80/0–80	黄味绿	100/0–80
蓝	20/0–0	紫	0/80–40	红味紫	20/80–40
紫	20/0–10	红	80/80–0	橙味红	100/80–10
紫	20/0–10	橙	80/40–0	黄味橙	100/40–10
紫	20/0–10	黄	80/0–0	绿味黄	100/0–10
紫	20/0–10	绿	80/0–80	黄味绿	100/0–90
紫	20/0–10	蓝	0/80–80	绿味蓝	20/80–90

七、对同时色反差现象的理解

同时色反差是指物体的色彩因受周围或相邻色彩的影响而发生变化的一种现象。在电视节目制作中进行字幕色彩设计时，要根据色觉疲劳产生的规律，选择字迹和衬底的色彩。比如，根据节目内容选择浅黄色（50/0–0）字迹，衬底应该选择字迹的补色［（100/100–100）–（50/0–0）→ 50/100–100（深蓝色）］，这样，就会由于字迹的色彩倾向于衬底的补色而形成对比鲜明的字幕色彩效果。

八、对色彩空间混合效果的预计

在电视节目制作中，在场景色彩的选择与设计上要注意远景镜头对画面色彩关系的影响。比如：一个身穿黄（100/0–0）、青（0/0–100）相间色彩服装的人物站在绿色（100/0–100）树丛前的近景镜头，由于色彩特征的差别，环境色彩能够把主体烘托出来，而当拉成远景镜头时，则会由于服装色彩产生空间混合变成同绿色树丛相近的色彩［（100/0–0）+（0/0–100）→（100/0–100）］，影响主体的表现。应该根据对这种色彩效果的判断，适当地调整人物的服饰色彩或者重新选择场景的色彩。

九、对不透明颜料混合效果的分析

绘画中使用的颜料是不透明的，当进行调色时，要根据产生效果的不同来确定混合的比例。比如：要调成粉色（50/100–0），可选取品色（0/100–0）和黄色（100/0–0）进行 2∶1 比例的混合，即［（0/100–0）+（100/0–0）］/2 → 50/100–0；要调成绿色（100/0–100），可选取等量的黄色（100/0–0）和青色（0/0–100）进行混合，即（100/0–0）+（0/0–100）→ 100/0–100；要调成浅紫色（0/50–25），可选取等量的紫色（0/100–50）和白色（0/0–0）进行混合，即［（0/100–50）+（0/0–0）］/2 → 0/50–25（或者取适量的紫色和清水进行调和）。

十、在景物及画面色彩设计上的应用

在电视节目制作中，对景物及画面的色彩进行设计时，要根据表现的内容和涉及的景物来选择色彩、进行组合。比如：画面中是坐在河边儿上的一对情侣（人物在画面中为近景背影），对画面意境的要求是远远望去给人一种温情、宁静的感觉（见图 4–13）。从这个要求出发，河岸的环境色彩可以选择彩色成分和白色成分均为 50 的浅翠色（25/0–50）。为了使画面色彩鲜明而又不减弱宁静的气氛和突出女性的特征，女

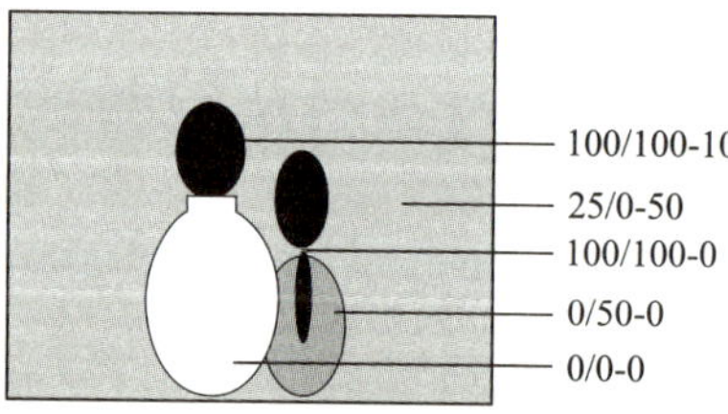

图 4–13 景物色彩的选择与组合

人上衣选用彩色成分和白色成分均为 50 的浅品色（0/50–0）。占画面面积很小的头绳用只含彩色成分（100）的红色（100/100–0）。男人上衣选用与环境和人物既有对比又显得和谐的只含白色成分（100）的白色（0/0–0）。人物只含黑色成分（100）的黑色（100/100–100）头发，在调节画面色彩的和谐与对比关系上也起到重要作用。

第五章 关于颜色视觉理论

在感觉环境、认识世界和获取知识的过程中，视觉的作用同其他感觉相比尤为重要，这也因此促使我们对视觉生理规律进行深入研究。视觉对景物信息的感受与传递是通过光学系统与生理机制实现的。当由物体发射、反射或透射的反映本身形象特征的光线射向人眼的时候，眼球的特殊结构通过对光线的折射，在内层的视网膜上形成清晰的影像，再通过视觉神经纤维的兴奋，由视神经把感受的景物信息传给大脑，产生视觉。视觉对景物千差万别的反应是由于组成色彩的三原色光比例的不同造成的。在色彩的组成上，从物理学的角度来看，尽管相当严密，而同一种色彩让不同的人来观看，在感觉上却有不同程度的差别，这是由于视觉生理结构不完善造成的。这种视觉生理现象，在笔者提出的感色纤维间联结的设想中，指的是能在组成色彩的蓝、绿、红三原色光的刺激下，产生兴奋的三种感色纤维间没有完全分离，甚至完全没有分离，因而不能客观地传递颜色信息。

第一节 视觉生理机制

一、眼球的构造

人的眼睛从整体来看是个不大规则的球形，我们通常把它称为眼球（见图 5-1）。眼球壁由三层薄膜组成：外层是坚韧的纤维膜，起到保护眼球的作用；它的前方是角膜，是无色的透明体，具有良好

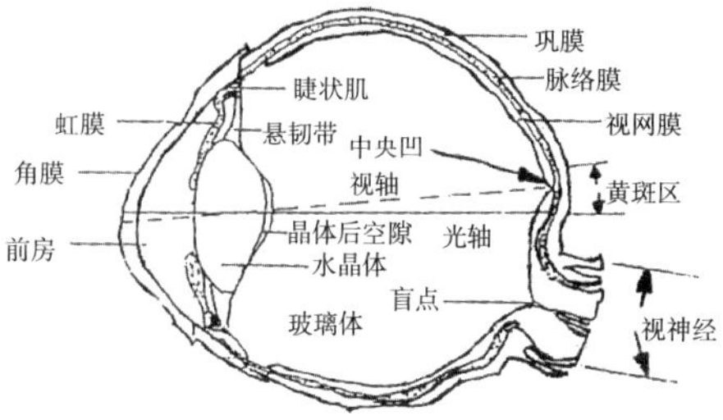

图 5-1 眼球断面示意图

的透光特性，面积约占纤维膜的 1/6；后方是巩膜，约占纤维膜的 5/6；紧贴着巩膜的是脉络膜，内含丰富的滋养眼睛的血管，呈紫黑色，也有遮光、吸光，避免眼球内部光线干扰、影响视觉的作用；脉络膜的前方是呈环状的虹膜（也称彩帘），内含丰富的色素，其颜色由于民族的不同而显现出黑色、褐色或蓝色；虹膜中间的圆孔称为瞳孔，虹膜内平滑肌的舒缩能改变它的大小，控制进入人眼的光量。

内层为视网膜，简称网膜，具有接收与处理光学信息、产生视觉的功能。在瞳孔后面的一个扁圆形的透明体称为水晶体，它的曲率由两侧相连的睫状肌来调节，使传递景物信息的透射光在视网膜上形成清晰的影像，具有类似摄影镜头的聚焦作用。

由角膜与虹膜形成的空间称为前房（后房指的是由虹膜到水晶体的较小空间），其中充满的水状液体对可见光有良好的透射特性。在水晶体与视网膜之间充满的玻璃质液体称为玻璃体，它与水晶体、房水和角膜组成一套完整的视觉光学系统。

二、视觉光学系统

光学系统就视觉而言，是保证人们观看的景物能在人眼的视网膜上形成清晰的影像。不管是人们根据仿生学的理论通过模拟人眼的生理结构与功能研究、设计了摄影镜头，还是摄影镜头的特性与功能符合人眼的视觉生理规律，两者在景物影像的形成上是相像的。

在摄影时，可以使被摄的远近（称为物距）不同景物的影像清晰地成在结像面（感光胶片所在的位置）上。当景物离镜头近时，要将镜头的光心前移，以增加光心与结像面的距离；当景物离镜头远时，要将镜头的光心后移，以缩小光心与结像面的距离。在眼球中，相当于镜头光心的是水晶体，相当于感光胶片所在的结像面的是眼球内层的视网膜；由于两者的距离是固定的，调节视网膜上的影像清晰度要靠改变水晶体的曲率。当看近处的景物时，如果水晶体的曲率保持一般的状态，根据透镜成像的规律，透过它的光线经过折射会使影像成在视网膜的后面，感觉影像模糊，因此需要收缩睫状肌，增大水晶体的曲率，前移共轭焦点（物体的成像点），在视网膜上形成清晰的影像。当看远处景物时，影像会成在视网膜的前面，要想感觉影像清晰，就要松弛睫状肌，缩小水晶体的曲率，使共轭焦点后移。

图 5–2 是根据摄影光学原理说明人的眼睛对远近不同景物影像清晰度的调节。

在景物（A）离眼睛较近（物距为 d1）的情况下，当作为镜头的凸透镜（图中用实线画的，相当于眼球的水晶体）的曲率不大时（主焦点为 F1），会由于对光线的折射角度较小而成像在结像面（相当于人眼的视网膜）后面（A1）；如不改变透镜与结像面的距离（S），就需要更换曲率适当增大的凸透镜（图中的虚线），以加大光线折射角度（主焦点为 F2），使景物的影像成在结像面上（A2）。从相对孔径（光圈）的功能来看，与人眼中被虹膜控制的瞳孔也是相像的。相对孔径及由镜孔直径的改变形成的依次排列的大小光圈，不仅能够调节进入镜头的光量，而且能够影响景物影像的清晰度（解像力或分辨率）和清晰范围（景深）。人眼对光量的调节也是为了能够清晰地观看景物；这种调节虽然主要是靠提高或降低视觉灵敏度，而瞳孔的张缩对射入人眼光量的控制也起一定的作用。

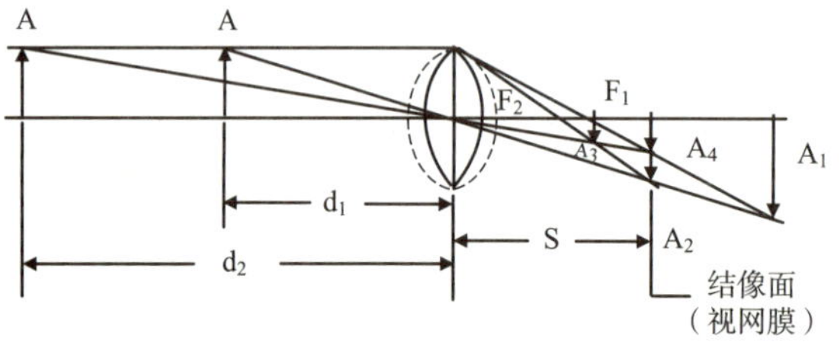

图 5-2　物距与水晶体曲率的调节

三、视网膜及感光神经网络

来自景物的光线通过水晶体之后在视网膜上形成清晰的影像。对影像的感受、传递及色彩感觉的产生，是靠视网膜及视觉神经系统的生理功能实现的。人眼对景物影像信息的传输很像彩色摄像机，两者都是把成像面上的光学信息采用一定的方式传送出去。摄像机是用电子束逐行扫描光电靶上的影像及光电转换来传输景物信息，而人眼是由视网膜中的视觉神经细胞接受景物影像的刺激，再通过复杂的神经纤维网络传给大脑。

在视网膜中，不同类型的细胞交错触接，组成紧密的集合体（见图 5-3）。

靠近脉络膜一方的（图 5-3 上部）是视觉细胞，其中形体粗短、外段为圆锥形的称为视锥细胞（C），形体细长、外段为圆柱形的称为视杆细胞（R）。靠近玻璃体一方的（图 5-3 下部）是神经节细胞，其中分为侏儒型（MG）和弥散型（DG），它们都与视神经相连，汇集成视神经束。在视觉细胞和神经节细胞之间还有与视觉细胞形成联系的水平细胞（H）、视觉细胞和神经节细胞形成联系的双极细胞（MB 为侏儒型，RB 为杆型，FB 为扁平型）以及与双极细胞和神经节细胞形

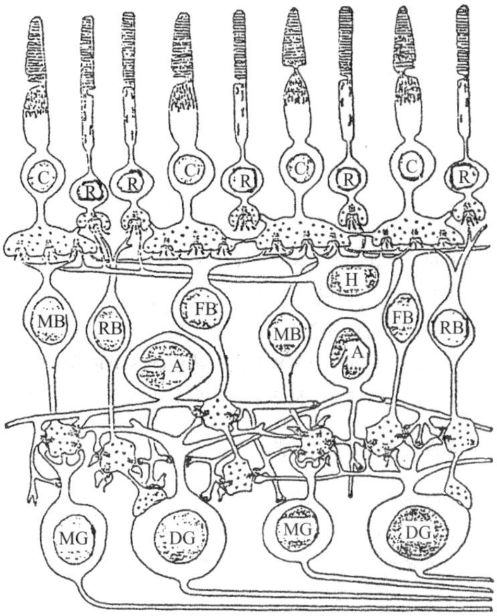

图 5-3　视网膜剖面示意图

成联系的无足细胞（A）。视网膜对光学信息的处理就是靠这些细胞组成的纵向传递通路和横向联系的神经网络实现的。

当组成景物影像的光线射向视网膜的时候，它便通过神经节细胞和双极细胞抵达能够做出反应的视觉细胞层。其中的视锥细胞，人的每只眼睛约有 700 万个，主要分布在视网膜的中央凹，不仅能感受强光，而且能分辨景物的细节和颜色，但对暗光反应迟钝；视杆细胞，人的每只眼睛约有 1.2 亿个，主要分布在视网膜的周围，能感受暗光，但不能分辨景物的细节和颜色。由于神经节细胞只有约 80 万个，因此，只有在视网膜中央凹处的视锥细胞通过双极细胞与神经节细胞一对一发生联系；而在视网膜周围的视杆细胞，几千个才与一个神经节细胞发生联系。水平细胞与视觉细胞和双极细胞、无足细胞与双极细胞和神经节细胞之间的联系会影响视觉神经网络对景物信息的传递。

在色彩的组成上虽然具有严密的物理学规律，却由于视觉生理特性的影响，往往不能客观地反映色彩的原貌而形成了感觉与现实的差别。这种视觉现象对电视节目制作的消极影响是使拍摄的景物影像色彩与现场看到的有明显差别，影响节目的质量；而积极影响则是由于无论是对色彩的真实感觉还是与现实不符的反映都会影响人的心理，因而可以产生某种色彩意境和色彩感情。因此，我们可以根据节目内容，通过对景物色彩的选择与设计，人为地制造某种心理影响，产生设想的色彩艺术效果。在研究视觉生理规律时，我们既要寻求人的眼睛为什么能看到色彩，又要分析视觉适应特性对色彩感觉的影响，以免在色彩应用的实践中出现判断的失误或效果与联想的脱离，影响作品的色彩艺术效果。

第二节　颜色视觉的假说

关于人的眼睛对色彩信息感受与传递的复杂关系，由于医学水平的限制，当今人们还不能采用生理解剖的方法切实地加以确认，只能根据人眼对色彩感觉的规律提出带有假定性的学说。

一、颜色视觉理论概述

关于颜色视觉理论的研究已经进行了一百多年。在这段漫长的时间里，一些热心而勤奋的科学家曾经相继地提出了自己的颜色视觉理论。

英国的医学家、物理学家杨（T. Young）最先提出在人眼的视网膜中有三种神经纤维的假想，称为三色学说。而后，这一学说又为德国的生理、物理学家赫姆霍尔兹（H. L. F. Von Helmholtz）所发展，他提出对光谱的每一波长，三种神经纤维都有一定的兴奋水平，使应用于实践中的颜色混合物理现象得到了令人满意的解释。从而，他发展了杨的理论，形成杨—赫姆霍尔兹学说。三色学说的价值在于为近代色度学奠定了理论基础，有效地指导了色彩应用的实践。这个学说的缺陷在于不能解释异常色觉现象，这就使它还不足以称得上一个完整的颜色视觉理论体系。

1878 年，德国的物理学家赫林（E. Hering）根据颜色现象中发生的成对关系，假定在人眼的视网膜中存在白—黑、红—绿和黄—蓝三对色素，通过各对色素的分解与合成过程产生各种颜色感觉。他的这一学说称为对立颜色学说或四色学说。这个学说虽然能对色觉现象做出某些解释，但不能说明三种原色以各种比例混合时，为什么能形成自然界的一切色彩。这样，它也就失去了实用价值。

富兰克林夫人赖弗（Fr. Ladd-Franklin）曾从进化论的角度把三色学说与四色学说综合成一个体系。她认为，起初人的眼睛只能产生黑白视觉，以后，又相继进化到黄蓝视觉和红绿视觉。而从总体来说，基本色素仍有三个，只是通过综合产生白、黑、黄、蓝、红、绿六种色觉。并且认为，红—绿色盲是由于缺少红绿色觉一级的进化，全色盲则是因为未经进化。

缪勒（Miller）的理论是把杨—赫姆霍尔兹的理论与赫林的理论经过组合形成的。因此，它的基本心理、物理现象并不新鲜。他也是假定在人眼的视网膜中有蓝、绿、红三种感受器。亮度感觉是通过由蓝、绿、红三种感受器组成的通道来传递的；红—绿机制由红、绿感受器输出的差来形成；黄—蓝机制由中间的红—绿机制和蓝感受器输出的差来形成。在对异常色觉的解释中他认为：如果红感受器缺损，会使红—绿机制丧失活动能力，使由蓝、绿、红三种感受器组成的亮度感觉通道变得只能传递两种信息，而失去感受红色的功能；假如红—绿机制缺损，又会失去对红色和绿色的感受能力，而亮度感觉不受影响。

在异常色觉成因方面，杨—赫姆霍尔兹认为是缺少神经纤维造成的，赫林用“对立颜色学说”来解释，富兰克林夫人从进化论的角度说明，缪勒认为是由于感受器缺损。也曾有过这样的估计：“可能是他们只有两种不同的接收器；可能虽然有三种接收器，但其中两种接收器连在一起，以致传到大脑后仍然只有两种讯号；可能是讯号在传递中混合在一起；也可能是大脑分析器出了问题，分不出三种讯号。”菲克斯（Ficks）、莱德—富兰克林认为，乙型色盲是由于红、绿感色素本身或它们的讯号没有被分开，相当于同样性质的两只光电池，或不同性质的两只光电池连在一起。这些设想虽有某种可供参考之处，但都没有形成理论（其科学理论尚未阐明）。

二、两种对立学说的关系

在现代颜色视觉理论中有两个学说占据主导地位，即从颜色混合的物理学规律出发的三色学说和从视觉现象出发的四色学说。长期以来，这两个学说之所以能够并存，是因为各自学说的不完善需要在理论和实践上彼此弥补自己的缺陷。三色学说虽然在对颜色混合物理规律的论证及对色彩应用实践的指导上做出了杰出的贡献，但是，它不能对异常色觉现象做出令人满意的解释。这就在客观上为与它抗衡的四色学说留下了一席之地，并且使人们认为，近一个世纪以来，这两种一直对立的古老的颜色学说并不是不可调和的，而是应该在颜色视觉的阶段学说上统一起来的。

与这两个学说相比，三色学说有着更大的理论和实用价值。三色学说的主体是：人的视觉器官对颜色信息感受与传递的过程以及它与色彩应用的密切关系；它的缺陷仅仅是对异常色觉现象的脱离实际的解释。而四色学说的致命弱点是与组成彩色世界的颜色混合规律毫不相干，与色彩应用的实践相脱离。如果说这两个学说在对颜色信息的感受与传递上还有联系的话，四色学说仅仅是在三色学说基础上的组合与变化。赫林假定视网膜中有白—黑视素、红—绿视素、黄—蓝视素，在代谢作用中涉及建设（同化）和破坏（异化），只表现了色彩之间的关系。比如，属于消色系列的白色和黑色，在色彩关系上是互补色：在色光上两者相加为白色［（100B+100G+100R）+（0B+0G+0R）→（100B+100G+100R）］；在染料上两者相加为黑色［（0/0–0）+（100/100–100）→（100/100–100）］。在保持互补关系的条件下，当在白色（0/0–0）中逐渐增加黑色成分时，其中的白色成分就会逐渐减少，并经中灰色（50/50–50）将白色变为黑色（100/100–100）。在这个过程中，黑色朝相同方向变化，得到建设；白色朝相反方向变化，遭到破坏（见附录一中的附图 1–1）。而这就是在色彩关系上表现的建设（同化）和破坏（异化）的实质。再如，属于彩色系列的黄色和蓝色也是互补色，在保持互补关系的条件下，当在黄色（100/0–0）中逐渐增加蓝色成分时，其中的黄色成分就会逐渐减少，并经中灰色（50/50–50）将黄色变为蓝色（0/100–100）。在这个过程中，蓝色朝相同方向变化，得到建设；黄色朝相反方向变化，遭到破坏（见附录一中的附图 1–1）。另外，属于彩色系列的红色和绿色，它们之间并不是互补色，在色彩关系上也表现不出建设（同化）和破坏（异化）的变化过程。

三、与锥杆细胞的联系

研究视觉生理的科学家们通过生理解剖和视觉实验发现在人的眼球内侧的视网膜中存在着能对光线产生反应的锥体细胞和杆体细胞。锥体细胞能对一定强度的光线产生敏感的反应，并能分辨景物的颜色和感觉清晰的影像；而杆体细胞则能感受弱光，但不能分辨颜色与景物的细节。通常我们也把视网膜中央的锥体细胞视觉和视网膜边缘的杆体细胞视觉分别称为“明视觉”和“暗视觉”。

视觉的这种双重功能已被日盲症和夜盲症患者的病理所证实。当人眼的锥体细胞退化或丧失功能时，人便会由于视网膜中央部位的全盲而导致日盲症。当人眼的杆体细胞内缺少感光物质时，人又会由于看不清黑暗环境中的景物而形成夜盲症。主要在白天或夜间活动的动物的视觉特点也是由于生物进化及习性上的原因而没有同时具备视觉的双重功能所形成的。

关于三色学说在锥体细胞中心只含与蓝、绿、红三种感色纤维相联系的三种不同色素的观点，虽然由于色素提炼上的原因还没有做出肯定的答案，但是，其中所含的红感色素和绿感色素已被发现，使三种感色纤维的假想成为事实的演变又前进了一步。

由于感光神经细胞的数目远远多于输出神经的数目，因此，只有每个锥体细胞单独同一根视神经连接，许多杆体细胞才能同一根视神经连接。这样就使得对不同色光具有敏感性的锥体细胞通过与它单独连接的视神经把相应的色光信息真实地传递到大脑。若传递不同色光信息的锥体细胞间发生联结，又会凭借各自的功能及兴奋程度的相互影响，向大脑传递与接受刺激不同的虚假信息，形成异常色觉现象。与同一根视神经连接的若干个杆体细胞，不管各自接受与传递什么样的色光信息及相互之间是否发生联结，也都会在同一条输出通路上发生混淆，在大脑中产生综合的消色感觉，而不能分辨颜色，形成三种锥体细胞间发生联结的视觉效果。这就是"感色纤维间联结的设想"与锥体细胞和杆体细胞之间的联系。

无论是通过生理解剖和视觉实验证实的视觉双重功能，还是以颜色混合现象为根据的三种感色纤维的假说，或者是在三色学说的基础上提出的异常色觉的成因，从生理的角度来看，都是基于人的视觉器官对自然环境的适应及生理结构的规律形成的。人们还将借助科学技术的进步及从实践中获得的逐渐深刻的认识，不断地发展颜色视觉理论，使设想变为现实。

第三节　对颜色视觉理论的分析与设想

人的眼睛对景物色彩的反应及在辨色力上表现的差别，与视觉生理机制有密切关系。根据对人眼的视网膜中存在的能对三原色光分别产生兴奋的感蓝纤维、感绿纤维和感红纤维的认定，当通过由双极细胞和神经节细胞组成的视神经系统传递景物色彩信息的时候，应该是直接而畅通才能产生良好的效果。而在视觉神经网络中，与视觉细胞和双极细胞、双极细胞和神经节细胞横向联系的水平细胞和无足细胞，对景物色彩信息的传递会起干扰作用，影响景物信息的传递，这是视觉生理结构不完善的表现。它会使本来应该彼此分离的视觉细胞之间或者是在信息传递的讯道上发生联结，造成信号的混淆及色彩感觉的失真。

一、三色学说及其理论上的缺陷

三色学说是由杨和赫姆霍尔兹在一百多年前创立的，所以，它又通常被称为杨—赫姆霍尔兹学说。杨和赫姆霍尔兹根据蓝、绿、红三原色光以各种比例相混合，可以产生自然界中一切色彩的规律，设想在人眼的视网膜中存在着能够在蓝、绿、红三原色光的刺激下相应地产生兴奋的"蓝""绿""红"三种感色纤维（在某一原色光的刺激下，除相应的感色纤维发生较强的兴奋外，其他两种感色纤维也有一定程度的兴奋反应，这是由于自然界中没有绝对纯净的色彩及人的视觉生理结构不完善造成的）。当它们单独受到相应原色光的刺激时，产生单色感觉；而当两种或三种感色纤维同时受到相应原色光的刺激时，产生相应的综合色觉。比如：当感蓝纤维受到蓝光刺激时产生蓝色感觉；当感红纤维和感绿纤维同时分别受到红、绿两种原色光的等量刺激时，产生黄色感觉；当感红纤维和感蓝纤维分别接受红光和绿光 2∶1 比例的刺激时，则红多绿少，产生橙色感觉，红少绿多，产生草色感觉；若红、绿两种色光的比例差距再大，其色彩的感觉是红多绿少为橙红，红少绿多为黄绿；当蓝、绿、红三原色光以 1∶1.5∶2 的比例刺激相应的感色纤维时，又会产生浅橙色的感觉；全然白色的感觉，是由于三种感色纤维同时受到了相应原色光的足量刺激而产生了强烈的兴奋；若对三种感色纤维的等量刺激程度逐级减小，又会产生不同明度的灰色甚至黑色的感觉。这种与三原色光表现色彩的规律一致的等量与非等量的刺激，加之刺激程度的千变万化以及三种感色纤维对这种外界刺激所产生的相应反应，便使人们的视觉感受到用色彩描绘的客观世界。三色学说对各种颜色混合现象所做的准确解释，为近代色度学提供了理论根据，至今它仍有效地指导着色彩应用的实践。三色学说理论上的缺陷在于它对异常色觉现象的解释不符合人们广泛察觉的事实。比如：赫姆霍尔兹认为，色盲是由于人眼的视网膜中缺少一种以至三种感色纤维造成的。如果异常色觉的成因确是如此，至少有三种推断与事实不符。

第一，根据三色学说对色盲现象的解释，如果在视网膜中分别缺少感蓝纤维、感绿纤维和感红纤维，就会相应地产生能够各自单独存在的蓝色盲、绿色盲和红色盲。而在许多色盲实例中却见到几乎所有的红色盲同时也是绿色盲，这说明理论与事实不符。

第二，如果说红—绿色盲的成因是由于视网膜中同时缺少红、绿两种感色纤维，根据综合色觉产生的规律，除非感红纤维和感绿纤维同时分别受到红、绿色光的等量刺激而产生兴奋，否则是不会产生黄色感觉的。而在许多色盲实例中见到的红—绿色盲却都能产生黄色的感觉，这也说明理论与事实不符。

第三，既然色盲的产生是由于视网膜中缺少一种、两种或三种感色纤维，那么就破坏了蓝、绿、红三种感色纤维同时产生兴奋的条件，不会产生消色（白色或灰色）及影响色彩明度的白色成分的感觉，而在各种色盲实例中却都有消色和白色成分的感觉，这仍然表明理论与事实不符。

笔者认为，这个学说在对色盲成因解释上理论与事实不符这个缺陷的产生，不是这个学说基本理论的必然，而是由于学说的创立者没能根据大量的异常色觉现象进行广泛的联想和深入的分析，因而在对色盲成因的解释上误入歧途。

笔者提出的“感色纤维间联结的设想”是为了使三色学说能够独立地解释异常色觉现象，成为一个完整的颜色视觉理论体系，无须同赫林的四色学说在颜色视觉的阶段学说上进行统一。

二、感色纤维间联结的设想

“感色纤维间联结的设想”是在三色学说的基础上提出的。在人眼的视网膜中，作为感受器的感蓝纤维、感绿纤维和感红纤维由于生理结构的不完善而发生联结，并且因此其中的一种或几种感色纤维受到相应色光的刺激产生兴奋及相互之间产生影响，造成了颜色信息传递的失真，形成异常色觉现象。

一种色觉的产生是靠感色纤维接收色光信息，经视神经传递，最后由大脑分辨、综合实现的。若物体反射的三原色光对相应的感色纤维进行单独刺激，则在大脑中形成单一的色彩感觉。若两种或三种原色光同时刺激相应的感色纤维，便在大脑中形成相应的综合色觉。如黄色物体的反射光是红光和绿光的等量混合，当这种色光射到视网膜上时，感红纤维和感绿纤维分别接受红光和绿光的刺激产生兴奋，并通过视神经分别将红光和绿光信息传递到大脑产生黄色感觉。

由蓝、绿、红三原色光组成的白色及使人产生的相应感觉，也是由于感蓝纤维、感绿纤维和感红纤维分别接受相应原色光的刺激而产生兴奋，并通过视神经把蓝光、绿光和红光信息传递到大脑，再经综合形成的。

从色觉产生的过程可以看出，在视网膜中，作为感受器的蓝、绿、红三种感色纤维的视觉功能只是有选择地接收相应的色光信息并产生兴奋，不与外界直接发生关系。

根据视网膜中的三种感色纤维只要产生兴奋便通过视神经向大脑传递相应信息的特有功能，可以设想，若两种或三种感色纤维间发生联结，并且只要其中有一种感色纤维接受相应原色光的刺激而产生兴奋，那么这种兴奋就会影响与其联结的感色纤维，使它同时产生大体同等程度的兴奋（因产生兴奋的感色纤维共同分担被刺激的感色纤维所接收的刺激能量，所以，两者的兴奋程度均比单独接受刺激时有所减弱），而兴奋的感色纤维在信息传递上却施展各自的功能，向大脑传递与本身相应的信息，于是便在反应上与外界的刺激形成了差距，传递了虚假的信息。笔者认为，这就是异常色觉的奥秘。

如感红纤维和感绿纤维间发生联结，当红色物体的反射光射到视网膜上时，感红纤维因接受红光的刺激而产生兴奋，并且带动与其联结的感绿纤维同时产生兴奋。兴奋的红、绿两种感色纤维分别通过视神经向大脑传递红光和绿光信息，产生黄色的综合色觉。按照同样的推断方法，若蓝、绿、红三种感色纤维间发生联结，无论接受哪种色光的刺激，在大脑产生的综合色觉都是消色。

从上述感色纤维间的两种联结形式推断的结果来看，正是红—绿色盲和全色盲的色觉特征说明了设想与事实相符。

这里提出的感色纤维间联结的设想，在对色盲现象的解释上和三色学说相比，有三点说明理论与事实相符：

第一，由于色盲成因于感色纤维间的联结，蓝、绿、红三种色盲是不可能单独存在的，例如几乎所有的红色盲同时也是绿色盲。

第二，由于红—绿色盲的成因不是缺少感红纤维和感绿纤维，而是两者间发生联结，只要接受红光、绿光或红绿混合光的刺激，便同时产生兴奋，因此，红—绿色盲能产生黄色感觉。

第三，由于全色盲的成因不是视网膜中缺少感蓝纤维、感绿纤维和感红纤维，而是三种感色纤维间发生联结，在任何一种色光的刺激下都能使蓝、绿、红三种感色纤维同时产生兴奋，因此，属于这种色盲的人只能感知消色，而不能产生彩色感觉。

三、异常色觉与正常色觉的界限

感色纤维间联结的设想，是以现实中存在的各种色盲现象为依据提出来的。上面列举的三种典型色盲感色纤维间的联结形式，与正常色觉的蓝、绿、红三种感色纤维的单独存在相比，界限是分明的。但是，如同自然界中没有绝对纯净的物质一样，异常色觉感色纤维间的联结和正常色觉感色纤维的单独存在，也不会如同想象的那样完整和单一；只不过是由于感色纤维间的某种联结或单独存在的形式占据主导地位，才显示了鲜明的色觉特点。

比如：典型的红—绿色盲是感红纤维和感绿纤维间发生了一对一的联结，感蓝纤维单独存在。而在现实中，感红纤维和感绿纤维不会全部发生联结，有一部分会单独存在；感蓝纤维也不会全部单独存在，有一部分会同感红纤维或感绿纤维发生联结。从两种感色纤维联结的比例来说，也不会都是一对一的联结，还会有二对一的联结，即一种感色纤维全部参与联结，另一种感色纤维有一半参与联结。根据感色纤维间联结的设想推断：感色纤维间的这种联结形式，必然使全部参与联结的感色纤维对相应的原色光表现为色盲，使半数参与联结的感色纤维对相应的原色光表现为色弱。比如：两个感红纤维和一个感绿纤维发生联结（联结形式为 R2G·G·B2），其色觉特点表现为红色盲（同时也是绿色弱）；两个感绿纤维和一个感红纤维发生联结（联结形式为 G2R·R·B2），其色觉特点表现为绿色盲（同时也是红色弱）。这些非典型的联结影响异常色觉类型的鲜明程度。在类属于红—绿色盲的异常色觉中，当单独存在的蓝、绿、红三种感色纤维所占的比例达到一定程度时，就将失去红—绿色盲的色觉特点，而类属于红—绿色弱；当单独存在的蓝、绿、红三种感色纤维所占的比例继续增加，其色觉特点便趋近于正常色觉。这种分析符合正常色觉和异常色觉间没有严格界限的实际，符合辨色力差别广泛存在以至细微得难于察觉与区分的实际。

第六章 异常色觉模拟方法

人眼视网膜中的感蓝纤维、感绿纤维和感红纤维对景物颜色信息的感受与传递很像彩色电视摄像机的摄像管和彩色电视接收机的显像管。若参照三种感色纤维生理结构的不完善，采用非正常的方法选择、组合摄像机的分色棱镜，就可以在电视屏幕上显现与被摄物体不同的色彩效果，模拟异常色觉现象。

第一节 对异常色觉现象的解释

一、对红—绿色盲的解释

1. 感色纤维间的联结形式及色觉特点

这种色盲的感色纤维的联结，是全部的感红纤维和感绿纤维间一对一地发生联结，感蓝纤维单独存在。如用字母 B、G、R 分别代表蓝、绿、红三种感色纤维，其联结形式可写为 RG·B。在现实中存在的这种色盲现象有三个特点：

（1）在可见光谱中，只能看到两种颜色，即短波端的蓝色和长波端的黄色。

（2）把红色和绿色都看成是饱和度比较低的黄色。

（3）在光谱的蓝、黄两色之间（波长约 493nm）有一显示白光的中性点。

2. 用感色纤维间联结设想的解释

（1）因为红—绿色盲的感蓝纤维没有与其他感色纤维发生联结，所以，当接受蓝光刺激后，通过视神经可以把蓝光信息真实地传递到大脑，产生蓝色感觉（见图 6–1）。又因为感红纤维和感绿纤维间发生一对一的联结，在红、绿两波段任何一种色光的刺激下，两者都会同时产生兴奋，在大脑中产生黄色感觉；而其中所传递的信息，只有在红光和绿光的等量混合光即黄光的刺激下才是真实的。这就是其所以能看到长波段黄色的原因。

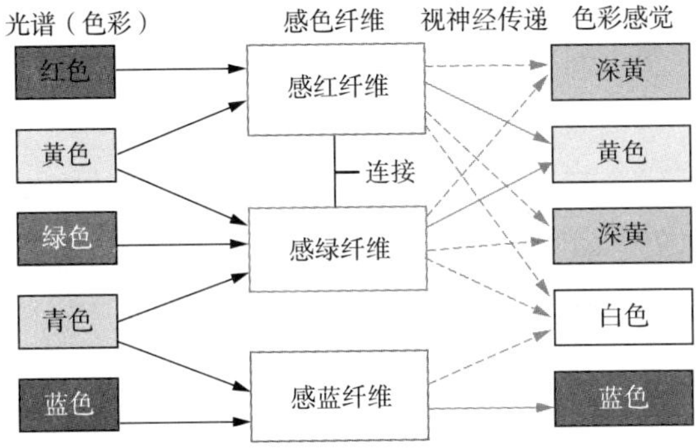

图 6-1　红—绿色盲感色纤维间的联结形式及色觉特点

（2）红—绿色盲之所以把红色和绿色都看成是饱和度比较低的黄色，除了由于红、绿两种感色纤维间的联结，使之无论是在红光或绿光的刺激下，都能同时产生兴奋并在大脑中产生黄色感觉外，还由于刺激来自同一个能源（红光或绿光）而降低了感红纤维和感绿纤维同时产生兴奋的程度，因此，在感觉上降低了颜色的饱和度。

（3）在光谱上，蓝、黄两色之间（波长约 493nm 处）大体上为青色，是由数量相近的蓝光和绿光混合形成的。当红—绿色盲观看光谱这一部分时，蓝光刺激了单独存在的感蓝纤维，由视神经将蓝光信息传递到大脑；绿光刺激了感绿纤维，使其带动与它联结的感红纤维同时产生兴奋，并由视神经分别将绿光和红光信息传递到大脑。虽然由于绿、红两种感色纤维共用一个刺激能源，会使兴奋程度有所减弱，但在光谱中的蓝、绿两色之间，当蓝光的比例增大或减小时，传递到大脑的等量的绿光和红光的比例也会随之减小或增大，因此，大脑在光谱的这个区间接受的蓝、绿、红三原色光刺激必然有一点是等量的，会产生白色的感觉，即所说的显示白光的中性点。

二、对蓝—绿色盲的解释

1. 感色纤维间的联结形式及色觉特点

这种色盲感色纤维间的联结是全部的感蓝纤维和感绿纤维间一对一地发生联结，感红纤维单独存在。其联结形式为 BG·R。由于感蓝纤维和感绿纤维间发生联结，对蓝光和绿光信息的传递必然造成失真现象。又因为黄色是由红光和绿光等量混合形成的，对绿光信息传递的失真也必然会影响黄色信息的传递，所以，人们一般都将这种色盲称为蓝—黄色盲。在现实中存在的这种色盲现象有三个特点：

（1）当看到红绿光谱时，其长波末端是红色，趋向短波逐渐发灰，直到大约570nm处为中性点。

（2）中性点的短波一侧是蓝绿色，其饱和度最高处约在470nm一带，直到短波末端降至为淡蓝绿色。

（3）将蓝紫和绿黄相混淆，并把两者都看成是灰色。

2. 用感色纤维间联结设想的解释

（1）因为感红纤维是单独存在的，所以它能够通过视神经把红绿光谱长波末端的红光信息真实地传递到大脑（见图6-2），产生红色感觉。当所视部位趋向短波时，随着光谱上绿光成分的逐渐增加并且刺激感绿纤维，它会带动与它联结的感蓝纤维同时产生兴奋，再通过视神经把大体等量的绿光和蓝光信息传递到大脑。与此同时，光谱上的红光成分则相应地减少。在它的刺激下，由感红纤维产生兴奋而形成的红光信息也通过视神经传递到大脑。由于传递到大脑的等量的绿光和蓝光信息的逐渐增加及红光信息的逐渐减少，当传递到大脑的蓝、绿、红三原色光信息趋于等量的时候，所形成的白色成分便逐渐地冲淡了红光信息，给人一种逐渐发灰的感觉（因产生兴奋的感绿纤维和感蓝纤维共同分担被刺激的感绿纤维所接收的刺激能量，所以，两者的兴奋程度均比单独接受刺激时有所减弱，减少

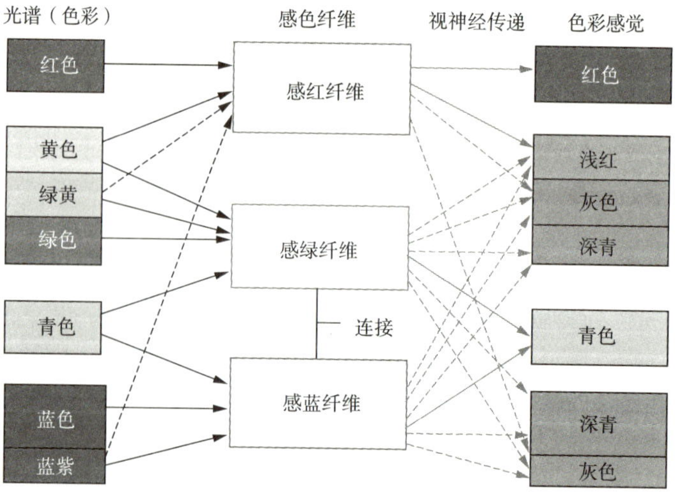

图6-2 蓝—绿色盲感色纤维间的联结形式及色觉特点

了由蓝、绿、红三原色光等量混合形成的白色成分），至570nm处三原色光等量的中性点。

（2）所视部位自中性点移向短波一侧，在光谱上仍是红光成分逐渐减少，绿光成分逐渐增多。此时，感绿纤维在较多的绿光刺激下，带动与其联结的感蓝纤维同时产生兴奋，并通过视神经将较多的大体相等的绿光和蓝光信息传递到大脑；感红纤维在较少的红光刺激下产生兴奋，也通过视神经将较少的红光信息传递到大脑。经大脑综合，以较少的红光为等量的蓝、绿、红光信息形成了白色成分，其余的绿光与蓝光信息形成了蓝绿彩色成分。两者再经综合，产生了蓝绿色的感觉。随着光谱上所视部位向短波一侧的继续移动，当绿光成分增至最大值并开始减少时，蓝光成分逐渐增多。由于感蓝纤维和感绿纤维同时分别受到蓝光和绿光的刺激，加之两者联结产生的相互影响，于是较多的蓝光和绿光信息便通过视神经被传递到大脑；而光谱上的红光成分及由视神经传递到大脑的红光信息仍在继续减少，因此，逐渐减少了综合色觉中的白色成分，使感觉的蓝绿色的饱和度继续增加。约至470nm一带，光谱上的绿光成分较少，蓝光成分增至很多，在这种色光的刺激下，相互联结的感绿纤维和感蓝纤维经同时产生兴奋，并通过视神经使向大脑传递的绿光和蓝光信息数量达到了最大值；而红光成分虽有所增加，但数量较少，通过视神经传递到大脑的红光信息对感觉的蓝绿色的饱和度影响很小，因此，显得饱和度最大。所视部位再向短波方向移动，随着光谱上蓝光和绿光成分的相应减少及红光成分的相应增加，通过视神经传递到大脑的蓝、绿、红光信息以红光为等量逐渐形成了较多的白色成分，使感觉的蓝绿色的饱和度逐渐降低，成为淡蓝绿色。

（3）蓝紫色是由较多的蓝光和较少的红光混合而成的。这种颜色刺激蓝—绿色盲时，较少的红光使感红纤维产生兴奋，并通过视神经将较少的红光信息传递到大脑；较多的蓝光使感蓝纤维带动与其联结的感绿纤维同时产生兴奋，并通过视神经将蓝光和绿光信息传递到大脑。由于感蓝纤维和感绿纤维共用蓝光刺激能源，因此，兴奋程度不仅相近，而且有所减弱，使蓝光和绿光的信息数量与红光的信息数量近于相等。数量近于相等而且较少的蓝、绿、红光信息经大脑综合，便产生了灰色的感觉。

绿黄色是由较多的绿光和较少的红光混合而成的。这种颜色刺激蓝—绿色盲时，较少的红光使感红纤维产生兴奋，并通过视神经将较少的红光信息传递到大脑；较多的绿光使感绿纤维带动与其联结的感蓝纤维同时产生兴奋，并通过视神经将绿光和蓝光信息传递到大脑。由于感绿纤维和感蓝纤维共用绿光刺激能源，因此，兴奋程度不仅相近，而且有所减弱，使绿光和蓝光的信息数量与红光的信息数量近于相等。数量近于相等而且较少的蓝、绿、红光信息经大脑综合，便形成了灰色的感觉，使蓝紫色和绿黄色这两个完全不同的颜色在蓝—绿色盲的色觉上产生了混淆。

三、对蓝—红色盲的解释

1. 感色纤维间的联结形式及色觉特点

这种色盲感色纤维间的联结是全部的感蓝纤维和感红纤维间一对一地发生联结，感绿纤维单独存在。其联结形式为 BR·G。由于感蓝纤维和感红纤维间发生联结，其对蓝光和红光信息的传递必然造成失真现象。又因为黄色是由红光和绿光等量混合形成的，其对红光信息传递的失真也必然会影响黄色信息的传递，所以，一般人们也把这种色盲归类于蓝—黄色盲。在现实中存在的这种色盲现象的色觉特点是：在光谱上大约 580nm 和 470nm 处各有一个中性点，由这两个中性点将光谱分为三段，即对长波端和短波端的感觉均是红色，中间区是绿色。

2. 用感色纤维间联结设想的解释

当这种色盲在光谱上所视部位为长波段时，红光刺激感红纤维，使其带动与它联结的感蓝纤维同时产生兴奋，并由视神经将大体相等的红光和蓝光信息传递到大脑，经综合形成品色（通常称为品红色）感觉（见图 6–3）。

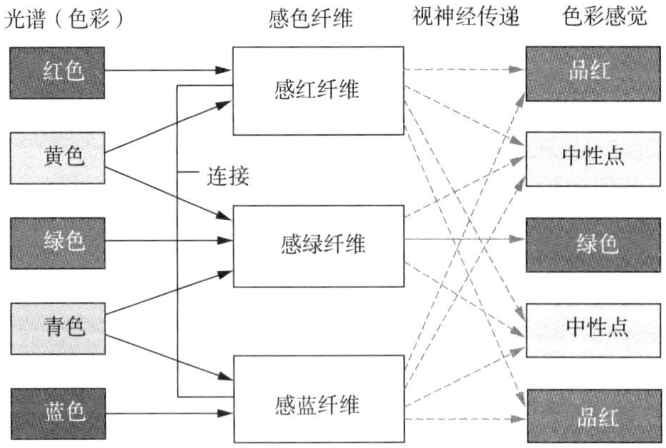

图 6–3　蓝—红色盲感色纤维间的联结形式及色觉特点

当所视部位移至红、绿色区之间大约 580nm 的黄色区段时，其中的绿光和红光分别刺激单独存在的感绿纤维和与感蓝纤维联结的感红纤维；虽然由于感蓝纤维和感红纤维共用一个刺激能源，会使两者的兴奋程度有所减弱，但在光谱中的红、绿两色之间，当绿光的比例增大或减小时，传递到大脑的等量的蓝光和红光的比例则随之减小或增大，因此，大脑在光谱的这个区间接受的蓝、绿、红三原色光刺激必然有一点是等量的，即所说的第一中性点。

当所视部位继续向前移至绿色区段时，单独存在的感绿纤维在绿光的刺激下产生兴奋，并由视神经将绿光信息传递到大脑，形成绿色感觉。

当所视部位再朝短波方向的470nm处移动时，此间为光谱上绿、蓝两色交接的区段。单独存在的感绿纤维会在绿光的刺激下把绿光信息传递到大脑；感蓝纤维会在蓝光的刺激下带动与它联结的感红纤维同时产生兴奋，并将大体等量的蓝光信息和红光信息传递到大脑。关于蓝、绿、红三原色光的信息数量，由于红光和蓝光是相等的，并且在光谱上的绿、蓝两色之间，当绿光增加或减少时，蓝光和红光会随之减少或增加，因此，必然有一点，在这一点上，蓝、绿、红三原色光是等量的，即第二中性点。

当所视部位移至短波端的蓝色区时，感蓝纤维在蓝光的刺激下，带动与其联结的感红纤维同时产生程度相近的兴奋，并由视神经将近于等量的蓝光和红光信息传递到大脑，经综合形成品色（品红色）感觉。

四、对全色盲的解释

1. 感色纤维间的联结形式及色觉特点

这种色盲感色纤维间的联结，是全部的蓝、绿、红三种感色纤维间一对一地发生联结。其联结形式为BGR。在现实中存在的这种色盲现象有四个特点：

（1）所见的光谱只是一条不同明度的灰带，没有任何彩色。

（2）视锐度很低。

（3）缺少光谱长波末端的感受性。

（4）经不住较强光线的刺激。

2. 用感色纤维间联结设想的解释

（1）由于蓝、绿、红三种感色纤维间一对一地发生联结，因此，不论是一种、两种或三种感色纤维受到相应原色光的刺激，都会引起三种感色纤维同时产生兴奋，并由视神经把光量大体相等的蓝光、绿光和红光信息传递到大脑，经综合产生消色感觉（见图6-4）。

（2）任何一种感色纤维接受相应原色光的刺激后，都必须将其得到的能量在

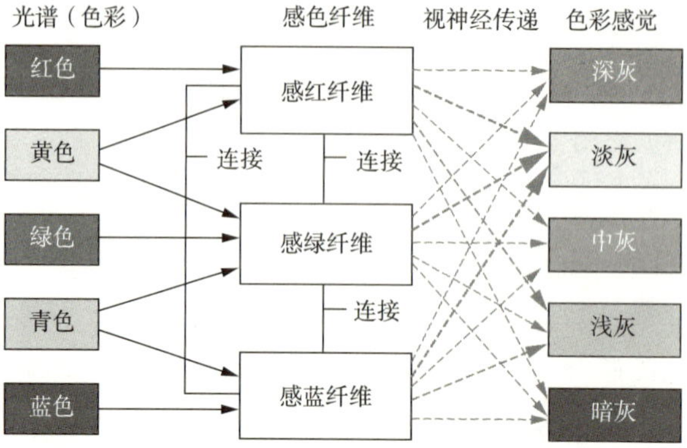

图 6-4　全色盲感色纤维间的联结形式及色觉特点

三种感色纤维中进行大体等量的分配。由于感色纤维间的联结对传递信息的损耗，减弱了同时兴奋的程度，减少了传递到大脑的蓝、绿、红光信息的光量，因此降低了视锐度。

（3）因为光谱长波末端只含有极少的红光和绿光，无力激起蓝、绿、红三种感色纤维同时产生兴奋，所以，对光谱此处视觉微弱或不产生视觉。

（4）凡较强的光线均含有大量的蓝、绿、红三原色光。当它们同时刺激相应的感色纤维，使之同时产生较强的兴奋，所得到的信息能量会远远超过因相互联结造成的损失。因此，全色盲者必然无法接受。

第二节　彩色电视系统对景物色彩的摄取与重现

因为各种景物的色彩都是由一定比例的蓝、绿、红三原色光组成的，所以，在用彩色摄像机摄取景物的时候，要通过分光系统把由变焦距镜头在结像面上形成的影像分解成蓝、绿、红三个影像，分别映在相应摄像管的光电靶面上。

对景物色彩的分解是利用光的干涉原理，在玻璃的表面蒸镀多层具有一定厚度和折射率的薄膜，通过对光线的折射、反射及光程差的控制，使某些波长的光线反射回来，某些波长的光线透射过去。图 6-5 是彩色电视摄像机分色棱镜示意图，由四块棱镜黏合组成。当景物的反射光通过变焦距镜头射到镀有多层干涉膜（M_b）的棱镜 1 的表面时，蓝光被反射回来，射向蓝摄像管；透过的红光和绿光射到镀有多层干涉膜（M_r）的棱镜 2 的表面时，红光又被反射回来，射向红摄像管；透过的绿光射向绿摄像管。棱镜 1 与棱镜 4 和棱镜 2 之间留的两个空气隙是为了使形成的蓝色和红色反射光射入相应的摄像管。棱镜组中加入的棱镜 3 是为了调整绿光的行程，使它与蓝光和红光的行程相等，以保证景物影像的清晰度。在三种色光的通路上所加的同色滤色镜，可以进一步提高分光的纯度。

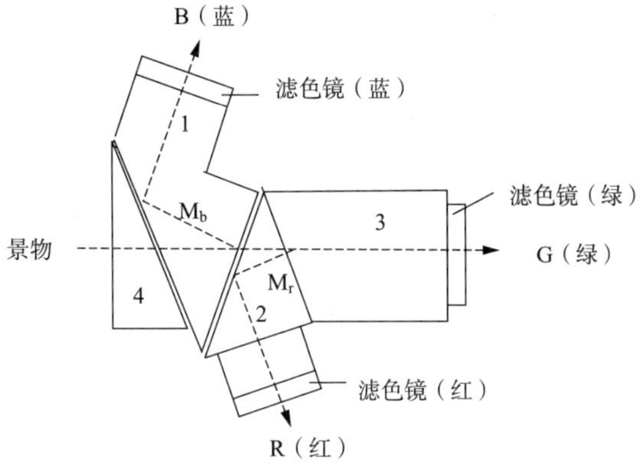

图 6-5　分色棱镜示意图

当从被摄景物的影像中分出的蓝、绿、红三种色光分别投射到三个摄像管的光电靶面上的时候，就形成了蓝、绿、红三个影像。由于组成这些影像的像素亮暗不同，因此影响了光电靶相应点的电阻及电位的起伏。当用电子束依次扫描光电靶上的像素时，又在连接光电靶的外部电路形成与景物影像信息相应的电子流，把光学影像变成电信号，实现光电转换，使摄像管获取了蓝、绿、红三基色信号电压。在接收端对景物色彩的电光转换依靠的是在显像管的荧光屏上涂布的蓝、绿、红荧光粉点。当来自摄像管的传递景物色彩信息的蓝、绿、红三基色电压激励显像管的三个电子枪时，便发射三条电子束流，并经偏转线圈和荫罩板的控制，依次、准确地轰击相应的荧光粉点，使它发光。由蓝、绿、红荧光粉点发光表现的与三基色电压相应的亮度及在电视观众的视觉上形成的加色空间混合，就在感觉上重现了景物的色彩。

第三节　摄像机的改制及模拟异常色觉

由于色盲的感色纤维间联结形式的不同，对同一光谱的各个色段表现不同的色觉反应，因此我们可以根据感色纤维间联结的设想，用改制摄像机分色棱镜的方法分别进行模拟。

图 6-6 是模拟红—绿色盲时，对分色棱镜的改制，它与正常的不同之处，仅仅是去掉了三个摄像管前的蓝、绿、红滤色镜（为了提高色彩的纯度，也可以保留蓝摄像管前的蓝滤色镜，在红摄像管和绿摄像管前换上黄滤色镜）和更换棱镜 2，在它的表面上蒸镀的是能对绿光和红光既反射 50% 又透射 50% 的多层干涉膜（也称半透膜）。当白光（2B+2G+2R）射向这组分色棱镜时，棱镜

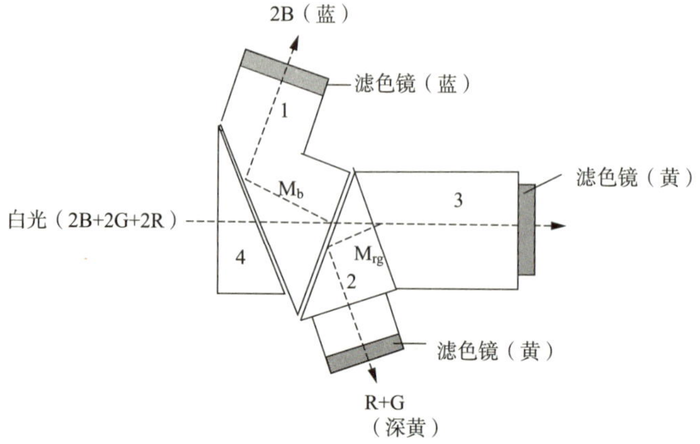

图 6-6　分色棱镜的改制

1 上的多层干涉膜（M_b）把蓝光反射回来，射向蓝摄像管，使光电靶面变成蓝色（2B）；透过的红光和绿光射向棱镜 2 上的多层干涉膜（M_{rg}）时，其中 50% 的红光和绿光被反射回来，射向红摄像管，使光电靶面变成深黄色（R+G）；剩下 50% 的红光和绿光透射过去，射向绿摄像管，也使光电靶面变成深黄色（R+G）。人们把配有这种分色棱镜组的摄像机称为“红—绿色盲摄像机”（RG·B 型色盲摄像机）。图 6-7、图 6-8、图 6-9、图 6-10 和图 6-11 分别为红—绿色盲观看红色、黄色、绿色、青色和蓝色时感觉的色彩效果。

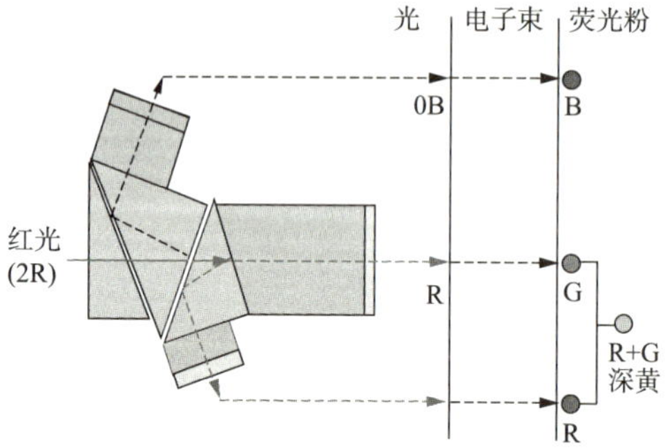

图 6-7　图解红—绿色盲与模拟（看红）

图 6-12 是模拟蓝—绿色盲时对分色棱镜的改制，它与正常的不同之处，仅仅是去掉了三个摄像管前的蓝、绿、

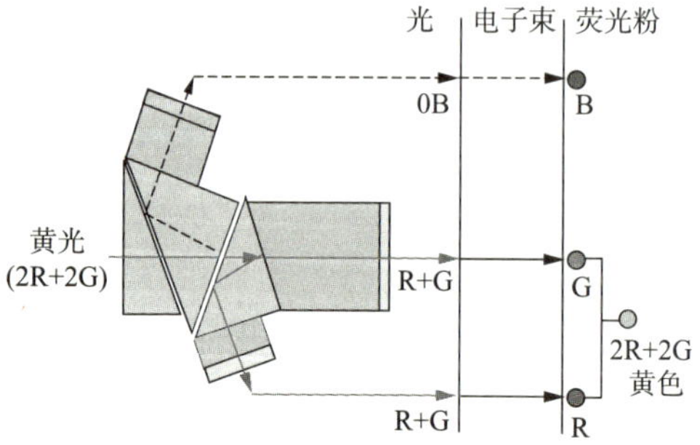

图 6-8　图解红—绿色盲与模拟（看黄）

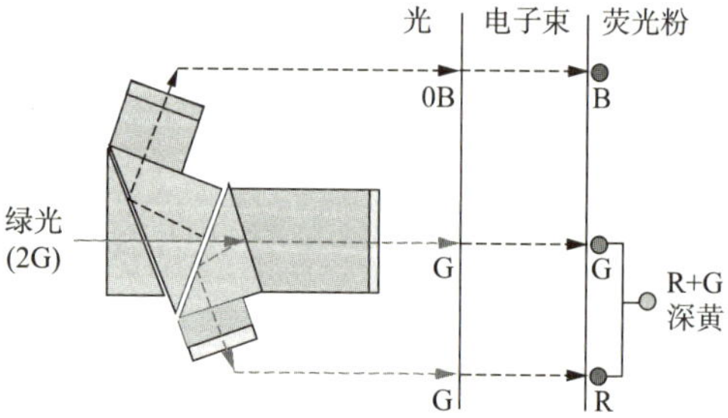

图 6-9　图解红—绿色盲与模拟（看绿）

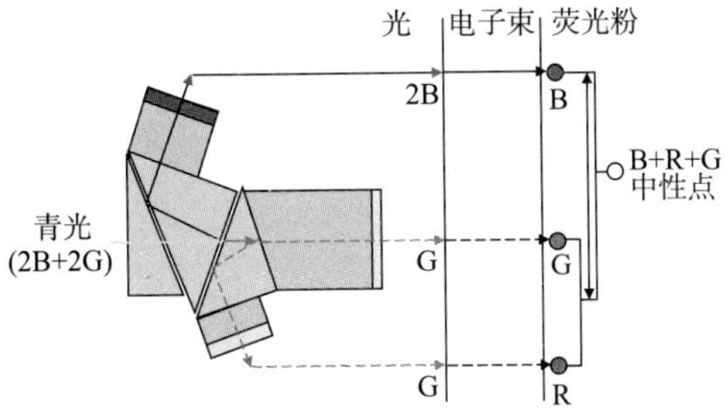

图 6-10　图解红—绿色盲与模拟（看青）

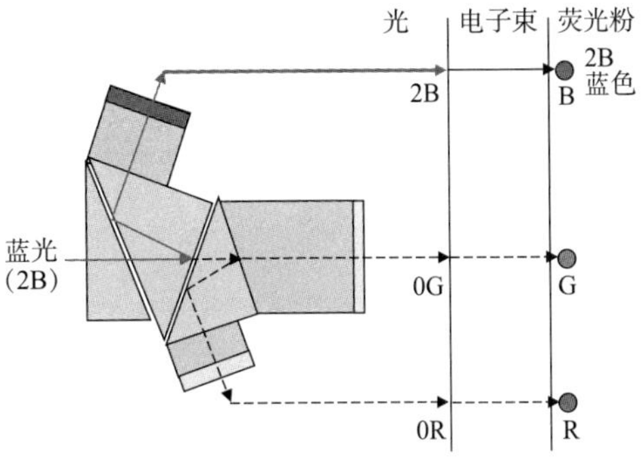

图 6-11　图解红—绿色盲与模拟（看蓝）

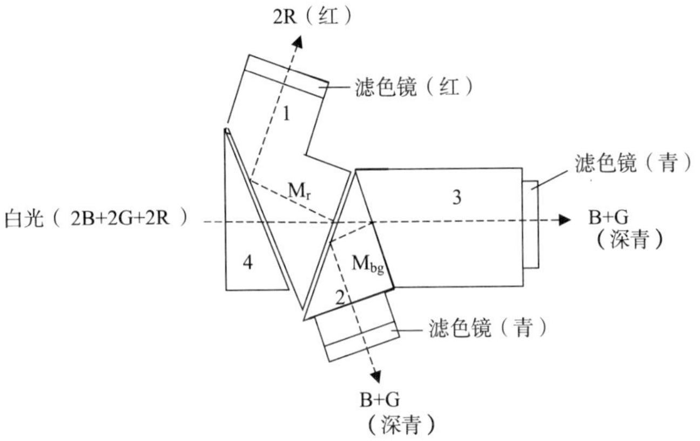

图 6-12　分色棱镜的改制

红滤色镜（为了提高色彩的纯度，也可以保留红摄像管前的红滤色镜，在蓝摄像管和绿摄像管前换上青滤色镜）和更换棱镜 2，在它的表面上蒸镀的是能对蓝光和绿光既反射 50% 又透射 50% 的多层干涉膜。当白光（2B+2G+2R）射向这组分色棱镜时，棱镜 1 上的多层干涉膜（M_r）把红光反射回来，射向红摄像管，使光电靶面变成红色（2R）；透过的蓝光和绿光射向棱镜 2 上的多层干涉膜（M_{bg}）时，其中 50% 的蓝光和绿光被反射回来，射向蓝摄像管，使光电靶面变成深青色（B+G）；剩下 50% 的蓝光和绿光透射过去，射向绿摄像管，也使光电靶面变成深青色（B+G）。人们把配有这种分色棱镜组的摄像机称为“蓝—绿色盲摄像机”（BG·R 型色盲摄像机）。图 6-13、图 6-14、图 6-15、图 6-16、图 6-17、图 6-18 和图 6-19 分别为蓝—绿色盲观看红色、黄色、绿黄、绿色、青色、蓝色和蓝紫时感觉的色彩效果。

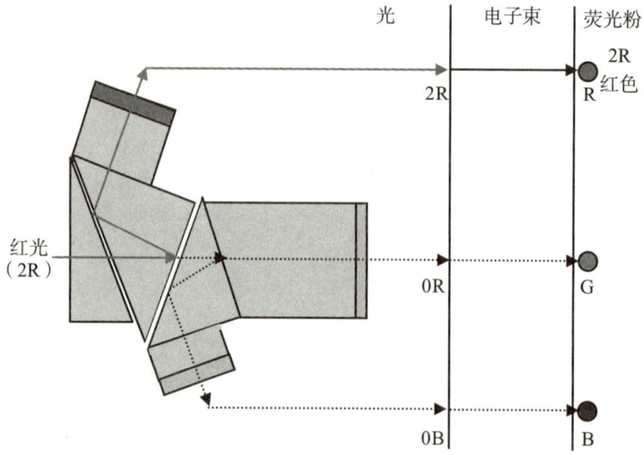

图 6-13　图解蓝—绿色盲与模拟（看红）

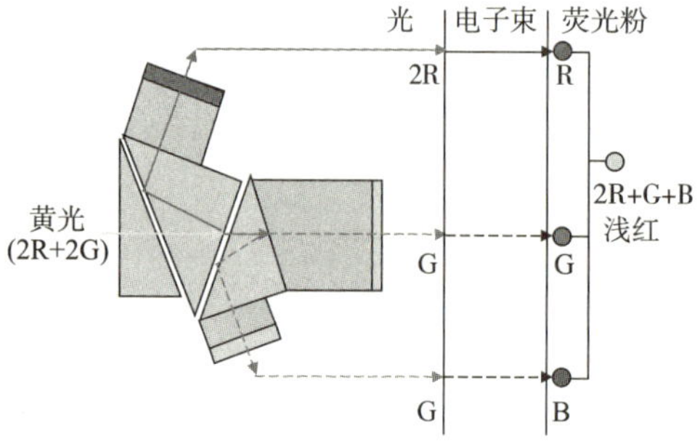

图 6-14　图解蓝—绿色盲与模拟（看黄）

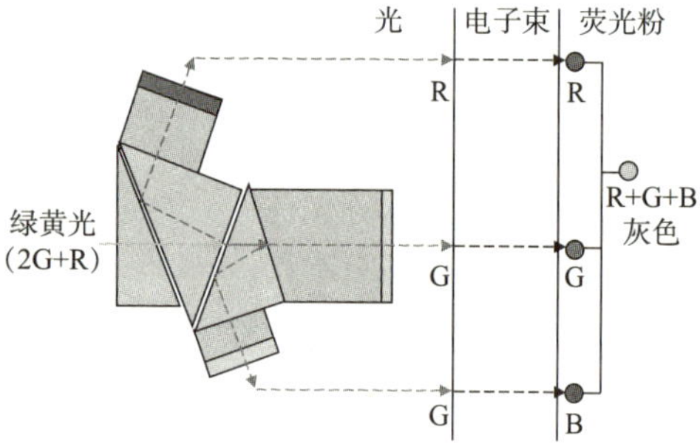

图 6-15　图解蓝—绿色盲与模拟（看绿黄）

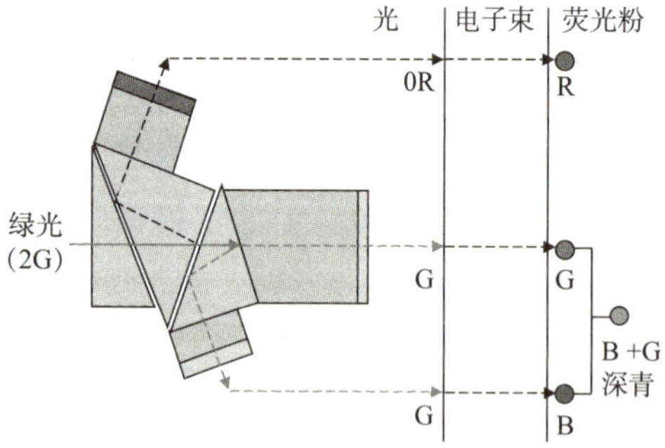

图 6-16　图解蓝—绿色盲与模拟（看绿）

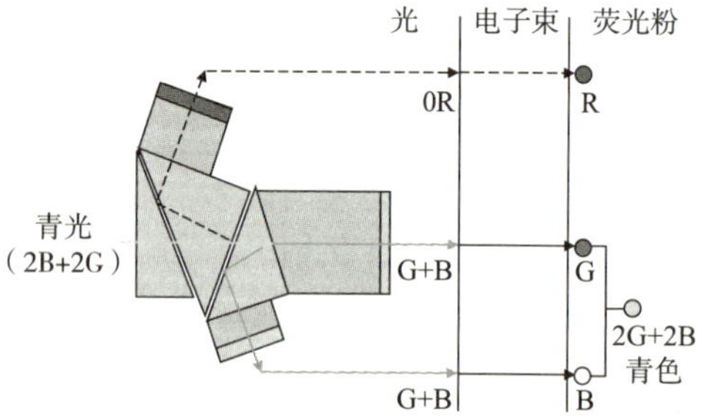

图 6-17　图解蓝—绿色盲与模拟（看青）

图 6-20 是模拟蓝—红色盲时对分色棱镜的改制，它与正常的不同之处，仅仅是去掉了三个摄像管前的蓝、绿、红滤色镜（为了提高色彩的纯度，也可以保留绿摄像管前的绿滤色镜，在蓝摄像管和红摄像管前换上品滤色镜）和更换棱镜 2，在它的表面上蒸镀的是能对蓝光和红光既反射 50% 又透射 50% 的多层干涉膜。

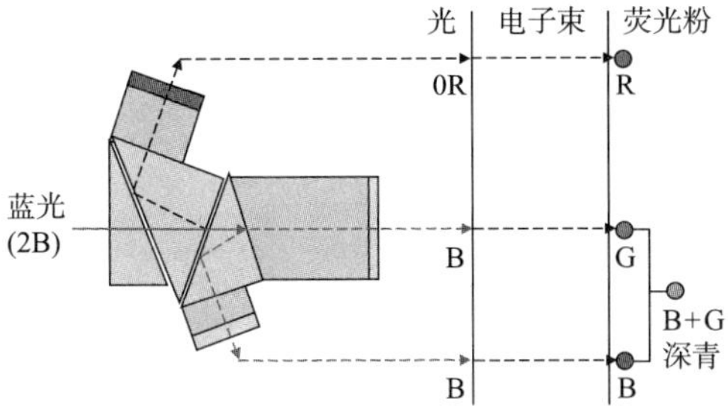

图 6-18 图解蓝—绿色盲与模拟（看蓝）

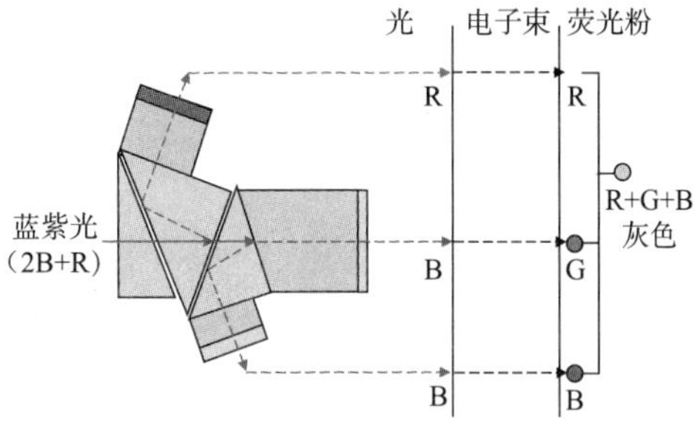

图 6-19 图解蓝—绿色盲与模拟（看蓝紫）

当白光（2B+2G+2R）射向这组分色棱镜时，棱镜 1 上的多层干涉膜（M_g）把绿光反射回来，射向绿摄像管，使光电靶面变成绿色（2G）；透过的蓝光和红光射向棱镜 2 上的多层干涉膜（M_{br}）时，其中 50% 的蓝光和红光被反射回来，射向蓝摄像管，使光电靶面变成深品色（B+R）；剩下 50% 的蓝光和红光透射过去，射向红摄像管，也使光电靶面变成深品色（B+R）。人们把配有这种分色棱镜组的摄像机称为“蓝—红色盲摄像机”（BR·G 型色盲摄像机）。图 6-21、图 6-22、图 6-23、图 6-24 和图 6-25 分别为蓝—红色盲观看红色、黄色、绿色、青色和蓝色

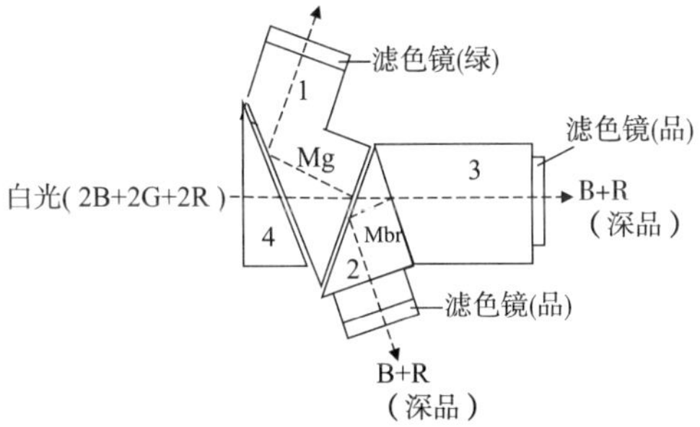

图 6-20 分色棱镜的改制

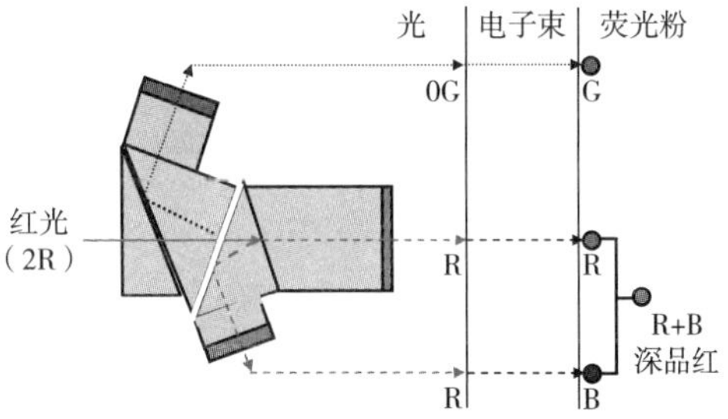

图 6-21 图解蓝—红色盲与模拟（看红）

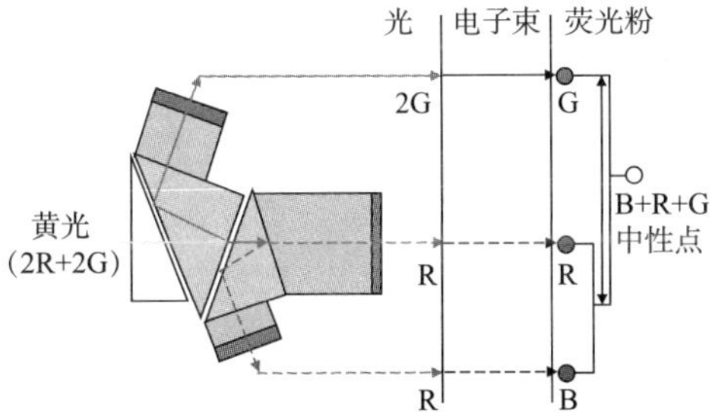

图 6-22 图解蓝—红色盲与模拟（看黄）

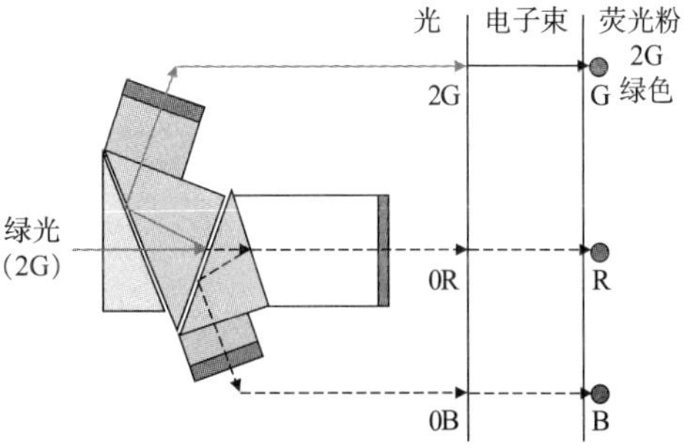

图 6-23 图解蓝—红色盲与模拟（看绿）

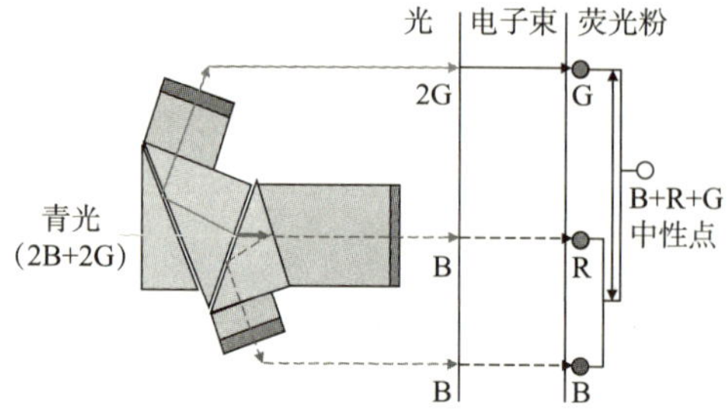

图 6–24　图解蓝—红色盲与模拟（看青）

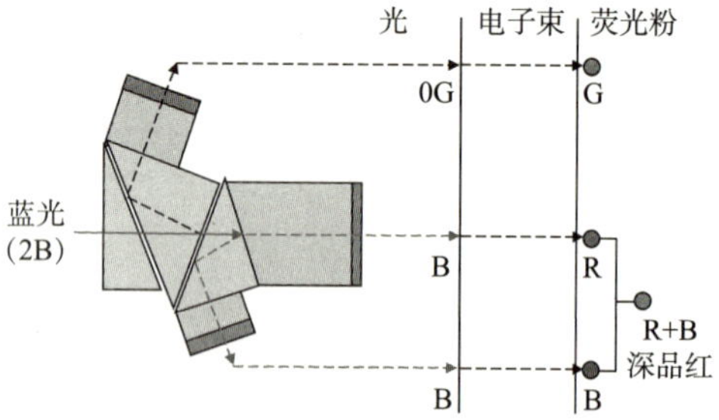

图 6–25　图解蓝—红色盲与模拟（看蓝）

时感觉的色彩效果。

模拟全色盲的“全色盲摄像机”（BRG 型色盲摄像机）与上述三种类型色盲（红—绿、蓝—绿、蓝—红）摄像机的不同之处，是去掉了分色棱镜组，变成黑白摄像机，在电视屏幕上显现与被摄色彩明度相应的黑白影像效果，模拟全色盲色觉现象。

第七章 视觉适应特性对色彩感觉的影响

第一节 色觉适应现象

视觉适应特性是由视觉的惰性引起的。人眼视网膜中的三种感色纤维一经受到相应色光的刺激，便产生疲劳，使兴奋的程度随着时间的延长而减弱。因此，人不能对景物的色彩做出客观的反应，形成色觉适应现象。

一、色觉守恒

从光源的特性对物体色彩的影响来看，同一物体在不同色温光源的照射下，会显现出不同的色彩，而人的眼睛却往往不能察觉，这就是“色觉守恒”现象。视觉的这种适应特性虽然使人不能客观地识别景物的色彩，但是，它却能够使人在强弱不同的光线下感觉正常地看清眼前的景物，在视觉上适应生存的环境。

色觉守恒现象的产生，尽管有人们长期以来就把日光照射作为确认色彩标准的主观原因，但最根本的还是起因于视觉的适应特性。就拿日光与灯光两种光源来说，由于色温的不同，使被它们照射的同一景物的色彩具有明显的差别，即灯光下比日光下偏红。但是，由于灯光中的蓝光成分少，红光成分多，使感红纤维在较多红光的刺激下产生疲劳，而感蓝纤维则由于受较少蓝光的刺激还相当敏感，因此，在感觉上缩小了与日光下景物色彩的差别，使人感到灯光下的景物并不比日光下偏红。需要说明的是，这种比较是同一景物的色彩在不同场景、不同光源下的相继比较；若是同一场景、不同光源下的比较，那差别当然是很明显的。比如：一张白纸分别在室内自然光和室外阳光下，给人的感觉都是白色的；而在室内放置时，有一部分被从窗户射入的阳光照射，那两种光源下的同一张白纸色彩的界限是分明的。

色觉守恒现象对色彩变化差距的调节在一定范围的亮度上表现得尤为明显。当因光源照度的升高使景物的亮度增大时，人便由于感色纤维的疲劳及视觉灵敏度的降低形成正常的亮度感觉；当因光源照度的降低使景物的亮度减小时，人又会由于视觉灵敏度的提高而形成正常的亮度感觉。也正是这个原因，无论是阳光直射的中午，还是夜幕将临的傍晚，人眼都能把景物观察得比较清楚。人眼对如此之大的景物亮度范围的适应，仅仅通过瞳孔直径的改变来控制进入人眼的光量是无法实现的。

当人们泛泛地观察景物的总体时，人眼是通过调整视网膜中与整个视野相应的三种感色纤维的兴奋程度，以达到对景物平均亮度的适应。而当人们逐个巡视景物中的物体时，一些使人注目的物体常常会吸引视线的短暂停留，此时，人眼视网膜的感光灵敏度便为适应这个局部的亮度而进行相应的调节。由于在注视景物的某一局部时，视线停留的时间很短，视网膜感光灵敏度调节得很快，因此，对这种调节，人们一般是觉察不到的。当注视景物的时间较长，再把视线转向不同亮度的景物时，视觉灵敏度要有一个恢复的过程。恢复得快、慢与在光线下暴露的时间长短有关：时间短，恢复得快；时间长，恢复得慢。比如：晴朗的天气在室内看书时，抬头看看窗外，视线马上又回到书上，此时，没有异常的感觉，这是由于视觉灵敏度还没有适应新的亮度；如果较长时间地注视窗外，再转眼看书时，就会觉得房间变暗了，甚至一时觉得书上的字迹都模糊不清了。这表明人的眼睛为了适应强光下的景物亮度已降低了视觉灵敏度。经过一段时间的恢复、提高，人才能正常地感觉房间的亮度。

当人的视线从较暗的景物转向较亮的景物时，又要降低视觉灵敏度，它同提高视觉灵敏度相比，需要的时间更短。比如，当从黑暗的放映室走到明亮的房间时，只在一刹那觉得光线刺眼，通过视觉灵敏度的快速降低，人立刻产生正常的亮度感觉。

这种视觉适应特性虽然能使人们正常地观察景物的色彩，却不能准确地感觉色彩的特征。它与电视节目制作的联系，会使记录的景物色彩与现场看到的景物色彩形成明显的差距，影响节目的色彩效果。因此，在电视节目制作中，我们应对由于光源色温的变化给景物色彩带来的影响进行客观的分析。

二、色觉相继对比

当人以正常的状态观察景物的时候，三种感色纤维接受刺激程度的转换是很快的，因此，能够保持视觉对刺激反应的灵敏度。当人的视线停留在某一物体上的时候，就会产生色觉疲劳现象。所以，当人较长时间地注视一个彩色物体之后，再转视具有一定色彩的反射面时，就会看到一个形似的显现相应色彩的影像，这种视觉适应现象就是“色觉相继对比”，也称为色后像。

当人注视一个贴在黑纸上的白色图形（见图 7-1）约 20 秒钟，再立刻转视白纸上的“+”字两三秒钟，就会看到一个形似白色图形的淡灰色影像。这种现象是由于感色纤维的疲劳产生的。人在较长时间地注视黑纸上的白色图形时，由于它所反射的等量的蓝、绿、红三原色光同时刺激视网膜中相应部位的感蓝纤维、感绿纤维和感红纤维，使它们产生疲劳，降低了灵敏度；此时，人再转视白纸时，在视网膜中已经降低灵敏度的部位的三种感色纤维对白纸反射的三原色光的刺激反应迟钝，向大脑传递的三原色光信息减少，因此产生淡灰色的感觉，形成与白纸界限分明的后像。

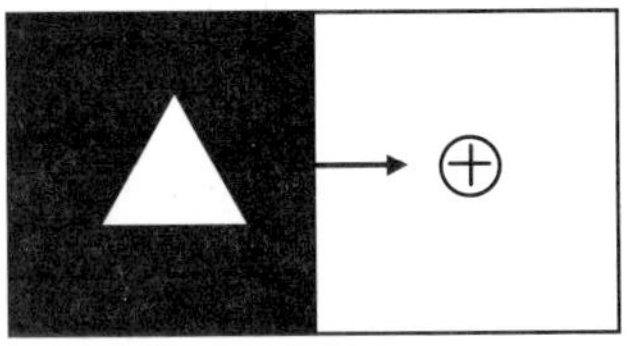

图 7-1　后像实验图例

如果用同样的方法去看一个印在黑纸上的彩色图形，也会出现类似的现象。比如，注视彩图中带蓝、绿、红三种色彩的图形约 20 秒钟，再转视白纸时，大约过两三秒钟就会在相应的位置上看到浅淡的黄、品、青三种影像（见图 7-2）。这个彩色后像也是由于色觉疲劳产生的。当人注视彩图时，人眼视网膜中相应部位的蓝、绿、红三种感色纤维产生疲劳，对相应色光的刺激反应迟钝，在白纸上看到彩色影像。比如，就拿彩图中的红色部位来说，当眼睛转视白纸时，所接受的新刺激是组成白色的蓝、绿、红三原色光。因视网膜中此处的感红纤维产生疲劳，反应灵敏的只有绿、蓝两种感色纤维，所以，形成的综合色觉是浅淡的青色。同理，与绿色和蓝色相应的位置，其色后像分别为浅淡的品色和黄色。从色彩的关系来看，色后像的颜色总是接近于景物颜色的补色。

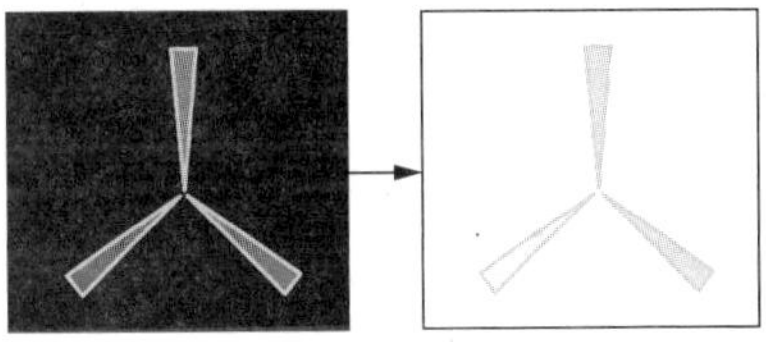

图 7-2　彩色图形后像实验图例

在彩色背景上看到的色后像也符合色觉疲劳的规律。比如：当人较长时间地注视图 7-3 中的绿色物体之后，再转视黄色背景时，就会由于视网膜中相应部位的感绿纤维产生疲劳而对黄色背景反射的绿光不敏感，看到在背景的相应部位有一个由较多的红光和较少的绿光组成的淡橙色的后像；如果把黄色的背景换成青色，也会由于视网膜中相应部位的感绿纤维产生

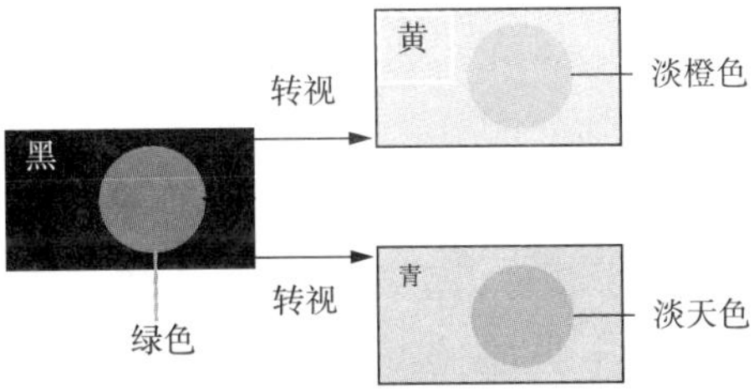

图 7-3　彩色背景上的色后像

疲劳而对青色背景反射的绿光反应迟钝，看到一个由较多的蓝光和较少的绿光组成的淡天色的后像。

无论是消色系列的后像，还是彩色系列的后像，都是在人的眼前根本不存在的影像。只是由于人眼视网膜中景物影像相应部位的感色纤维受到相应色光的刺激而产生疲劳之后，不能把相继感受的色光信息真实地传递到大脑造成的。比如，人在视觉灵敏度正常的情况下去看一张黄纸时，会把它反射的等量的红光和绿光通过视神经传递到大脑，形成黄色感觉，真实地反映这张纸的颜色；如果在这之前人较长时间地注视了一个某种形状的红色物体，就会导致人眼视网膜中与红色物体的影像相应部位的感红纤维产生疲劳，产生的是红少绿多的黄色偏绿的感觉。一旦感色纤维的疲劳恢复，这个根本就不存在的“后像”也就瞬间消逝了。

色觉相继对比现象使人在分别观看物体的时候，会在感觉上改变色彩的倾向、鲜艳程度及和谐、对比关系，并对心理产生影响。比如：当你乘着一艘孤舟在茫茫的海面上四处观望的时候，那种天水相连的青蓝色彩及对视觉的单调刺激，会给人一种景色暗淡、心情沉闷的感觉；如果此时有一个充满生机的绿色海岛展现在你的眼前，这种相继而来的差别明显的外界刺激及对视觉灵敏度的调节，又会给人一种景色明快、心情舒展的感觉。当你在商店的柜台前选购服装的时候，在导购人员向你推荐的各种颜色的商品中，使你感到鲜明的是在相继对比中色彩特征差别明显的服装，如天蓝之后的橙黄、深红之后的浅蓝、灰绿之后的粉色等等，这种心理影响会引导你做出某种选择。如此种种的色觉相继对比及对视觉灵敏度调节上发挥的作用，在人们的生活中是常见的。它与电视节目制作的联系，是会在镜头的色调组接上产生某种色彩效果，影响观众的视觉和心理。电视节目制作者应该根据节目的内容恰当地运用这种规律。

三、同时色反差

“同时色反差”是指物体的颜色因受周围或相邻色彩的影响而发生变化的一种现象。这种色觉现象也是产生于人眼视网膜中感色纤维的疲劳，即感光灵敏度的降低。

周围或相邻面积上的颜色在亮度上的影响是：在亮的背景前，所有物体的颜色都变暗；在暗的背景前，所有物体的颜色都变明。人们都有这样的体会：当把黑色物体和白色物体并排摆起来观看时，总是觉得黑者显得更黑，白者显得更白。通常我们把这种现象称为强烈对比。其实，从根本上来说，这一现象还是产生于人眼对亮度的适应。人在正常的情况下观看景物的时候，总是左瞧右看，上下打量，物体的影像也在视网膜上不断地移动。在视网膜上投有黑色物体影像的部位，因接受的刺激程度很低，使感光灵敏度提高，所以，在接受白色物体影像刺激的时候，反应敏感，感觉白色物体更白了；反之亦如此。人眼视网膜的各个部位的感光灵敏度就是这样在不同亮度物体的影响下，相互调节，使人感到了黑、白物体的强烈亮度反差。当把几个白色的圆形放到明度依次增大的背景上时，人就会感觉背景中圆形的颜色变得依次渐深（见图 7–4），我们把这种现象称为“同时亮度反差”。其原因也是产生于人眼视网膜感光灵敏度的调节：明亮的背景会使视网膜上相应部位的感光灵敏度降低，视网膜上与白色圆形相应部位的感光灵敏度因受背景的影响也随之降低，因此，人对圆形的光量反应迟钝了，感觉颜色变深了；在较暗的背景上显得白色圆形颜色变浅了，是由于视网膜感光灵敏度在暗背景的影响下提高的结果。

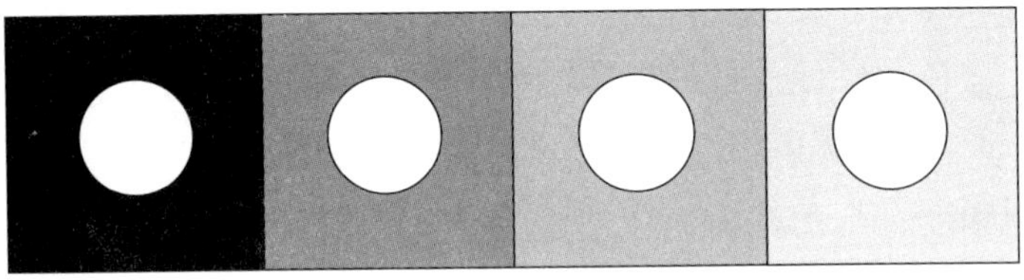

图 7–4 同时亮度反差实验

被彩色背景包围的具有一定明度的消色物体，其颜色向接近背景色的补色变化。比如：灰色物体在绿色背景上带品色，在红色背景上带青色，在蓝色背景上带黄色。如果把一条中灰色的长形纸条横叠在两块相离的分别为红色和蓝色的方纸上，则中灰色的纸条会由于背景的影响，被分成呈现不同色调的三段：叠在红纸上的一段带青调；叠在蓝纸上的一段带黄调；中间没有彩色背景的一段仍为中灰色（见图 7–5）。这种同时色反差现象也是产生于人眼视网膜中三种感色纤维的疲劳。比如：一个灰色的物体印在红色背景上，如果蓝、绿、红三种感色纤维灵敏度正常，这个同时刺激三种感色纤维的消色物体的色彩就会使人产生正常的感觉；但因感红纤维在红色背景的刺激下产生疲劳，对灰色物体中的红光反应迟钝，感绿纤维和感蓝纤维对灰色物体反射的绿光和蓝光反应灵敏，灰色物体就会使人

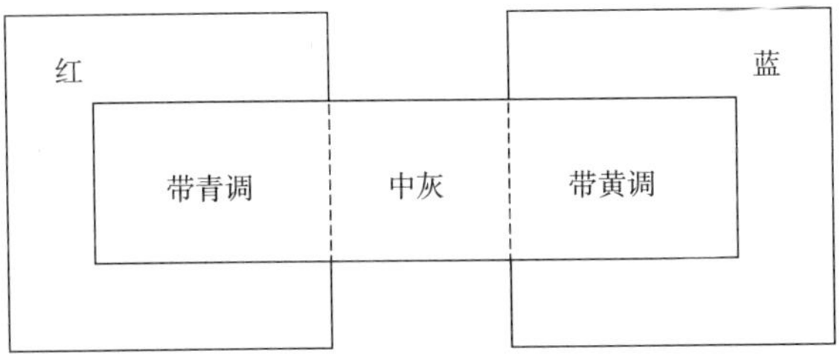

图 7–5 彩色背景对消色物体的影响

产生略带青调的感觉。

彩色背景中彩色物体的颜色，也会由于背景对相应感色纤维的影响在给人的感觉上显出某种色彩倾向。彩色物体之间同时色反差现象产生的原因，同消色物体相类似，人眼视网膜中的三种感色纤维一旦受到相应色光的刺激就会产生疲劳现象，对新的刺激反应迟钝。色彩变化的规律是倾向于背景色的补色。比如：黄色物体在绿色的背景上倾向于橙色，是因为背景反射的绿光使视网膜中的感绿纤维产生疲劳，在同时接受黄色物体反射的红光和绿光的刺激时，对绿光反应迟钝，通过视神经传递了红多绿少的信息；黄色物体在红色的背景上倾向于草绿色是由于感红纤维的疲劳，向大脑传递了红少绿多的色光信息；黄色物体在蓝色背景上变成饱和的黄色是因为背景反射的蓝光虽然也使感蓝纤维产生疲劳，但传递黄色信息的效果是靠感红纤维和感绿纤维的敏感程度，不受感蓝纤维的影响，因此，把反射的红光和绿光信息真实而充分地传递到大脑（针对自然界中没有绝对纯净的色彩来说，蓝色背景使感蓝纤维产生疲劳，也会降低对黄色中微量蓝光的敏感程度，提高了黄色的饱和度）。由此可见，任何处于补色包围之中的颜色，都会在感觉上增加饱和度；与此相反，某种颜色被反差较小的颜色所包围，则会在感觉上降低色彩的饱和度。

邻近的两个物体的色彩之间由于互相影响而形成的同时色反差，以互为补色之间最明显，比如：黄色和蓝色、橙色和天色、红色和青色、粉色和翠色、品色和绿色、紫色和草色之间的对比。这种对比鲜明的感觉也是产生于色觉疲劳。比如：邻近的红色和青色两个物体的反射光同时刺激人眼视网膜中的蓝、绿、红三种感色纤维，红色物体使其影像所在部位的感红纤维产生疲劳，并且随着影像在观察中的移动，影响着青色物体影像所在部位的感红纤维，使之同时产生疲劳，因而相对地提高了此处的感绿纤维和感蓝纤维的灵敏度，使反射蓝、绿光的青色物体给人的感觉更加鲜艳；反之，由于青色物体使红色物体影像所在部位的感绿纤维和感蓝纤维产生疲劳，相对地提高了此处感红纤维的灵敏度，使红色物体也给人一种更加鲜艳的感觉。因此，两个物体的色彩形成了鲜明的对比。

在电视节目制作中，无论是环境色彩对人物的烘托，还是人物服饰色彩间的对比，抑或是人物自身的服饰色彩关系，都要运用同时色反差的规律进行恰当的色彩设计。

四、色觉的边缘效应

色觉的边缘效应是指人的眼睛在盯视一个白色背景上的彩色物体时，在物体与背景的交界处会出现一种略带闪光的物体色彩的补色，我们把这种现象称为“色觉的边缘效应”。比如：盯视一个印在白纸上的蓝色三角形大约20秒钟，就会在其边缘看到一线隐隐约约的黄色。它也是产生于感色纤维的疲劳，当看蓝色三角形的时候，视网膜中蓝色影像所在部位的感蓝纤维产生疲劳，并影响影像边缘的感蓝纤维同时产生疲劳。当蓝色三角形边界的白纸反射的蓝、绿、红三原色光作用于人眼视网膜时，只有感绿纤维和感红纤维反应灵敏，因此，人们感觉在蓝色三角形的边缘出现了黄色。

色觉的边缘效应在物体上任何两种色彩的交界处都会有一定程度的表现，并且色彩对比越强烈，效果越明显。比如：红、青两种色彩相接时，由于红色使感红纤维产生疲劳及其对边界感色纤维的影响，提高了感蓝纤维和感绿纤维的灵敏度，使靠近两色边界的青色显得更青。同时，由于青色使感蓝纤维和感绿纤维产生疲劳及其对边界感色纤维的影响，也提高了感红纤维的灵敏度，使靠近两色边界的红色显得更红，于是，使红、青两色对比强烈，界限分明。若两种对比柔和的色彩相接，则会由于相互之间的影响，使两色的界限不清。比如：明度差别不大的两种黄色相接时，由于两种色彩大体都是使感绿纤维和感红纤维受到刺激，这两种感色纤维的疲劳及其对边界的影响，降低了两种黄色尤其是边界处的对比度，使两色之间的线条模糊不清。

色觉的边缘效应在明度差别较大的色彩之间也有明显的表现。比如：明、暗两色相接时，由于明亮色彩中组成白色成分的蓝、绿、红三原色光使人眼视网膜中相应部位的三种感色纤维产生疲劳，因而感觉靠近边界的灰暗色彩更暗了；同时，由于灰暗色彩影像所在部位的三种感色纤维只受到较弱的刺激，因此具有的敏感程度也影响两色边界的感色纤维，使它们受到明亮物体中蓝、绿、红三原色光的刺激时，反应灵敏，感觉靠近边界的明亮色彩更亮了，于是，使明、暗色彩的边界更加分明。

当不同特征的色彩相接时，色觉的边缘效应既能使画面中的色彩对比鲜明、界限清晰，也会使画面中的色彩对比柔弱、界限模糊。这种规律与电视节目制作的联系，表现在不仅可以提示在主体与环境色彩关系的处理上，如何通过色彩的对比形成明晰的影像，而且能够指导服饰、道具中的图案色彩设计，形成鲜明或和谐的色彩效果。

第二节 色彩空间混合

色彩空间混合是一种视觉上的混合。当人从正常的角度观看两种以上的相间分布的色彩时，会由于观看距离的增加和视觉分辨力的降低而看不清它们各自的色彩特征，形成综合的色觉。我们称这种视觉生理现象为“色彩空间混合”。

一、视觉对景物细部的分辨力

视觉的分辨力是指人的眼睛能够分辨景物细节的能力，也称为视觉锐度。如以一定的距离观看两个分开点，当它们靠近到某一程度的时候，或者是这两个点的距离固定，当观看的距离增加到一定程度的时候，人便分不清这两个点，而混在一起，这都表明人眼对景物细部的分辨能力是有限度的。影响视觉分辨力的因素，除了有被看的点或条纹之间相隔的远近和观看的距离外，还有照射光线的强度（光源的照度）、观看的角度以及景物细部的色彩对比等。

当光源的照度降低时，不仅会使色彩的明度降低，也会由于色彩中黑色成分的增加而降低色彩的纯度。这些色彩特征的变化都会减弱色彩的对比程度，影响视觉分辨力。观看的角度是指人的眼睛是正视还是斜视景物，这决定着景物在视网膜上成像的部位；而感色纤维在黄斑区中央凹部位密集程度大，视觉分辨力高；偏离此处越远，感色纤维的密集程度越小，视觉分辨力越低。色彩之间的对比程度是通过色彩的基本特征综合体现的，并在色彩的明度上有突出的表现。当色彩明度增至最高或减到最低的时候，都将失去彩色成分而变成明度最高的白色或明度最低的黑色，两者形成鲜明的对比，使视觉的分辨力大大提高。在明度适中、具有一定色调和纯度的彩色系列中，尽管有对比鲜明的互补色，但与消色系列中的黑色和白色相比，在对比程度上有明显的减弱，使视觉分辨力降低。根据实验测定：如果人眼对黑、白细节的分辨力为100%的话，那么对红与绿、红与蓝和绿与蓝的分辨力只分别为40%、23%和19%。也正是这个原因，在电视系统传送彩色图像时，才会用全部视频带宽传送用亮度信号描绘的细节部分，而色度信号则用较窄的频带传送，即对图像进行大面积的着色。

二、加色空间混合

色彩空间混合的方式分为加色空间混合与减色空间混合，并各自遵循色光混合与色光滤减的规律。彩色电视机屏幕上的色彩空间混合属于加色混合，它是通过荧光屏上相间分布的三原色荧光点在相应电子束的激励下，分别发出蓝光、绿光和红光实现的。由于电子束所携带的能量的大小及比例是随着被传送的景物色彩变化的，因此，在被电子束扫描的荧光屏上，显现了变化着的亮、暗不同的蓝、绿、红荧光点。当人以适当的距离观看时，由于视觉分辨力的限制，会分不清它们的界限，形成色彩空间混合效果。若用 B、G、R 分别代表蓝、绿、红荧光点，用 100 代表参与组成标准白光的基准光量，三种荧光点以不同光量组合时，空间混合的色彩效果如表 7-1 所示。从表 7-1 中三原色光的组合比例及光量可以看出，通过几种色光的加色空间混合之后，不仅颜色改变了，也增加了色彩的明度，并且参与混合的色光种类越多，光量越大，色彩的明度也越高；参与混合的色光种类越少，光量越小，色彩的明度也越低。比如：在表 7-1 中的消色中，白色是蓝、绿、红三原色光以最大的光量等比混合形成的，是使人感觉明度最大的色彩；随着三原色光光量的逐级减小，分别形成明度渐减的浅灰、中灰和深灰的加色空间混合效果；当蓝、绿、红三种荧光点几乎不发射光线的时候，又会形成明度最低的黑色；在同一色调的彩色中，也会随着三原色光种类及数量的增加，逐渐地增加空间混合色彩的明度，即洁色明度高，浊色明度低，纯色和彩灰色在两者之间。这也是加色空间混合与减色空间混合效果的主要差别。

表 7-1　电视屏幕上的加色空间混合

三种荧光点的光量比例			显现的颜色	三种荧光点的光量比例			显现的颜色
R	G	B		R	G	B	
100	100	100	白　色	25	0	50	深　紫
75	75	75	浅　灰	50	25	75	灰　紫
50	50	50	中　灰	0	0	100	蓝　色
25	25	25	深　灰	50	50	100	浅　蓝
0	0	0	黑　色	0	0	50	深　蓝
100	100	0	黄　色	25	25	75	灰　蓝
100	100	50	浅　黄	0	50	100	天　色

续表

三种荧光点的光量比例			显现的颜色	三种荧光点的光量比例			显现的颜色
R	G	B		R	G	B	
50	50	0	深　黄	50	75	100	浅天色
75	75	25	灰　黄	0	25	50	深天色
100	50	0	橙　色	25	50	75	灰天色
100	75	50	浅　橙	0	100	100	青　色
50	25	0	深　橙	50	100	100	浅　青
75	50	25	灰　橙	0	50	50	深　青
100	0	0	红　色	25	75	75	灰　青
100	50	50	浅　红	0	100	50	翠　色
50	0	0	深　红	50	100	75	浅翠色
75	25	25	灰　红	0	50	25	深翠色
100	0	50	粉　色	25	75	50	灰翠色
100	50	75	浅　粉	0	100	0	绿　色
50	0	25	深　粉	50	100	50	浅　绿
75	25	50	灰　粉	0	50	0	深　绿
100	0	100	品　色	25	75	25	灰　绿
100	50	100	浅　品	50	100	0	草　色
50	0	50	深　品	75	100	50	浅草色
75	25	75	灰　品	25	50	0	深草色
50	0	100	紫　色	50	75	25	灰草色
75	50	100	浅　紫				

三、减色空间混合

减色空间混合是物体上相间分布色彩中的黄、品、青染料共同吸收照射光线中的相应色光之后，由反射光形成的综合色觉。因此，混合的结果不仅颜色改变了，也降低了色彩的明度，并且参与混合的染料种类越多，浓度越大，色彩的明度越低；参与混合的染料种类越少，浓度越小，色彩的明度越高。它与不透明染料混合的色彩效果相比，只是参与混合色彩的面积与适于观看的距离不同，从根本上来看，二者都符合色光滤减的规律。这种色彩空间混合的规律被广泛地应用在纺织工业中的经纬色线交织和染织图案的色彩设计上，它使各种织物随着观看距离的不同而改变条纹、图案清晰程度和色彩效果。所采用的三种基本颜色是稍带紫色成分的比洋红稍浅的“红”、比柠檬黄稍深的“黄”和稍带青色的“蓝”。从对颜色的描述及样品来看，所说的这三种原色与染料三基色有相近之处。因此，我们也可以采用染料三基色数式加合的方法对这种减色空间混合的规律及色彩效果进行分析。比如：当品色与黄色进行减色空间混合时，组成色彩的品染料和黄染料分别吸收了白色光源中的绿光和蓝光，由反射的红光显现了空间混合的色彩；当品色与青色进行减色空间混合时，组成色彩的品染料和青染料分别吸收了白色光源中的绿光和红光，由反射的蓝光显现了空间混合的色彩。图 7-6 至图 7-11 是用染料三基色数式加合的方法表现减色空间混合的效果。

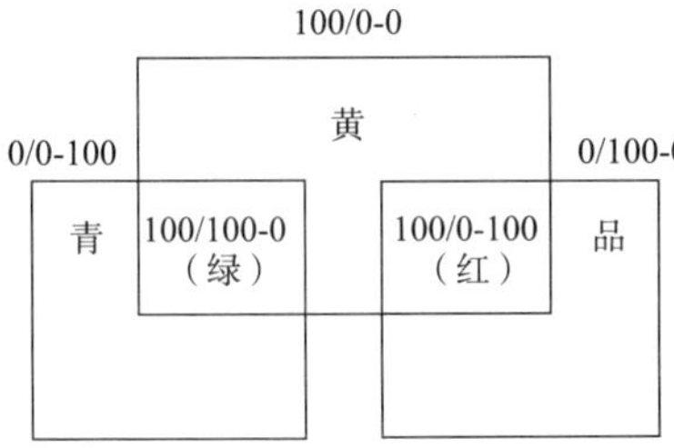

图 7-6　黄色分别与青色和品色的空间混合

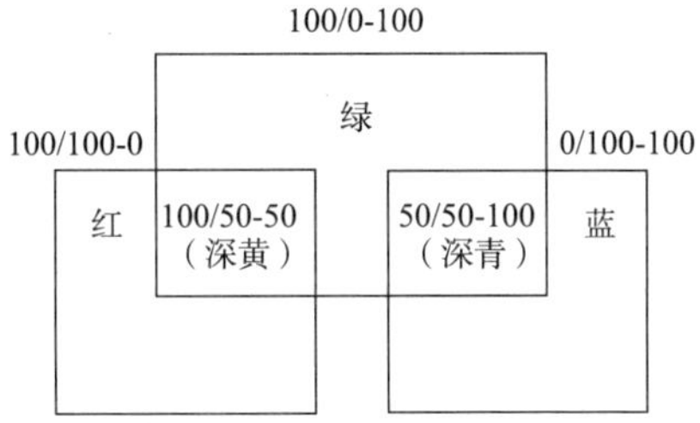

图 7-7　绿色分别与红色和蓝色的空间混合

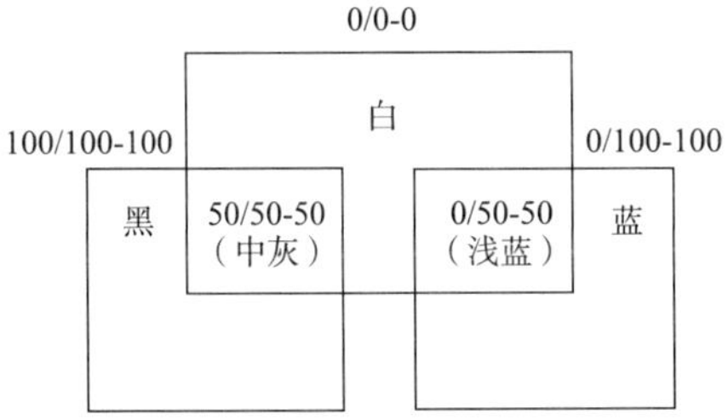

图 7-8　白色分别与黑色和蓝色的空间混合

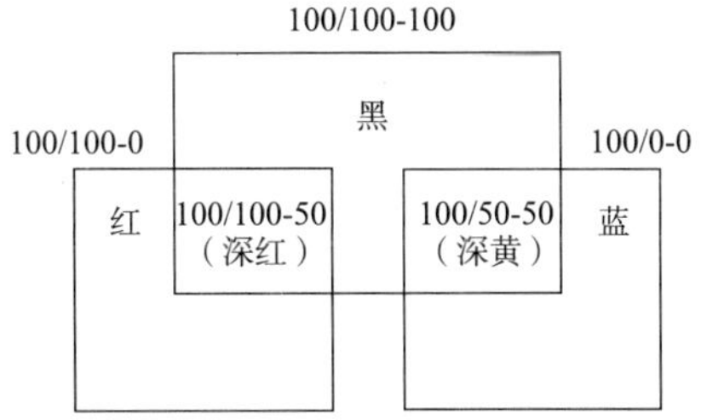

图 7-9　黑色分别与红色和黄色的空间混合

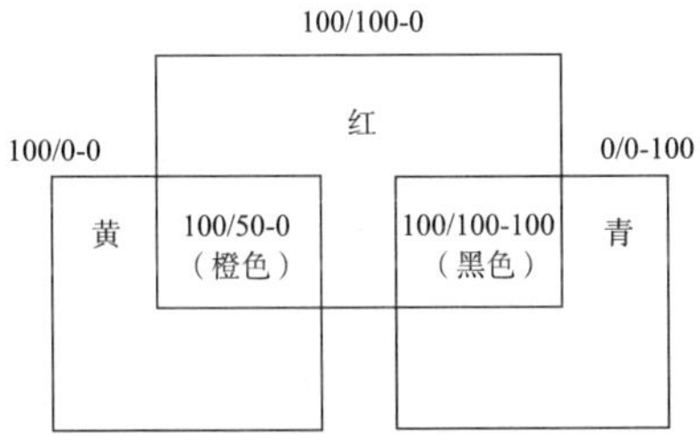

图 7-10　红色分别与黄色和青色的空间混合

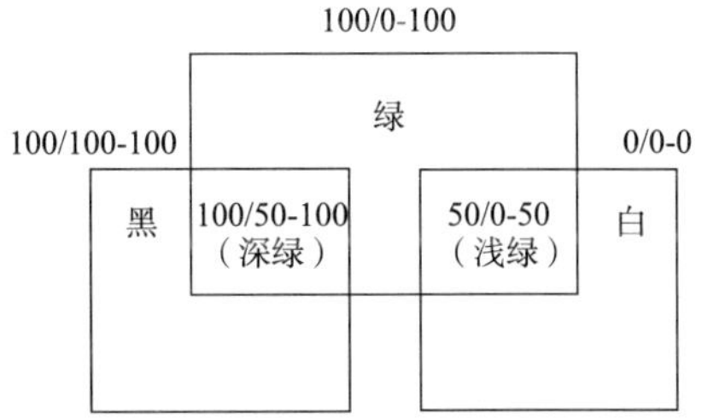

图 7-11　绿色分别与黑色和白色的空间混合

由于这种减色空间混合的多彩效果是仅用两三种基色，采用点、线、面结合的方法产生的，因此不仅可以节省染料和制版材料，也简化了织造和印制程序，缩短了工时。这种经济价值使它得以被广泛地应用在染织图案及装饰美术的设计中。它与电视节目制作的联系，表现在应该注意远景镜头中形成的色彩空间混合现象对画面色彩构图的影响，并由此确定色彩选择与设计的方案。

第八章 色彩感情的表达

人们对景物色彩产生的感情，不仅仅是出自对生活实践的联想及由此形成的象征意义，还与视觉生理因素有密切的关系。正是由于视觉反应引起了与景物色彩相应的心理活动，才使人们感受到了色彩的魅力，并以此为根据在绘画、摄影及电视节目制作等视觉艺术创作中，适当地选择、组合及控制、调节景物和画面的色彩，产生与表达内容贴切的色彩艺术效果。

第一节 色彩感情的生理因素

人们在长期的生活实践中，自然界的各种色彩会不知不觉地在心中留下某种印象，产生一定的感情。比如：北方冬季的田野，蓝天辉映着冰雪，使人感到广漠、清冷、寒气逼人，这种心理上的反应及印象，使人自然地把青蓝色调和寒冷联系起来，产生色彩感情。诸如此类，即通常所说的习惯联想，也就是说，色彩感情产生的客观原因来自对生活实践的联想。而就视觉本身来说，当它接受某种色光的刺激时，也会本能地产生相应的反应，形成一种初级的色彩感情，并给心理带来影响，这是色彩感情的生理因素。

色彩感情产生的生理根源在哪儿呢？笔者认为，是来自物体的反射光对人眼视网膜中的蓝、绿、红三种感色纤维的刺激比例，所引起的兴奋程度及由此产生的心理反应。从视觉的生理特性来看，每种感色纤维在相应色光的刺激下，都能引起一定程度的兴奋；基于各自兴奋程度不同的生理因素又会对心理造成不同的反应，而这种反应在两种或三种感色纤维同时受到相应色光的等量或非等量的刺激时，又会由于相互之间的影响，使本身的特性表现淡薄，以至难于察觉，而形成综合的色彩感觉和色彩感情。

在人眼的视网膜中，作为感受器的蓝、绿、红三种感色纤维既然是通过产生兴奋向大脑传递色光信息的，那么这种生理活动也必然对心理造成影响。随着外界刺激的不同而形成的视觉反应及对心理的影响可以归结为三个方面：一是，由于三种感色纤维接受相应色光刺激时，所产生的兴奋程度有强弱之分，因此，在对心理的影响上形成了“动”与“静”的差别；二是，当三种感色纤维接受相应色光的等量刺激时，在生理上形成了刺激上的平衡状态，给心理上一种清、平、稳、静的影响；三是，当三种感色纤维接受相应色光的非等量刺激时，随着刺激比例的不同形成各种色彩感觉，而由三种感色纤维同时接受一定程度的刺激形成的白色成分，又以类似接受等量刺激时所形成的心理反应去影响这些色彩的特征，形成综合的色彩感觉和色彩感情。

研究色彩感情产生的生理因素，是从复杂的客观现象中找出必然规律，以便在色彩设计中，对引起生理及心理反应的外界刺激即构成艺术形象的色彩进行恰当、巧妙的运用，实现色彩和内容的贴切与统一。

一、感色纤维的兴奋程度及对心理的影响

三种感色纤维及其对相应色光的敏感性，是人类在适应赖以生存的自然环境的过程中经过长期进化形成的。人类在进化的历史过程中，同人的其他生理器官一样，为了适应在大自然的怀抱中生存的需要，逐渐地形成了能够感觉与区分色彩的视觉器官。在人类还完全依赖自然界的恩赐而生存的时候，所接触的基本环境是太阳光的照射，野火、蓝天、江河、水域、冰雪以及绿色的植物。如果不能感觉与区分这些自然环境，人们便无法寻找食物、水源、栖身场所，逃脱危险，避开严寒。每当人们度过一个感觉漫长的黑夜，随之而来的便是令人欣慰的火红的太阳，而突如其来的野火又使人们从无数次的灾难中领悟了它的凶残与可怕。由于这种外界条件的长期影响，人眼视网膜中便逐渐地形成了一种对红光敏感的感红纤维。与太阳日日相伴的是使人感到沉静的蔚蓝色的天空和被它映照的水域；当披着青蓝色调的寒天、冰雪来临的时候，人们又要静静地忍受着寒冷的折磨。这是对蓝光比较敏感的感蓝纤维形成的客观条件。大自然中的绿色植物是人类直接和间接地索取食物的对象，所以，它那鲜明的色彩对人更是别有诱惑力。在这种客观环境中长期生存的人类，又在视网膜中逐渐地形成了对绿光非常敏感的感绿纤维。这种对感色纤维形成的历史根源的分析，符合生物进化科学和当今人类所具有的视觉生理特性的实际。

由于三种感色纤维在相应色光的刺激下所产生的兴奋程度的不同，人们便形

成了不同的心理反应。这种反应再同具体的景物相联系，就产生了某种色彩感情。由于感红纤维在红光的刺激下能产生较强的兴奋，激起心理上的波动，因此给人一种激进、热烈和不安的感觉。正是这个原因，红色的信号灯使人感到醒目、刺眼；红旗能激发人的情绪，振奋人的精神；红色的花簇会给节日的游园增添热烈的气氛；鲜血会使人感到恐怖和不安。因为感蓝纤维在蓝光的刺激下，产生兴奋的程度较弱，对心理上的影响是动中有静，所以它能给人一种沉寂、冷静的感觉。比如：暗蓝的色调会使深夜显得格外寂静；蓝色的台布给人一种清凉的感觉；在带有彩色的服装中，蓝调的最为朴素。若使分别染成红色和蓝色的水结成冰，总觉得蓝色的显得更冰冷。这也是由于视觉生理规律产生的心理反应。赫姆霍尔兹学说的神经纤维兴奋曲线表明，绿光除了能使感绿纤维产生兴奋外，也能使红、蓝两种感色纤维产生一定程度的兴奋。根据色光混合的规律及人的视觉特性，三种感色纤维同时产生不同程度的兴奋时，会在感觉上形成一定程度的三原色光等量混合的效果，于是出现了刺激上的平衡成分。因此，虽然感绿纤维在绿光的刺激下能产生较强的兴奋，而它对心理上的影响却包含着动与静的融合，能给人带来一种清新、宁静的感觉。比如：绿色的田园使人感到气息清新；绿色的群山使人心旷神怡；绿色的地毯显得宁静和素雅。

在观看由蓝、绿、红三原色光以一定比例组成的其他色彩的时候，人们则会由于三种感色纤维在相应色光的刺激下产生不同的心理反应而形成综合的色彩感情。

当色彩由红色向蓝色过渡的时候，在激进、热烈的色调中逐渐地掺入沉寂、冷静的成分，使色彩的意境由暖变冷，由动到静。比如：粉色虽说不亚于红色的鲜艳，但是，由于冷色的掺入，它能给人一种略带清新与稳定、宁静的感觉，显示了美丽、娇嫩的特性；品色从混合比例来看，虽然红、蓝两种色光是等同的，但是，由于感红纤维的兴奋程度高于感蓝纤维，因此，它属于带冷调的暖色，而高于红色的明度及冷静的成分又使它显露了纯洁、稳重的格调，给人一种轻盈、明快的感觉，具有真诚、美好的寓意；紫色中由于蓝色占据了主导地位，红色只能在沉静的深处表现它的激烈、不安的特性，因此，它给人一种阴森、冷酷的感觉，通常我们都习惯地把它作为阴险的色彩象征。

当色彩由蓝色向绿色过渡的时候，除了保持两者共有的“静”的特点外，还逐渐减少清冷，增加清新、明快的意味。比如：天色与蓝色相比，就减弱了阴冷的感觉，略带明静的格调，具有素雅、朴实的个性；蓝、绿两种色光等比混合的青色，在色彩特征上综合了两者的特点，给人一种高洁、清爽的感觉，常常作为纯朴、崇高的色彩象征；翠色中由于绿光成分的增加，显现了略带生机与冷调的宁静，内含苍劲的生命力。

当色彩由绿色向红色过渡的时候，以“动”为特点的红色逐渐地冲淡了绿色的清新与宁静，增加了混合色彩的温暖、热烈的气象。比如：由于草色中含有红光成分，草色才成了中间色调里带暖调的色彩，它和绿色相比显得更有生机与活力，是一种象征生命的色彩；红光与绿光等量混合形成的黄色，其色彩的意境是温暖与宁静的融合，明度大，纯度高，给人一种刺激强烈、金光耀眼的感觉，曾被喻为高贵、华丽的象征；从橙色的组成来看，是红光和绿光以2：1的比例混合，这种安然中的热烈色彩给人一种艳丽、欢快的感觉，适于渲染富丽、辉煌的气氛。

就人眼所视范围而言，当三种感色纤维同时受到相应色光的不同程度的刺激时，景物的意境主要受接受较强刺激的感色纤维的影响。比如：几点淡粉色的荷花虽然打破了一池绿叶色彩的单调，但仍然不失大片绿色的清新与宁静；在北京秋季的香山，某些浓绿的色彩还留有夏季的生气，但橙红色的基调仍然显示着香山秋色那种温暖、热烈的气氛；几艘橙黄色的渔船为茫茫的大海增添了几分生气，但青蓝的色调仍然保持着它那浩瀚、清冷的气势。

在各种视觉艺术创作中，根据表达内容的需要进行色彩意境的渲染时，都有必要从生理的角度考虑在所视范围内对三种感色纤维刺激比例的侧重。比如：在画面上表现的是工人们在炉前炼钢的情景，就应让炉火、四溅的钢花以及被火光映红的人物、环境在画面上占据较大的面积，使人眼中兴奋程度较强的感红纤维受到足够的刺激，这样，才能使那种热火朝天的气氛表现得更加充分；若描绘的是一幅带有伤感情调的亭前秋夜，就应使衬以残月的暗蓝色天空在画面上占据较大的面积，而亭台、疏木等占的面积要相应减少，这样，才能使兴奋程度较弱的感蓝纤维受到较强的刺激，使秋夜显得更为凄清和冷静；假如表现的是一个夏季的湖畔，就应使岸边的草丛、树木及其在水中的倒影充满整个画面，形成由各种深浅不同的绿色组成的色彩基调，这样，才能使感绿纤维受到较强的刺激，把夏季湖畔的宁静、幽雅的意境表现出来。

二、等量刺激及心理反应

对白色、灰色和黑色这三种消色的感觉是蓝、绿、红三种感色纤维同时接受相应色光的等量刺激产生的。它们以对心理影响上的清、平、稳、静的特点在一定的色彩组合中发挥各自的作用，产生某种色彩感情。比如：由于皑皑的白雪参与了场景的色彩组合，不管滑雪场上人物服饰的色彩有多么艳丽，气氛是多么喧闹，都掩盖不住环境的清冷；无论营火会上的篝火是何等明亮，场面有多么活跃，但给人的感觉仍然是被黑色的夜幕笼罩着。

因为某些物体显现的白色能使蓝、绿、红三种感色纤维同时接受相应色光的等量而强烈的刺激，所以，在心理上给人一种纯洁、明快和平静的感觉。比如：白色的结晶物质显得格外纯净；白色的墙壁使亮室更加明亮；白色的被褥、床单以及医务人员的白色工作服能够凸显病房的清洁、安静之感。

灰色同白色相比，其感觉的产生也是由于三种感色纤维同时接受了相应色光的等量刺激，但是，由于刺激程度的减弱，使人感到朴素、暗淡和消沉。比如：单纯灰色的衣着给人的感觉最为朴素；染有灰色的墙壁会使房间产生暗淡之感；人们也常把由于某种原因而精神不振的人说成灰溜溜的，没有生气。

黑色同白色和灰色相比，其感觉的产生虽然也是由于三种感色纤维同时接受了相应色光的等量刺激，但是，刺激的程度极其微弱，甚至几乎没有受到刺激，因此，在心理上给人一种安然、肃穆的感觉。比如：衬有黑边的死者遗像和追悼会标志使吊唁大厅显得更加庄严、肃穆；寂静的黑夜使就寝的人感到一切影像都已消逝而蒙胧入睡。这种反应若和人的某种处境相联系，也会形成恐怖和绝望的心理状态。比如：一个有不幸遭遇的人会担心黑暗中隐藏着各种危险，因此，黑夜又会使他感到无路可寻、生机绝望。

消色若同各种彩色相配合，又会产生特定的影响，使组合色彩的整体给人一种鲜明、朴素或浑厚的感觉。若白色与红色相配合，就会消除红色的单调和刺眼，产生一种鲜艳、明快的感觉。比如：红、白对比的运动员服装；商店门前挂着的白字、红地的牌匾。

灰色与红色相配合，由于消色明度的降低，使鲜艳的色彩增加了朴素的格调。比如：中年妇女常穿的带有点点红花的灰色上衣；穿着灰色大衣、围着红色头巾的姑娘；北京小巷中常见的灰色院墙上的红门。

黑色与红色相配合，由于消色几乎失去了明度，使综合色彩感觉变得浓重和浑厚。比如：黑、红相间的装饰图案；黑色机车前印着的红色标记；京剧中武松的服饰色彩是黑与红的对比。

总之，消色无论同哪种彩色相配合，都会按照此规律形成某种色彩感情。

消色与各种彩色混合所形成的色彩，并不改变原来的色调，只是影响明度与纯度，冲淡原有色彩的个性。

当黑色与各种彩色混合时，减弱了色彩的明度，使色彩特征及给人的感觉发生了明显的变化。比如：红色变得灰暗、浓重，失去了激进、热烈的感觉；粉色变得老气、沉稳，失去了娇艳的特色；品色变得污浊、暗淡，失去了鲜明、纯洁的外观；紫色如同冰遇严寒，变得更加阴沉和冷酷；蓝色只有微弱的明度，显得格外的沉静；天色失去了仅有的一点明静格调，变得更加平凡与朴素；青色失去了高洁、清爽的意味；翠色、绿色和草色这三种中间色彩，都由于明度、纯度的降低而减淡了色彩的生气；黄色也由于明度的降低和光泽的减退而失去了华丽的本色；橙色那种富丽、欢快的意境，也被黑色成分所掩盖，变得如尘似土，色调陈旧。

当白色与各种彩色混合时，色彩中掺入的白色成分冲淡了原有色彩的纯度，使明度显著增高，给人一种秀丽、淡雅、轻盈、飘逸的感觉。比如：情平调暖的淡黄、淡橙和淡红；娇而不艳的淡粉；淡品则比本色调的纯色显得更加轻盈和明快；就连阴森、冷酷的紫色也以它那淡雅的冷调微现秀容；蓝色、天色和青色这三种冷色由于色彩明度的升高都显现或增加了纯青那种高洁、清爽的格调；翠色、绿色和草色也变得生气衰减，意味淡薄。

由于灰色是由黑、白两色混合形成的，因此，当它与各种彩色混合时，综合了彩色与黑色和白色混合的两种效果，保持了色彩的原有色调，降低了色彩的纯度，升高或降低了色彩的明度，使各种彩色一律变成了感觉朴素的彩灰色。

三、相对均衡刺激及色彩感情表达的效果

所谓相对均衡刺激，是指三种感色纤维在人眼视网膜中与所视范围相应的位置上，同时受到相应色光的不同程度的刺激。它与等量刺激的差别不是某一色彩使蓝、绿、红三种感色纤维同时接受相应色光的等量刺激，而是组成某一景物或画面的一些色彩同时使蓝、绿、红三种感色纤维接受不同程度的刺激。它对心理上的影响，是一定的色彩组合在对某一情景的表达中发挥作用，给人一种鲜明、舒适的感觉。

相对均衡刺激的程度决定于按所视范围总体比较出来的三种感色纤维接受刺激的比例差距：比例差距越大，相对均衡刺激的程度越低；比例差距越小，相对均衡刺激的程度越高。从对心理的影响来看，当三种感色纤维间完全失去了相对均衡刺激，即只是一种或两种感色纤维受到相应色光的刺激，则会产生一种生硬、刺眼的感觉。比如：人较长时间盯视着一个红色物体，就会由于感红纤维得不到休息及三种感色纤维接受刺激的不均衡，使眼睛感到刺激强烈，难于忍受；若看的是绿叶中的红花，便稍有舒适之感，因为感红纤维和感绿纤维同时受到相应色光的刺激，减少了刺激上的不均衡程度。欲产生鲜明、舒适的色彩感觉，就必须使三种感色纤维接受相对均衡刺激，并且要适当地减小刺激比例的差距，使视觉灵敏度能够得到调节和恢复。比如：给一个穿着天色上衣的女孩儿围上一条橙色的头巾，就会使三种

感色纤维同时接受比例差距得当的刺激而产生预期的色彩感觉。

在色彩应用的实践中，一般说来，凡对三种感色纤维的相对均衡刺激处理得当的色彩构图，都能在色彩感觉及色彩感情上获得比较好的艺术效果。当然，也不是只要景物的色彩对人眼的三种感色纤维进行相对均衡刺激，就都能给人一种鲜明、舒适的感觉，产生色彩与内容贴切的艺术效果，而是还有一个重要的因素，就是色彩的选择与组合的问题。假如在色彩组合上不考虑色彩与内容的统一及对气氛的渲染，并且在色彩的配置上是七零八落、主次不分，虽然也能对人眼的三种感色纤维进行相对均衡刺激，但也很难在色彩的设计上获得良好的艺术效果。

四、生理因素对色彩感情影响的相对性

通过对感色纤维的生理特性及其对心理影响的分析，可以看出生理因素与色彩感情的形成有密切关系。但是，由于色彩感情的产生还受生活实践和历史过程的影响以及同有关事物的特定联系，因此，对于某些色彩感情的形成不能单纯、机械地从生理的角度来分析。

就拿绿色同春天的关系来说，虽然从生理的角度来看，包含着感绿纤维在绿光的刺激下表现的生理特性及对心理的影响，包含着春天的绿色使人感到的宁静的美，但是，绿色之所以能唤起人们对春天的感情，更主要的还是由于人们对生活实践的联想。

绿色作为象征和平的色彩，从对心理产生的安然、宁静的影响来看，也能找到它的生理因素，但是，这种色彩象征形成的主要根源还是来自人们亲身经历的对战争与和平景象对比的感受。比如：一场战争袭来，使安定、和平的生活景象变得战火纷飞、硝烟弥漫，使无辜的人们家破人亡、流离失所，深深地陷入苦难之中；美丽的自然风光也变成了枯木、焦土，草木失生，失去了它那清新、宁静的绿色。此情此景，那些身遭战祸的人无不怀念和向往幸福的家园、安定的生活以及充满和平景象的大自然的绿色。于是，绿色便与和平紧密相连，成了人们心目中象征和平的色彩。

色彩与有关事物的特定联系，往往会在色彩感情表达上脱离生理因素的影响，而同时代特征、阶级意识、民族习惯、人的个性以及形与色的结合相联系。

关于黄色象征“高贵”一说，与人的视觉生理特性并无直接关系，只是由于它是一种明度较高的看上去耀眼的色彩，如同闪光的黄金，因此，曾被视为象征高贵的色彩。到了现代，黄色不仅失去了高贵的含义，而且这个词的本身，除了标志色彩外，在某些方面还与精神污染相联系，比如黄色书刊、黄色歌曲等。可

见，某些色彩的象征意义还受时代的影响，随着历史的发展而变迁。

红色对于革命来说，之所以能成为一种具有鲜明象征的色彩，是因为在艰苦的革命斗争年代，无数革命者怀着对党、对人民的赤胆忠心，为了建立一个红彤彤的新世界而高举红旗、前仆后继，用鲜血和生命换取了革命的胜利。所以，只有红色才是革命的最好色彩标志。这个深刻的含义，不是仅仅用红色能使人产生激进、热烈感觉的生理因素所能表达的。革命人民十分喜爱和推崇红色这个象征革命的色彩，并且将其应用于许多具有革命、政治意义及气氛的场合。不可抗拒的革命洪流及其象征的色彩所到之处，一切反动营垒都土崩瓦解，而重新建立的是红色的革命政权。所以，反动阶级把红色与灾难、危险紧密相连，像惧怕革命一样地厌恶和忌讳红色，将其视为令人恐怖的象征。这是由于阶级本质的不同，对色彩产生的不同观点、态度和感情。不过，这种色彩象征也仅仅与特定的历史时代相联系，不能看成是绝对的。

不同的民族对色彩的爱好及应用也各有差异。就拿妇女服装的色彩来说，维吾尔族是色彩斑斓，朝鲜族是清淡素雅，藏族则是彩色与消色的结合……这与视觉生理因素毫无关系，而是由于受到生活环境、生活方式和传统风俗习惯等的影响。

在经常接触的人中，只要稍加留意我们便会发觉，他们虽然都是通过服饰的色彩表达美的心愿，但在对色彩的理解和应用上，却各自显露着不同的倾向：或鲜艳夺目，或浓重浑厚，或清新淡雅……这主要是由于各自不同的性格、爱好决定的。当然，也受生活条件的限制，某种观念的束缚以及经历、处境的影响，而与生理因素无关。

某些色彩感情的表达是通过色彩与一定物象的结合实现的。比如：满天的彩云、熊熊的烈火、元宵的红灯、四溅的鲜血这些显现红色的景物，由于刺激了人眼的感红纤维，使人在心理上产生了兴奋的感觉，这是它们的共性；而彼此之间截然不同的色彩感情的产生，则是由于景物的不同，与生理因素没有直接关系。

事实表明，同其他自然规律一样，在色彩感情表达中存在的生理因素，也不是绝对的、面面俱到的。因此，在根据表现内容的需要进行色彩设计时，不可呆板地套用某种色彩规律与格式，要灵活、巧妙地运用。

第二节 色彩的联想与象征意义

一、色彩象征的含义与由来

色彩的象征意义是指当一种色彩与联想到的事物建立起密切的关系，表现出某种特殊的意义，并且被人们公认及在社会上流传的时候，就形成了这种色彩与某些事物关联的象征意义。就拿绿色象征春天来说，每当严冬过后，温暖的春风吹拂着大地，自然界的许多植物都从冬眠的睡梦中醒来，披着嫩绿的新芽，以生机勃勃的姿态开始了又一年的新生。由于美丽的春天也同人的生息紧密相关，所以，它使人感到心情舒畅、喜悦，充满希望。人们对春天这种形与色的感觉及对心理的影响，年复一年，循环重现，便在色彩感情上，使绿色同春天建立了密切的象征性的联系。

在人们的心目中形成的色彩象征意义是由来已久的。原始人在洞窟中描绘的动物形象及鲜明的色彩，虽说仅仅是对自然景物的粗糙模仿，而现代人却把它当成美妙的艺术品来欣赏。因为原始人使用具有创造性的方式，把动物的形象描绘出来，涂上自然界所能提供的染料，并与自己的狩猎生活相联系。从构成动物形体常用的黑、红两色的象征意义（黑色象征死亡，红色象征生命）来看，也符合原始人的恐惧心理和挑战情绪。

到了人类能够从事农耕、修建住宅、缔造文化的时期，人们在色彩的应用上又注入了各种思想感情和象征意义，丰富了色彩的内涵。比如：古埃及人在沙漠上建造的金字塔及橙黄的色彩，不仅象征王权，也与沙漠在色调上融为一体，创造了天然与人工合成的艺术，并同反射蓝天的尼罗河与充满生机的绿洲相辉映，向世人展示了具有民族特色的国土风貌；在塔内墓室的壁画上，也将应用的色彩与大自然相联系，寓意浓厚的宗教意识。比如：金黄色象征明亮的太阳神；绿色有起死回生的含义；蓝色代表神权与圣洁，等等。

这个时期的中国人对色彩的理解则与表现宗教和神话的色彩象征主义相对立，认为色彩是形成宇宙的重要因素。在色彩体系上是以黑色和白色为主，外加红色、黄色和蓝色。后来，这种观点成了西汉末期已经被完善了的“阴阳五行说”的组成部分，与当今人们研究和应用的色彩象征意义有密切关系。

二、阴阳五行说与色彩象征的关联

阴阳五行说认为，木、火、水、金、土五种元素既可相生，又能相制，它们的盛衰与循环是宇宙发展、变化的自然推动力。

五行中的“木”字与青色相对应。传说“青”字由来于井中的清水，泛指蓝色或绿色，如青天、青草、青纱帐、青黄不接、青山绿水，等等。青色是与生物的发育、成长相关的吉祥色彩，并有青春、青云、生命等象征意义。当看到这种色彩时，会使人联想起那宇宙的无限空间、那自然界中待人探索的奥秘及人类蕴藏的无穷的智慧。这种冷静的色彩在人的精神世界中又与确信、理想和献身相联系，具有纯朴、崇高的象征。当然，它那清冷的意境也会使人联想到悲伤和眼泪。

五行中的“火”字与红色相对应。这种与太阳和火焰相关的色彩被广泛地应用于人类的现实生活中。人的视觉对红色产生的强烈反应及对心理的影响，能够使人醒目，振作精神，感到热烈、欢快和不安。因此，凡能产生这种心理反应的事物都在象征意义上与红色发生关系。比如：那万众一心、飘展红旗的革命潮流，那舍生忘死的血与火的战争，那改天换地的红彤彤的世界，无不凝聚着红色象征革命的深刻含义；红色在和平环境中对人激起的热烈情绪，又在表彰先进、欢度佳节和结婚典礼等场面中表现了喜庆的象征意义。红色无论与哪种事物相联系，其共性都是基于一种不平静的心理状态，表达一定场合下的激烈、开怀或痛苦情绪。

五行中的“土”字与黄色相对应。因为它与黄土、黄河的色彩相近，为大地之色，所以，黄色曾被人们视为至高无上的色彩，并且作为封建王朝天子的象征。每当人们看到这种金光闪耀的黄色时，就会情不自禁地联想到遍地辉煌的金秋时节，涌现出喜悦、欢快的情绪，形成黄色与秋天密切相关的象征意义。也正是由于这种色彩与景物的结合而产生的充满希望的心理反应，人们又把黄色作为崇高理想和美好前程的象征。当把这种色彩与黄金相联系，金钱与贵重的心理反应也随之产生，并且被深深地打上时代与阶级的烙印。在我国封建社会中，黄色曾被帝王独家占有，不准庶民使用，表现了高贵和王权的象征。那些为金钱和权力费尽心机的人还把黄色的象征引向虚伪、猜疑、忌妒乃至背叛的行为。在中世纪的基督教绘画中，多数作品都把背叛耶稣的犹大的衣服涂上黄色，以示其卑劣和低贱。也许是由于对这类历史材料的借鉴，才给那些影响人们身心健康的文艺作品加上“黄色的标记”。虽然由于历史和现实的种种原因给黄色加上了某些带有贬义的象征，但我们也不能忽视它那光彩、华丽的外观及其在美化生活、创造艺术的色彩组合中所表现出的魅力。

五行中的“金”字与白色相对应。它是当黄金白热化时放射的包含所有颜色的色彩。因为传说在中国作为天界的色彩是黑色而不是白色，所以，白色在使用上很谨慎，并有某些贬义和不祥的象征。比如：白费、白旗、白事、白眼、白字，等等。当人们看到白色时，就会想起那初落的一尘不染的雪花，形成纯洁的象征意义；这种洁白的色彩与人的思想意识相联系，也象征着单纯、质朴、善良无邪的心地；若把这种感觉单一的特性引申到人的社会关系，还有寂寞、孤独的象征意义；白色使人产生的平静感觉与安定的世界相联系，也具有和平的象征意义；若从白色的清淡联想到虚无缥缈的形象，又会给它涂上迷信的色彩，形成灵魂的象征。

五行中的“水”字与黑色相对应。按照古代中国人的观点，黑色是支配万物的天帝之色；从地理方位来看，是在被称为天顶的北极，被认为是神圣的方向，给人一种神秘的感觉，也因此受到尊重。每当人们看到这种色彩时，就会联想起那寂静的黑夜，那万籁俱寂的山野，那伸手不见五指的空间，形成安然、肃穆和死亡的象征；如果不能随同这个寂静的环境和谐地入睡，并与人的某种处境及心理状态相联系，又会使人感到黑暗之中虚实莫测，形成恐怖的象征；若把漆黑的环境同暗无天日的旧社会相联系，又象征苦难、悲惨和绝望。

三、色彩象征间的联系与区别

由于色彩的组成及人们对色彩的认识和理解的不同，在不同色彩之间乃至同一色彩的象征含义是既有联系又有区别的。因此，在色彩的设计中，既要根据人们观念的更新及对色彩的认识和理解，客观地选择和运用色彩，又要关注时代特征和民族习惯等因素在色彩象征意义上留下的不可抹杀的痕迹。否则，就会在艺术创作的色彩设计中，歪曲历史或民族风情，影响作品的质量。

从色彩的关系来看，在色调环上，橙色是黄色和红色之间的过渡色彩，在色彩组成上，它与两者既有区别又有联系，这也必然要在象征意义上表现出来。因此，在色彩设计中表现橙色象征意义的时候，既要强调它寓意幸福和美满、成功与胜利的特点，又要恰当地处理它与黄、红两色的关系，这些都可以通过对色彩面积的调整来实现色彩设计的意图。这也符合色彩组合中通过相互影响使主从分明的规律。

粉色和品色是红光与蓝光分别以 2∶1 的比例等量混合形成的，虽然与红色相比，在组成上有明显的区别，但是，由于红光使人的视觉和心理产生的强烈反应，仍然在混合的色彩中表现出它的激烈、不安的特性，因此，在某些色彩组合中，粉色和品色也在一定程度上表达出红色的象征意义，尤其是在那些气氛激烈或低沉的艺术作品中。然而，视觉对它们与红色差别的反应，也说明了蓝光在混合色彩中的作用，即使人产生沉寂、冷静、心情压抑的感觉，这就是搞色彩设计的人在一定场合下选择用粉色、品色替代红色的原因。粉色和品色因蓝光成分的加入而表现出的明净的格调，往往在人物造型上能凸显出人物俊秀、沉稳的气质。这是在色彩设计中用粉色和品色表达色彩感情时应该注意的另一个方面。

当人们看到蓝中带红的紫色时，就会联想起那残酷肉搏的景象，那血肉模糊的身躯，那留恋人世的英灵，形成阴森、冷酷的象征意义。紫色也会使人想起那同黄色、橙色、红色、粉色、品色等暖调花朵相比不寻常的紫色花朵和那人群之中穿着罕见的艳紫色服装的人。这种对比鲜明、感觉出众的色彩效果，若同人的地位相联系，也具有权力和高贵的象征意义。比如：基督教认为紫色是至高无上的，是上帝圣服的色彩；中国封建王朝的官服也常用紫袍，以示显贵。在美化生活和艺术创作中应用比较多的是含有大量白色成分的浅淡的紫色。当看到这种色彩时，人们会联想起那散射晨光的淡紫色的彩云，北方春季那气息浓郁的紫丁香，舞蹈演员那轻盈、飘逸的淡紫色的服装，等等。依附于这些景物上的淡紫色，无不给人一种清新、淡雅和秀丽的感觉，人们也常常把对淡紫色的这种认识和理解作为一种象征来塑造人物和渲染气氛。

蓝色作为一种原色，从组成成分来看，主要是受红光的影响，因而在感觉和象征意义上，与含红光成分的紫色有一定的联系。蓝色与紫色的不同之处是由于其中红光成分的明显减少，感觉与象征意义也从激烈变成沉静，由冷酷转为忧伤。比如：当看到蓝色时，人们就会联想起寂静的夜空、清冷的海水、辉映蓝天的雪原；若和人的某种处境与情绪相联系，蓝色又会使人产生寂寞、孤独或悲伤的感觉。

人们平时所说的蓝色天空并不是称为原色光的蓝色，而是蓝光和绿光大约以2∶1的比例混合形成的天色。它在组成上摆脱了红光的影响，与蓝色相比，增加了明静的格调，给人一种寂静、深远的感觉，具有象征永恒的特殊意义。

随着青色中蓝光成分的减少及冷意的下降，绿光成分便作为生命的象征放射出清新、悦目的光彩。在自然界的奋力争生中，表现最顽强的是那些带有冷调的翠色耐寒植物，如苍松、翠柏，等等。人们也常常用显现这种色彩的景物比喻人的刚毅性格和百折不挠的精神，象征苍郁的生命力。

当翠色中的蓝光成分减少到失去发挥清冷作用的时候，就变成了称为原色光的绿色。它是一种既不倾冷又不显暖的彩色，使人感到舒适和宁静。每当看到这种色彩时，人们就会联想起那充满生机的绿色农田、绿色山野和绿色草原，在人们的心目中形成了象征生命的色彩。根据绿色使人产生的宁静的感觉，人们还常常将绿色与没有冲突的事物相联系，把它作为慈善与和平的象征。当用绿色去描绘脱离自然的景物时，它又往往给人一种惊奇、可怕的感觉，形成阴险、恐怖的气氛。

若在绿色中加入少量的红光成分，就如同向机体内注入血液一样，变成了充满生机与活力的象征生命的草绿色。每当看到这种绿中带黄的色彩时，人们就会想起那春风送暖、万物复苏的景象。若把这种欣欣向荣的景色与人的朝气蓬勃的精神状态相联系，草绿色也具有青春的象征意义。由于春季幼苗的茁壮成长与阳光雨露的密切关系，人们又在象征意义上把这种色彩与对少年儿童的培养和教育联系起来。

第三节　色彩的思维与想象

人们在日常生活中，对外界起反应的视觉器官把见到的描绘景物的色彩在大脑中记录下来。这些通过记忆的方式留在心里的各种特征及不同组合的色彩，往往不是原封不动地在头脑中储存着，而是与陆续传来的类似色彩信息进行比较，做出判断和取舍，形成深刻的记忆。这种以现实为基础的对景物色彩的思维发展到一定程度的时候，就不再局限于对景物色彩本身的认识，而进入带有创造性的想象，乃至赋予色彩某种象征意义，为色彩感情的形成与深化创造了必要的条件。

一、色彩的记忆

色彩记忆的过程从心理规律及生活经验来看，是人们在积极、主动的实践活动中完成的。如果说它受到色彩教育及色彩应用训练的影响，那就是人们借此提高对色彩现象、色彩规律认识的积极性和主动性，从而加深对色彩的印象。一个对色彩基本知识不大了解的人，对眼前流过的色彩、色彩与景物的关系以及艺术效果仅仅产生一种感性认识；即使能够看出色彩搭配的优劣，也不能解释其中的妙处。思路的堵塞也必然会影响其对色彩认识和理解的积极性和主动性，减淡头脑中留下的印象，影响色彩记忆的效果。如果受过色彩基本知识的系统教育，他就可能发觉在以往那些司空见惯的景色中内含的自然规律，进而如饥似渴地探索色彩的奥秘；这种积极、主动的实践活动也必然会使所见到的许多色彩现象在其心中留下深刻的记忆。

色彩科学为色彩记忆提供的方便是对色彩特征、色彩关系的阐述及采用一定的标志方式组成有规律的颜色系统。

从色彩特征来看，由各种色调依次排列、组合的色调环，客观而明确地表现了各自的纯色在色调环上的位置及其相互关系，这是色彩记忆的基础；若在各个色调纯色的基础上分别加入黑、白两种成分，又划分出同一色调的不同明度的深暗和浅淡的色彩，它不仅扩展了色彩记忆的范围，而且便于区分各种色彩；随着明度的变化及黑、白消色成分的加入，同一色调的色彩又被划分出不同的纯度，它可以在色彩的鲜艳程度上对色彩的记忆进行引导；当不同明度色彩的纯度降至最低的时候，又表现出只有消色成分、不含彩色成分的黑色、白色和灰色，它又为色彩的记忆在彩色系列和消色系列之间划出了一道明显的界限。

在色彩关系上，色彩特征的共性与差别，会使人对一定的色彩组合所表现的和谐或对比的关系以及由色彩面积的侧重形成的色彩倾向留下深刻的印象。对色彩关系的记忆是与对色彩组合的记忆密切相关的，因为它注重色彩整体感觉的体现，并且与景物的内容相联系。这种记忆对从事视觉艺术创作的人来说是相当重要的；因为在其心中留下的与一定内容结合的色彩关系的记忆，会作为一种珍贵的素材进入艺术创作的构思，这也是强调色彩记忆的重要原因。

从色彩记忆的角度来看，在组成颜色系统的标志方式中，不管是字母、数字还是两者的组合，都能作为一种有形的标记在一定程度上帮助人们记忆色彩。它对色彩的标志同色彩的外观相比，不仅仅是给人一种色彩特征和色彩差别的感觉，也客观、科学地反映了色彩的本质、特性和相互关系。它可以通过与被标志的景物色彩或颜色样品的结合，增强人们对色彩记忆的效果。当然，这种良好的记忆效果需要建立在对色彩现象和色彩规律有深刻理解的基础之上。当对某种颜色系统的运用达到熟练程度的时候，色彩的标记还可以作为一种独立的思维方式进行色彩设计中的构思。

人们在色彩记忆上表现的差别是很明显的，究其原因，除了已经提到的教育对色彩记忆的积极、主动性和记忆能力的影响外，还与人的生理差别及个性的不同有密切的关系。

在生理差别上，对色彩的感觉和记忆的能力会随着年龄的增长而经由上升至高峰后逐渐衰减的过程。人在幼年时期，由于生理发育的不完善，只对一些组合简单、引人注目的色彩反应强烈、记忆深刻；进入少年和青年时期，由于生理发育的逐渐成熟，人便能正常地感觉、区分和记忆人的眼睛所能够分辨的典型色彩；

到了中年和老年时期，随着生理功能的下降，对色彩的感觉与记忆的能力也逐渐地衰减下来。

人的个性与色彩记忆的关系主要表现在对色彩的爱好程度、职业特点及艺术素养上。一个对色彩现象漠不关心的人，即使是特征鲜明、引人入胜的景色也会让他熟视无睹，不可能在其心中留下难忘的印象；而对色彩记忆深刻的是那些热爱自然景色并对色彩美的作用有所理解的人。就色彩记忆来说，职业上的特点是看所从事的专业与色彩有多大关系。关系密切的同一般的相比，对色彩关心的程度和记忆色彩的能力要强得多。人的艺术素养是平时通过刻苦学习及实践经验的积累形成的，它不仅丰富了人的艺术知识，开阔了人的艺术眼界，也提高了人对自然景色的敏感性及对色彩现象分析、判断的能力。这些积极、主动的实践活动，也必然会增强人们对色彩的记忆能力。

二、色彩的联想

色彩的联想是在色彩感觉与色彩记忆的基础上产生的。当人们看到某种色彩的时候，就会通过视觉对颜色信息的传递及与头脑中记忆的类似颜色信息的比较、联系，回忆起带有这种色彩特征或者具有某种内在联系的事物。我们把这种对色彩的感觉与思维的过程称为色彩的联想。在能够进入色彩联想的事物中，有的是与客观存在的具体景物相呼应的，有的则从抽象的概念出发与某种事物或人的感觉、情绪相联系。

日本有位色彩学家（千々岩英彰），他曾于1980年从美国和日本学生中分别找出107人和126人，对色彩的联想进行了测试和比较。对于红色，双方都认为与热情、反抗、胜利等情景相联系。除此以外，日本学生中还有相当一部分人联想到祝祭，这也体现了日本的风土人情。从对红色的心理反应来看，他们认为都与不平静的情绪有密切关系。对橙色的联想都是欢快和喜悦，与对红色相近的地方是胜利和成功（美国学生），稍有不同的是心理趋向平静的满足和幸福（日本学生）。对于黄色，双方除了都有欢快的联想外，美国学生倾向于忌妒、野心和祭祀，日本学生侧重于喜悦、成功和未来。

对于绿色，无论是美国学生联想的自然、助人和慈善，还是日本学生想起的自然、调和与和平，都是处于一种平和的心理状态。除此以外，有些美国学生和日本学生还分别将其与毒辣和教育相联系。对于青色，美国学生联想的是协力、调和、献身与信任，日本学生除了想起理想和确信外，还有眼泪与悲伤。对于紫色，美国学生和日本学生除了有各自的欺骗和怨恨等联想外，都有毒辣、忌妒与担心的联想。

对于黑色，双方一致的联想是死亡和深夜，不同的主要有担心和悲惨（美国学生）、憎恶与苦难（日本学生）。对于白色联想的共同之处是灵魂与和平，不同的主要是单纯与孤独（美国学生）、自由和善良（日本学生）。对于灰色，双方除了主要有孤独（美国学生）和失败（日本学生）的不同联想外，都与胆怯、担心和不幸相联系。

从对美国和日本学生的测试中选择的色彩来看，除了消色系列的黑色、白色和灰色外，在彩色系列中只选择了光谱彩带中的红、橙、黄、绿、青、紫，而没有蓝色；在日本的一些图书中所列的光谱色也没有蓝色，这也许是因为在蓝光中有相当一部分红光而把它归为紫色。

三、色彩的创造性思维

色彩的创造性思维是在视觉艺术创作中，根据所要表现的内容，利用记忆在头脑中的色彩类别、特征、相互关系以及同某种事物联系上形成的象征意义，进行恰当的选择与组合，在心中形成立意独特、风格新颖的色彩设计方案。

尽管色彩理论对色彩设计的实践具有重要的指导意义，创造性思维的完成仍然要经过艰苦的构思过程，在一般的情况下是不能一举成功的。因此，我们需要打开广阔的思路，进行多方的联想和反复的思考。起初，设计者对思考的内容还感到无从着手的时候，就需要充分发挥对色彩组合的想象力；哪怕是脱离实际的幻想，对打通想象的思路也是有益的，并且会随着想象内容的丰富而逐渐地冲淡幻想，形成切合实际的色彩设计方案。

色彩现象虽然有它一定的规律，但作为一种创造性活动的色彩设计构思却没有固定的思维线索，因此，要对想象中的色彩组合进行反复推敲、多次改动才能确定下来。由某种偶然的因素激发的灵感虽然可以加速创造性思维的过程，但从事色彩设计的人必须以废寝忘食的态度进行工作，才能及时捕捉灵感，完成色彩构思。

能够顺利地完成色彩创造性思维的首要条件是通过对自然景象、生活场景和艺术作品中展现的色彩、组合规律及对心理的影响做深入的研究，不断地积累、充实自己头脑中的色彩知识和色彩形象，这样，才能为色彩的想象提供丰富的材料，保证思维活动的正常进行。在进行色彩设计构思中借鉴他人作品时，要防止引来固定的思维模式，以免影响思维时的想象力、主动精神及色彩设计方案的新颖性和创造性。

四、诗情画意与色感

实践证明，在构成视觉艺术的材料中，在表现外观和传达感情上，最引人注目又耐人寻味的就是色彩。人们也一向注重用色彩的非凡表现力渲染绘画、摄影、电视节目等艺术作品。

意大利的列奥纳多·达·芬奇是文艺复兴时期最杰出的画家和最重要的代表人物。在他的作品中，无论是《最后的晚餐》，还是《蒙娜丽莎》，都非常重视光影与明暗在艺术造型和色彩效果上的作用，使绘画艺术放射出现实主义光彩。

为世界艺术的发展做出巨大贡献的中国画，在色彩运用上的特点是墨色组合、墨中加色和以墨代色，并且在墨中的六色里包括由空地形成的白色。在关于中国画的“六法论”中就曾提出的“随类赋彩”的创作方法，是说中国画在表现景物时，不以物体本身的色彩为重点，而是运用能够吸收全部色彩的墨色再现对象的形态。这种不同明度的墨色与种类精练的彩色组成的画面及其所形成的超越自然景色的魅力，是中国画能够大显绝色、令人赞美、举世瞩目的重要原因。一些天才而勤奋的艺术家在中国画的创作及色彩的应用上，不仅继承了中华民族特有的艺术风格，并且汲取了西洋画的精华，丰富了中国画的表现方法，为传统艺术增添了新的风采。

随着科学技术的进步及对人的心理、生活方式和审美要求的影响，形形色色的绘画流派也应运而生，并且作为现代绘画的潜在动向发展着。无论在绘画上不以视觉反应为依据，通过主观的色彩组合构成心目中的形象，还是把绘画看成由色、线、形构成的乐曲，进而创造和谐、优美的画面，或者通过色彩造型表达自己的心声，等等，从用色彩渲染艺术的角度来看，无一不在时代和色彩科学发展的影响下，化成冲向现代艺海的支流。

通过视觉反应及心理影响形成的色彩感情，是自然界中依附于形象的色彩使人产生的比较强烈的心理反应。它不仅仅是对景物色彩特征的反映，而且还与人的审美要求、心理特征相联系。因此，在人们见到的各种景物中，不是所有都能引人注目、使人感叹，进而留下深刻印象的。景物的色彩能否与人的感情发生密切的关系，不仅取决于景物的色彩特征、关系与组合，也与人对色彩的嗜好、思维、想象和基于某种联想的象征意义相联系。因此，能否根据景物色彩对人心理造成的影响，恰当处理在色彩感情表达中涉及的这些基本关系，是色彩在美化生活、创造艺术上成败的关键。

第四节　色彩的嗜好与色彩潮流

视觉正常的人对色彩产生的感觉大体是一致的，而对于色彩的认识、理解和爱好，则由于某些客观条件的影响表现出明显的差别。就某一个人来说，其对色彩的偏爱也不是固定的，而会由于时代、社会及某种思想倾向的影响发生变化。当出于共同的审美要求使具有某种特征的色彩及组合关系能为众人所接受的时候，这种色彩或色彩组合便在应用上一时盛行起来，形成引人注目的色彩潮流。

一、关于色彩嗜好的成因

人对色彩的嗜好是在对色彩有一定程度的认识和理解的基础上逐渐形成的，它既与人的生理发育、性格有关，又与人的生活经历、所处的社会环境及艺术素养相联系。由于多种因素的影响，正如同一种色彩具有完全不同的象征意义一样，很难通过理性认识总结出具有什么特征的人就一定偏爱什么色彩的规律。况且，人对色彩的好恶又是相对的，是相比较而言的，不是一旦喜欢某几种色彩就完全忌用其他的色彩，因此，只能从有关方面做大概的分析。

从生理发育及心理影响来看，人在幼年时期，对色彩能够产生感觉并有了记忆能力之后，才能对色彩做出好恶的反应。能够使人产生偏爱的往往是那些对人的视觉刺激强烈、使人反应敏感、记忆深刻的色彩。随着年龄的增长、生理发育的成熟及对色彩认识、理解能力的提高，人所偏爱的色彩也由热烈逐渐转向宁静。基于生理因素的性别及受思想观念的影响，人们在色彩的好恶上表现出明显的差别。它的倾向是：男子喜爱沉寂、清冷的色彩，女子嗜好温暖、鲜艳的色彩。

从人的性格来看，因为它是在待人、处事的态度和行为方式上表现的心理特征，所以，当某种色彩所引起的视觉反应与心理特征相应的时候，人就会对这种色彩产生偏爱。比如：让一个性格好动的人待在安静的环境里，他会感到寂寞、压抑，因此，他一般不会喜欢能够渲染这种气氛的清冷的色彩；暖调的色彩能使具有这种性格的人产生偏爱，是因为它能够引起心理的波动，产生与性情和谐的感觉。也正是这个原因，那些性情活泼、精力旺盛、具有开拓意识的人，那些性格开朗、待人和蔼、富于进取的人，那些心胸开阔、理想远大、勇于拼搏的人，一般都喜欢热烈、欢快的色彩；偏爱清新、宁静色彩的往往是一些心地善良、平易近人、愿意助人为乐的人；在性格内向、办事认真、思想比较保守的人当中，多数都喜爱沉寂、冷静的色彩。

生活经历会使某些色彩在人心中留下深刻的印象，并由此产生偏爱。比如：迎风飘扬的军旗会激起老战士对红色的怀念；世代生息的草原会引起牧民对绿色的好感，等等。由于通过实践经验的总结及理论学习形成的艺术素养能加深人对色彩现象的认识，提高其对色彩规律的理解能力，因而，我们会比较客观、全面地评价色彩在美化生活和创造艺术上的作用，改变对色彩的某些看法，形成新的色彩嗜好。

社会环境对色彩嗜好的影响主要表现在人们的模仿、追求风尚的心理。就拿服饰色彩来说，面对由于某种原因本来就不喜欢的颜色，当看着穿戴的人多了，又人人称赞，也会引发好奇心去模仿穿戴。这种影响是相当广泛的，甚至会形成一种社会潮流。

二、流行色的规律

流行色是一种随着时间的推移一时盛行又不断变化的色彩潮流。这种潮流的激起，是因为人们既有利用自然界提供的色彩及其组合规律美化环境、衣着和生活用品的需求，又有喜新厌旧的心理。当人们对一种或几种较长时间应用的色彩产生厌倦情绪的时候，便会迫不及待地要求更新。为了满足这种心愿，在色彩的选择上，人们不仅仅是以自己的偏爱为标准，还常常攀比他人、仿效时尚。当这种相互关联的社交活动使某种色彩引人注目并广泛应用的时候，便在生活的某些方面促成了一时盛行的色彩，即所说的“流行色”。在一定条件下促成的流行色会由于时间、地区及民族的差异而表现出不同的特点。

从时间来看，在不同的历史时期，由于政治、经济、文化以及社会风气等诸多因素的影响，会使人们表现出不同的精神面貌，并在对生活条件的要求及对色彩的理解和应用上显示出来。比如：在新中国成立初期的 20 世纪 50 年代，人们的服装明显地倾向蓝、灰色调；60 年代，又有相当多的人偏爱草绿色；而到了 80 年代，则改变了沉寂、宁静的色彩景象，增多了热烈、活泼的色彩。当季节发生变化的时候，人们又会根据心理反应及与环境色彩的联系，在对色彩的选择上进行适当的调节，表现出某种色彩倾向。

从地区来看，由于地理纬度的差别形成了不同的气候和自然景色，因此，为了使人工建筑与天然景象在色彩组合上产生鲜明、和谐的效果以及对心理上寒、暖反应的调节，人们在色彩应用上也遵循了一定的规律。比如：在我国气候比较寒冷的北方，其建筑多为暖调的色彩，而在天气炎热的南方，建筑则大多着色比较浅淡；北方农村的砖房多为橙红色，而江西农村的建筑多为白墙、灰瓦；在日本，人口密度高的地区，居民喜爱淡雅的色彩，人口密度低的地区，居民用色鲜艳。

从民族来看，由于在特定的地理位置和自然条件下筑成的经济基础及生活方式的不同，人们在文化素养、生活习俗及对色彩的认识、理解、爱好和应用上表现出明显的差别。然而，这些差别从变化着的流行色的角度来分析，很难做出客观、准确的比较；尽管在某些民族中有自己偏爱的色彩，但并不能代表一种广泛应用的色彩潮流。比如：我国的藏族把白色视为最尊贵的色彩，但也仅仅是在向客人敬献哈达的场合才出现，在日常生活的色彩应用中看不出明显的色彩倾向。况且，在日益广泛开展的国家、民族间的文化和艺术交流中，人们通过相互学习、相互借鉴，逐渐地破除传统习惯，用新的意识、新的方式，在色彩应用上体现民族的特点。

流行色在变化中经历的萌发、盛行和衰落的过程，也符合唯物辩证法的对立与统一的规律。促使它发生变化的根本原因与它的产生是一致的，仍然是人们那种不断更新的审美要求和仿效时尚的心理。流行色的萌发阶段仅仅是由于某些色彩的特征及组合上的特点刚刚引起人们的注意，它需要通过一定方式的引导，才能激起众多人的关注；当人们面对这种引人注目的色彩蜂拥而至、奋力追求的时候，即到了流行色的盛行阶段；当这种流行色的特征举目可见的时候，便是衰落阶段的开始，同时新的流行色也开始出现。由此可见，在相互交替的两组流行色之间，如同电影剪辑技巧中两个画面间化出、化入的组接手法一样，是重叠转换的，两者之间没有严格的界限。

三、服饰色彩设计的导向

人对色彩喜好不断变化的心理与流行色的规律是一致的，从两者的关系来看，又是相辅相成的。没有人对色彩的偏爱、应用和厌倦，就不能促成流行色的萌发、盛行和衰落。流行色的这种类似循环又不是循环的新陈代谢过程，既满足了人们对色彩喜好不断更新的要求，又为人类社会增添了新的光彩。

流行色尽管有它特殊的规律，甚而一旦兴起便形成不可阻挡的色彩潮流，然而，这其中也潜藏着许多人的因素。流行色与人的关系，不仅在于它表现出一种不能人为遏制的对某些色彩偏爱的自发倾向，也对人们从色彩的角度选购商品的心理产生了重要的影响。因而，作为商品生产厂家，能够顺应顾客的审美要求，对流行色的趋向及特点进行准确的预测，并以它为依据对产品的色彩设计做出恰当的指导是相当重要的。当商品的色彩特征及组合关系与消费者的审美要求相吻合的时候，便会打开销路，使顾客盈门，充分显示出流行色的预测对指导生产、引导消费所发挥的作用。

在各种款式的报装中，最使人关心和引人注目的便是它的色彩。因为服装除了用来挡风、御寒以外，还起着美化形象、烘托气质、表达情绪的作用。人们在选购服装的时候，尽管注重面料和款式，但最终使人费尽心机和决定取舍的还是色彩。布的质料再好，款式再新，而对颜色不满意，也会让人遗憾地离去。人对服装色彩的选择，首先是被具有某种倾向的色调吸引，而仔细观察的则是由色彩间的搭配所形成的整体效果。若选购的是套装，还要考虑服装与领带、鞋帽、头巾、手套以及携带的背包等等的色彩关系，以便产生基调突出、总体鲜明、和谐的效果。即使选购的是单件服装，也往往与自己已有的服装色彩相比较，以免在穿着的色彩组合上形成对比生硬或过于和谐的现象。具有一定艺术素养的人，在服装色彩的选择上还与自己居室的环境色彩相联系，把它作为室内环境的组成部分。为了迎合顾客的这种购物心理，在服装的色彩设计上，既要体现出流行色的特点，又要注意色彩种类的多样化，以便满足顾客的不同心理需求。

被称为流行色的色彩潮流，不仅仅是在服装的色彩设计上激起浪花，还冲击着人类生存的整个色彩世界。它激励人们仔细观察自然界的色彩现象，品味自然景色的魅力，探索自然美的规律，并把留在心中的印象和感受，通过创造性的思维在色彩应用的实践中表现出来，推动流行色的变化与发展。

第九章 色彩的关系与组合

在五彩缤纷的世界上，无论是动人心弦的自然景象，还是气息浓厚的生活场景，都是通过一定的色彩组合表现出来的。它们对人的视觉刺激及心理影响，给人留下了情景交融、耐人寻味的印象。人们也正是在长期的实践中，不断地总结经验，才逐渐地认识到色彩组合与色彩感情表达的关系，以及根据画面内容的需要如何选择特征、感觉差别鲜明的色彩，恰当处理色彩间的关系，形成完美的画面色彩构图的。

第一节 色彩感觉的差别

自然界的景物由于物质结构及对光线反应的不同，所显现的色彩是多种多样的，它们之间的差别尽管有些时候表现得相当明显，而更多的差别则细微得使人难以区分。而在艺术创作中应用色彩的时候，必须产生鲜明的视觉效果，才能通过心理反应及与画面内容的结合，产生设想的艺术效果。因此，要对色彩的典型差别及表现的类型进行研究，以便在进行艺术创作的色彩设计时恰当选用。比如：色彩的清冷与温暖，色彩的鲜艳与朴素，色彩的活泼与稳定、冷静，色彩的灰暗与明快，色彩的轻盈与沉重，色彩的前移与后退，色彩的膨胀与收缩，等等。

一、色彩的清冷与温暖

色彩的清冷与温暖的差别，是由于组成色彩的蓝、绿、红三原色光引起的视觉反应及心理联想形成的。因为红光能使感红纤维产生较强的兴奋并与太阳、火光等红色物体相联系，所以在人们的心目中形成基本暖色；因为蓝光能使感蓝纤维产生较弱的兴奋，又与寒天、冰水等倾蓝色调的自然景物相联系，所以，在人们的心目中形成基本冷色；因为绿光刺激感绿纤维的时候，对蓝、红两种感色纤维也有一定的影响，由三种感色纤维同时兴奋产生的稳定、冷静感觉及与绿色自然景物的联系，又在人们的心目中形成基本中色。这三种表现冷调、暖调、中间调差别的基本色彩以一定比例相混合，就形成了显示相应冷调、暖调、中间调倾向的色彩。

红光是对人眼刺激较强的光线，无论与绿光混合还是与蓝光混合，也无论是占大比例还是占等比例，其综合色彩均显暖调，并且使它参与混合的色彩中都不同程度地显现出暖调。比如：黄色是红光与绿光的等量混合，橙色是红光和绿光 2∶1 的混合，红色只含红光，这三种颜色均为暖色；粉色是红光和蓝光 2∶1 的混合，品色是红光与蓝光的等量混合，在这两种颜色中因含有一定的冷色成分，所以，均为带冷调的暖色。

在蓝光分别与绿光和红光的混合中，青色是蓝光和绿光的等量混合，天色是蓝光和绿光 2∶1 的混合，再加上蓝色本身，这三种颜色均为冷色；紫色是蓝光和红光 2∶1 的混合，为带暖调的冷色。

绿光分别与红光和蓝光混合，只有占大比例时，才能显现出中间色彩的倾向，并且带有参与混合色彩的格调。比如：单纯的中色只有绿色；草色是绿光和红光 2∶1 的混合，为带暖调的中色；翠色是绿光和蓝光 2∶1 的混合，为带冷调的中色。

由于色彩的冷、暖差别是通过色调表现出来的，因此，色调对画面色彩基调的形成起着重要作用。但它又不是仅仅决定于某种色彩，而是参与画面组合的各种色彩所形成的总的色彩倾向。比如：秋季的山林风光是以红色为主配以各种橙、黄色彩组成的暖调，而画面上的其他色彩，如蓝天、青石、灰黑色的树干，等等，非但不能冲淡基调色彩给人的感觉，往往还会由于色彩间的对比作用而使这种暖调感觉更加鲜明。

二、色彩的鲜艳与朴素

人对色彩产生的鲜艳与朴素的感觉差别，来自感色纤维在相应色光的刺激下产生的兴奋程度及对心理的影响，它既决定色彩中组成彩色成分的三原色光的特性及由此形成的色调，又与色彩的纯度有关。

当红光刺激感红纤维时，能使它产生较强的兴奋，并通过视觉反应引起心理的波动，产生鲜艳的感觉；而感蓝纤维在蓝光的刺激下产生的兴奋程度较弱，不能引起较强的视觉反应，感觉淡薄。因此，含红光多的色彩显得鲜艳，含蓝光多的色彩显得朴素，含绿光多的色彩，其鲜艳程度介于两者之间。比如：含红光成分多的橙色就比含蓝光成分多的天色显得鲜艳；含绿光成分多的草色和翠色的鲜艳程度低于橙色，高于天色。

在同一色调的色彩中，纯度高的显得鲜艳，纯度低的显得朴素。这是由于，黑色成分、白色成分和彩色成分的总量是固定的。若彩色成分的含量多，黑色成分和白色成分的含量就少，使生动胜于平静，给人一种比较纯洁、鲜艳的感觉；若黑色成分和白色成分的含量多于彩色成分，又会降低色彩的纯度，由消色成分表现的特性突出了色彩的朴素格调。比如，纯黄就比深黄、浅黄和灰黄显得鲜艳。从色彩的类别来看，由于是根据色彩中的黑色成分、白色成分和彩色成分进行划分的，同时也与色彩的纯度有密切的关系，因此，纯色显得鲜艳，洁色、浊色和彩灰色显得朴素，并且所含的消色成分越多，朴素的感觉越鲜明。

三、色彩的活泼与稳定、冷静

色彩的活泼与稳定、冷静的差别除了决定于色调外，还受纯度和明度的影响。这种色彩间的差别，从对视觉的刺激及心理影响来看，也与某种感色纤维在相应色光的刺激下产生的兴奋程度有关。因为感红纤维在红光的刺激下能产生较强的兴奋，而感蓝纤维在蓝光的刺激下产生的兴奋程度较弱，所以，从色调来看，含红光多的色彩显得活泼，含蓝光多的色彩显得稳定、冷静。比如，橙色、红色和粉色就比蓝色、天色和青色显得活泼。

由于在纯度低的色彩中，不活泼的消色成分较多，所以，它给人一种稳定、冷静的感觉。比如，在同一色调的色彩中，深红、浅红和灰红都不如纯红显得活泼。

对于纯度相同的色彩，由于消色成分中所含的黑色成分和白色成分的数量及明度的不同，因此对色彩的活泼与稳定、冷静产生了影响，即明度高的色彩比明度低的色彩显得活泼。比如，深橙和浅橙是纯度相同的同一色调的色彩，由于深橙的明度低，浅橙的明度高，因此，深橙看着就不如浅橙显得活泼。

四、色彩的灰暗与明快

色彩给人的灰暗与明快的感觉差别体现了色彩组成的不纯，而与色调无关。不管是哪种色调的色彩，只要不含黑色成分和白色成分，就会给人一种鲜明、纯净的感觉。因此，色彩的灰暗与明快的差别只与色彩的明度和纯度有关。当色彩中因掺入白色成分而使明度增高、纯度降低的时候，便会使人产生一种明快的感觉。比如：在一种纯净的青色中加入占色彩成分总量 50% 的白色成分，就会变成一种感觉明快的浅青色；若把白色成分增加到 75% 的比例，又会变成一种更加明快的淡青色；当在色彩中同时掺入黑、白两种成分，并且黑色成分不少于白色成分的时候，就会组成一种既不纯洁又不明快的彩灰色，给人一种灰暗的感觉，与只含彩色成分和白色成分的洁色形成明显的感觉差别。具有灰暗与明快差别的两种色彩的共性，是因为在它们之中含有一定数量的消色成分而带有朴素的格调。

五、色彩的轻盈与沉重

色彩的轻盈与沉重的感觉差别只与明度有关，不仅不同色调的色彩会由于明度的不同而给人不同的轻盈或沉重的感觉，同一色调、不同纯度的色彩也会因为掺入的黑色成分和白色成分比例的不同以及对明度的影响而表现出不同的重量感觉。

从显现纯色的物体来看，如果白色物体反射的光量为 100 的话，那么蓝色物体、绿色物体和红色物体反射的光量分别为 11、59 和 30；等量反射两种原色光的黄色物体、品色物体和青色物体反射的光量分别为 89、41 和 70；反射的两种原色光为 2∶1 的橙色、粉色、紫色、天色、翠色和草色这 6 种颜色的物体，反射的光量分别为 59.5、35.5、26、40.5、64.5 和 74。在消色系列中，中灰色物体和绝对黑体反射的光量分别为 50 和 0。若把上述物体显现的色彩由轻至重地依次排列起来，其顺序应该是：白色（100）、黄色（89）、草色（74）、青色（70）、翠色（64.5）、橙色（59.5）、绿色（59）、中灰（50）、品色（41）、天色（40.5）、粉色（35.5）、红色（30）、紫色（26）、蓝色（11）和黑色（0）。

在掺入白色成分、黑色成分的洁色、浊色和彩灰色中，也因明度的不同而表现出轻盈与沉重的差别。所含的白色成分越多，黑色成分越少，给人的感觉越轻；所含的白色成分越少，黑色成分越多，给人的感觉越重。色彩的轻盈与沉重差别的细微、准确的比较，可以根据标准染料三基色系统中表示色彩明度的相对吸收值进行分析和判断（见附录二）。

六、色彩的前移与后退

虽然在二维画面中，各种色彩都是处在同一个平面上，但给人的感觉却有深度的差别，即有的感觉前移，有的感觉后退。究竟什么样的颜色看着前移，什么样的颜色看着后退？由于受到色彩关系、色彩记忆、色彩联想等心理因素的影响，这种现象是不能一概而论的。

若是单纯的色彩间的比较，不与画面色彩构图相联系，可从对自然景象色彩的联想来分析。当物体的反射光射向人眼的时候，有一部分在通过大气介质的时候被散射，因而冲淡了色彩的纯度，提高了色彩的明度，并且离人越远，感觉色彩越淡。对色彩产生的这种近浓、远淡的印象，使人感觉同一平面上浓重、鲜艳的色彩离着近，浅淡、明亮的色彩离着远。若联想起蓝色的天空、夜晚的景色，又会使人觉得色调偏冷、明度较小的色彩离着远，色调偏暖、明度较大的色彩离着近。

若从画面的色彩构图上去判断色彩使人产生的前移或后退的感觉，就要与背景的烘托及色彩面积的对比发生关系。就烘托的本意来说，是通过色彩间的对比作用使主体形象鲜明，而从面积对比来看，则是背景大于主体。因此，无论色彩的色调、明度及纯度如何，凡是能够形成对比关系的色彩构图总是面积小的色彩显得突出，给人一种前移的感觉，而面积大的色彩则显得平淡，给人一种后退的感觉。这种感觉的产生与人的视觉生理特性及心理影响有密切关系。

七、色彩的膨胀与收缩

对色彩产生的膨胀与收缩的感觉差别，是一种由于视觉生理特性的影响对景物色彩的面积不能准确反映的错觉，是某种色彩在明度与其差别较大的背景的烘托下形成的。当把一个白色物体放在灰色背景上观看时，在人眼的视网膜中，与灰色背景相应位置上的感色纤维由于接受的刺激程度较弱且很敏感，因此，其边缘在白色物体强光的影响下产生兴奋，向大脑传递白色信息，由此在感觉上增加了白色物体在灰色背景上占据的面积。当把一个同白色物体一样大的黑色物体放在同一灰色背景上观看时，在人眼的视网膜中，与黑色物体相应位置上的感色纤维由于几乎没有受到刺激且非常敏感，因此，其边缘在灰色背景反射光的影响下产生兴奋，向大脑传递灰色信息，由此在感觉上增加了灰色背景的面积，缩小了黑色物体在灰色背景上占据的面积。当把这两个物体同时放在灰色背景上观看时，就会显得白色物体大，黑色物体小。

当把几个不同明度的彩色物体放在适当明度的背景上观看时，它们给人的膨胀和收缩感觉也符合这种规律。因此，在进行具有一定面积比例的图案色彩设计时，应该根据色彩明度的差别对色彩所占面积感觉的影响，适当地调整色彩面积的比例，以便产生设想的视觉效果。比如：在法国的第一面国旗上，红、白、蓝三色是按相等的面积设计的，但给人的感觉却是白色显得宽，蓝色显得窄。后来，经过研究和校正，把红色、白色和蓝色做成35、33和37的比例，才给人一种红、白、蓝三色面积相等的感觉。

这种在色彩的膨胀与收缩上产生的错觉，尽管会影响人们对色彩面积的正确识别，但它也仅仅是一种视觉生理现象，不能把它看成是人的一种心理缺陷。因为它在多数的情况下对人们是有益的。

第二节　色彩间的关系

上面提到的由于色彩特征的不同所形成的一些感觉差别，虽然也表现了某些色彩关系，但色彩间的最基本的关系指的是色彩的和谐、色彩的对比以及两者之间的界限。因为色彩之间的这些关系不仅能使画面主体鲜明、形象生动，而且可以通过色彩间的过渡与和谐，产生具有某种色彩倾向的整体效果。

一、色彩的和谐

当相临几种色彩的组成成分相近的时候，就会给人一种和谐的感觉。在属于和谐关系的色彩中，以同一色调色彩间的效果最明显。在这些色彩中表现彩色成分的三原色光组合比例是一样的，仅仅由于所含的黑色成分和白色成分的不同，以及对明度和纯度的影响，使彼此之间产生差别，因此，给人一种和谐的感觉。比如：纯蓝、浅蓝、深蓝和灰蓝的彩色成分中只有蓝光，这是使它们成为和谐关系的因素；而所具有的不同特征则是由于纯蓝中不含黑色成分和白色成分，浅蓝中含有白色成分，深蓝中含有黑色成分，灰蓝中含有黑色成分和白色成分。

其次是在冷、暖差别上属于同类的色彩，并且这些色彩的三原色光组合比例差距越小，越显得和谐。比如：属于暖色系列的黄色、橙色、红色、粉色和品色，由于含有等量的红光，才给人一种和谐的感觉；黄色与红色不如橙色与红色显得和谐，是因为橙色含的绿光比黄色少；品色与红色不如粉色与红色显得和谐，是因为粉色含的蓝光比品色少。

在和谐关系上表现比较明显的还有明度相近的低纯度色彩。在这类色彩中，彩色成分的比例显著减少。在色彩特征上，色调淡薄，明度突出，纯度低微，因此，明度相近时，就给人一种和谐的感觉。比如，淡蓝、淡绿和淡红，暗蓝、暗绿和暗红，深灰蓝、深灰绿和深灰红，等等。

彩色和消色的明度相近时，也会给人一种和谐的感觉。比如，黄色与白色，绿色与灰色，蓝色与黑色，等等。

在互为和谐关系的色彩之间，从组成来看，都含有一种较多的原色光，而和谐程度逐级减小的差别，则看所含有的其他原色光的数量。比如：黄色与橙色和草色、红色和绿色、粉色和翠色、品色和青色，这几种色彩相比，因为都含有较多的红光或绿光，所以，给人一种和谐的感觉。从和谐的程度来看，橙色和草色中同时含有一定数量的红光和绿光，因此，与由红光和绿光等量混合的黄色相比，给人一种最和谐的感觉；与红色和绿色相比，粉色和翠色中又增加了一部分与黄色组成无关的蓝光，使和谐的感觉进一步减弱；品色和青色的组成同粉色和翠绿相比，由于其中的蓝光成分增加到最大值，在组成上与黄色相比差距明显，因此，给人一种不大和谐的感觉。

二、色彩的对比

当把两种成分差别较大的色彩相对比的时候，就会给人一种对比鲜明的感觉。这是由于，两种色彩成分的差别使三种感色纤维接受不同程度的刺激，因而调节了视觉灵敏度，产生对比鲜明的效果。比如：黄色与紫色相比，黄色中含有较多的绿光和红光，没有蓝光，紫色中含有较多的蓝光、较少的红光，没有绿光；当这两种具有一定面积的彩色影像在人眼的视网膜上移动的时候，在黄色影像的位置上，感绿纤维和感红纤维接受刺激，感蓝纤维没有受到刺激，在紫色影像的位置上，感蓝纤维和感红纤维接受刺激，感绿纤维没有受到刺激，这使得感绿纤维对黄色反应敏感，感蓝纤维对紫色反应敏感，感觉黄、紫两色对比鲜明。

在互为对比关系的色彩中，表现强烈的是纯色之间的互补色彩，它们在按光谱顺序排列的色调环上处在相对的位置。不在这个位置的其他色彩，距相比的色彩越近，对比越不明显，一直过渡到与其和谐的色彩。色彩的对比关系不仅表现在色调上，在某些色彩之间，明度和纯度也会起着主要作用。比如：淡黄和暗蓝、淡品和暗绿、淡青和暗红的对比关系主要表现在明度上的差别；红色与灰青、绿色与灰品、蓝色与灰黄的对比关系主要表现在纯度上的差别。

从色彩的组成来看，在对比效果最鲜明的两个互补色中，一个含有的原色光，正是另一个所没有的，因此，才给人一种对比鲜明的感觉。而对比程度逐级减弱的色彩差别，是看在相比的色彩中掺入的新的原色光的数量。比如：红色与青色、天色和翠色、蓝色和绿色、紫色和草色，这几种色彩相比，红色中只含红光，青色中含有蓝光和绿光，为互补色彩，对比效果最鲜明；天色和翠色与青色相比，分别减少了绿光和蓝光，因此，与红色的对比效果有所减弱；蓝色和绿色与天色和翠色相比，蓝色中不含绿光，绿色中不含蓝光，同青色相比，进一步缩小了与红色的差距，对比效果明显减弱；而紫色和草色与青色相比，又在蓝色和绿色的基础上分别增加了红光成分，因此，与红色的对比效果不大鲜明。

三、色彩和谐与对比的界限

在自然界中，数不尽的色彩虽然由于组成成分的不同形成了对比，而在组成成分相近的色彩中，有些又会和谐得使人几乎看不出它们相互之间的差别。这说明色彩的和谐与色彩的对比之间在逐渐的过渡中是没有严格界限的。但是，这两个概念却不能混淆。我们所说的色彩对比，是指对比效果明显的一些色彩之间的关系，不是指即便和谐的色彩之间也都有的一般差别。

色彩的对比效果是由于色彩的组成及对三种感色纤维刺激比例的不同产生的。当两种显现不同颜色物体的反射光照射的时候，会形成最鲜明的对比；若两个物体的反射光中有了共同的成分，则对比的程度会有所下降，并且共同的成分越多，对比效果越不鲜明，直至变成和谐的甚至看不出差别的色彩。

比如：与品色对比最鲜明的是绿色。因为这两者的组成成分，一个是红光和蓝光的等量混合，没有绿光；另一个则含有绿光，没有红光和蓝光。而翠色、青色、天色、蓝色、紫色与绿色相比，相继地增加了与品色共同的成分，因而，使对比的效果依次减弱，甚至令人察觉不出已经过渡到和谐的色彩。

第三节 色彩在画面中的组合

色彩在画面中的组合，是根据塑造形象、烘托主体、表现情节和渲染气氛的需要，选择具有某种特征、意义和关系的色彩进行合理的布局，形成既有变化、对比，又是统一、和谐的整体。色彩的和谐在画面造型上的含义，是多种色彩以一定的形式组合起来，给人一种鲜明、和谐的感觉。想要实现这种和谐的效果，仅仅把所谓具有和谐关系的、特征相近的一些色彩组合起来是不能奏效的，因为其中缺少对比的色彩。良好的画面色彩效果不仅仅取决于参与组合的色彩种类，还要通过色彩面积的对比，形成与画面内容贴切的色彩倾向，发挥烘托主体、渲染气氛的作用。而统一、和谐的色彩效果又要利用色彩调和的手段来实现。

一、画面色彩的选择

画面色彩的选择要从如何处理主体、陪体和环境这三者的色彩关系入手。如果在色彩的选择上不受其他条件的限制，应该首先确定主体的色彩，再根据主体的色彩来选择、搭配能使主从关系分明的陪体的色彩，最后选择既能烘托主体，又能统一画面的环境色彩。

当拍摄一幅以苹果为主体的摄影作品时，如果选择了红色的苹果，可以搭配黄色的香蕉，并用浅青色的背景来烘托。这样选择色彩是为了使作为主体的红色和作为陪体的黄色既有差别，又有联系。从色彩的组成来看，红色苹果反射了能使人产生激进、热烈感觉的红光，而黄色香蕉的反射光中则由于加入了能使人产生清新、宁静感觉的绿光，其鲜艳程度不如红色苹果，这是两者之间的差别；而共同含有的红光又使它们之间建立了联系。由于含有白色成分的浅青色的背景与红色苹果既为对比色调，又在色彩明度上有较大的差别，因此，在这种色彩的烘托下，主体色彩显得更加鲜明。这些色彩对人眼的三种感色纤维均有不同程度的刺激，能给人一种鲜明、和谐的感觉。若苹果选择黄色的，则用绿色的香蕉来搭配，并把背景改为深蓝色。黄色苹果与绿色香蕉相比，因为其中含有红光成分，使人感觉鲜明；而共同含有的绿光成分又表现了两者之间的联系。深蓝色的背景也因同黄色苹果在色调、明度和纯度上的差别，充分发挥了环境色彩对主体的烘托作用。

如果把这两个色彩选择方案的主体色彩调换一下，即黄色的苹果配上黄色的香蕉和浅青色的背景，红色的苹果配上绿色的香蕉和深蓝色的背景，就违反了色彩选择的规律，造成画面色彩构图的混乱。因为前者的浅青色背景虽然能对黄色的苹果和黄色的香蕉起到一定的烘托作用，但是，苹果与香蕉色彩的雷同则使画面中的景物主次不分、色彩单调。后者的深蓝色背景由于明度较低，虽然也能烘托红色的苹果和绿色的香蕉，但是，苹果与香蕉色彩的对比不仅生硬、扎眼，也难以使画面的色彩统一起来。

若由于环境色彩的限制，不能随心所欲地选择主体色彩，就应该根据环境的色彩来确定主体的色彩，以达到突出主体、统一画面色彩的目的。比如：在一幅画面中，拟用深蓝色的远山为背景烘托一个全景人物，服装色彩的最佳选择应该是浅黄色；因为这不仅可以通过色调与明度上的对比来烘托主体，也会由于三种感色纤维同时接受相应色光的不同程度的刺激，使画面产生一种鲜明、和谐的效果。

对环境色彩限制的情形，除了特定的自然环境使人不能通过制作手段加以调节以外，还有节目的某种情绪及气氛对环境色彩的制约。此时，在对主体的色彩选择上，应该是既与环境色彩有密切的联系，又应通过色彩特征的对比，使其从环境色彩中脱离出来，以显示主体的鲜明形象。比如，在情绪欢快、气氛热烈的场面中，无论场景还是人物服饰色彩的选择，都会自然地联想到暖调色彩。在处理这类情况时，可以在保持色调相近的前提下，拉开明度与纯度的差距，在主体与环境色彩之间，形成变化与统一的效果，使环境色彩能够起到烘托主体、渲染气氛的作用。

对主体色彩的选择往往还取决于主体本身的特性，并且因此限制陪体和环境的色彩。比如：在一幅宣传牙膏的广告画面中，为了给人带来一种清爽可口的感觉，挤出的牙膏选择了带有冷调的浅青色；作为陪体的牙刷，为了在色彩和意境上与主体建立联系，选择了也带有冷调的翠绿色；为了烘托色彩明度较大的主体与陪体以及体现画面色彩意境的统一，背景应选择深暗、沉静的色彩。在主体由多种颜色的物体集合的画面中，应该根据主体色彩间的共性，选择与其有明显差别的环境色彩，以便发挥其既能烘托主体又能统一画面的作用。比如：在一幅主体由红、橙、黄、绿、青、白组成的化妆品广告中，没有一种纯度较高的色彩可以与表现主体的每个色彩都形成鲜明的对比关系，因此，只能选用纯度较低的彩色或明度较低的消色为背景，才能协调这种复杂的色彩关系。

二、色彩在画面中的布局

画面色彩的组合，是根据表现的形象、主从关系及整体气氛，把所选择的色彩按照特征与作用的不同放在画面中的适当位置，分配合理的面积，使它们在塑造形象、烘托主体、表现内容和渲染气氛上发挥作用。在画面色彩的组合上涉及的问题尽管千头万绪，但中心只有一个，就是如何处理局部与整体的关系，以保证主体突出、结构严谨、画面均衡。

画面色彩组合的方法是：通过色彩特征的对比塑造形象，形成主体；通过色彩面积的对比及轻、重色彩位置的选择，突出基调、烘托主体、渲染气氛、均衡画面，恰当处理局部与整体的关系；通过某些色彩的加入，增强或缓和色彩的对比程度，变化与统一画面的色彩；通过鲜明色彩的布局与点染，形成正确的视觉引导，强调画面的重心。

对人物形象的塑造，无论是外部特征，还是内心世界，都是通过一定种类的色彩及组合关系表现出来的，并且采用简练的画面色彩构图及与人物神态的和谐。比如：在一幅人像摄影作品中，拍的是一个小女孩反向坐在椅子上，双手扶着靠背，半露着脸膛儿，全神贯注地看着前方。在眼前和手臂上部的灰青色背景，烘托着小女孩头上的浅红色的发带和由逆光效果形成的眼部、脸庞和袖口的轮廓线。画面色彩简洁、鲜明、和谐，给人一种气韵清新、宁静的感觉。

对风景的描写，无论是自然风光、城镇建筑，还是农村景色，都是根据时代风貌、地区特点及季节差别，来选择景物，组合色彩，形成具有某种艺术特征的画面的。我们可通过某种色彩倾向，形成鲜明的色彩基调；通过色彩明度的对比，形成界限分明的空间层次；通过环境色彩的烘托，形成画面的结构中心。比如，在一幅拍摄清晨长城的风景摄影作品中：由大面积的蓝色远山及与晨光的对比，形成了清冷的色彩基调；由近浓远淡的长城，形成了鲜明的空间层次；由感觉突出的箭楼，形成了画面的结构中心。

对静物的刻画，无论是美化外观、传达寓意，还是表现情节，都是运用色彩的和谐与对比的关系突出主体，形成某种意境。比如：刘心业拍摄的一幅《静物》表现的是沙漠中的狼群。整个画面由倾向橙黄的色彩组成，基调鲜明；环境与主体用同调色彩间的明度和纯度的差别来表现主体所具有的隐蔽性及群狼虎视眈眈的形态，给人一种荒凉、恐怖的感觉。

当通过一定的景物表现某种思想、感情、气氛或含意的时候，也是根据人物、景物的特征及与表现内容的联系，选择适宜的色彩，进行恰当的组合。比如：一幅题为《在路上……》的摄影作品中展现的是一条通往村庄的土路；路旁覆盖着参差不齐的枯草，长着枝杈横生的杂树，这种景象和它所呈现的灰黄色的基调给人一种荒芜的感觉。而从远处走来的两挂装满柴草的马车及在它们身边驶过的一辆红黄相间、色彩鲜明的摩托车来看，却体现了浓郁的生活气息及生活水平的差别。从树枝间透过的被淡青色天空烘托的铁塔及电线，又暗示了这种差别缩小的趋势，也许这就是标题中双引号的含意。

三、画面色彩的调和

色彩的调和是人们在长期的艺术创作实践中形成的一种造型手段。它是指当一个场景或者是画面中的色彩给人一种生硬、刺眼或平淡、无味感觉的时候，如何调整色彩的关系才能产生鲜明、和谐的视觉效果，满足人们欣赏艺术的心理要求。为了能够达到色彩调和的目的，我们就要了解色彩组合调整的方法。

画面色彩组合的审美要求与人们生存的自然界有密切关系。无论是根据生物进化的规律认为自然界造就了与其适应的人的视觉器官，还是认为人的视觉可以本能地对自然界做出客观的反应，都无可争辩地公认大自然向人们展现着和谐的美。比如：蓝天、远树、金黄色的麦浪；碧绿的池塘烘托着浅品色的荷花；红日照寒野，瑞雪映青天，等等。一些色彩鲜明的自然景物反复地刺激人的视觉器官，使人通过心理反应形成了深刻的印象，并把其中的色彩组合规律及其表现的和谐效果作为艺术创作中仿效的典型，进而形成了讲究恰当处理色彩和谐与对比关系的审美要求。

通过色彩调和所产生的效果要与表现的内容相吻合，而不应事先对色彩和谐与对比的程度做出某些规定。这也同其他艺术表现方法一样，一旦离开内容，形式便无从说起。前面曾经提到的使人产生平淡、无味感觉的画面，多半是由一些互为和谐关系的色彩组成的。但这也并不是说，具有这种特点的画面都会使人产生类似的感觉。比如：当俯视寸草不生的沙漠时，虽然那浓淡渐变的橙、黄色调给人一种景象萧条、不堪回味的感觉，但那生气消然、杳无人迹的意境却并不使人无动于衷，反而会给人留下深刻的印象，成为色彩艺术构思的素材；当进行居室的色彩设计时，房间的地板、门窗及家具采用这种色彩组合，又会给人一种素雅、和谐的感觉，形成舒适的环境；在某些晨曦或晚霞的景色中，正是由一些暖调色彩组成的和谐关系，使人感到妙趣横生、景象动人。由此可见，无论在自然景象或生活场景中，表现和谐关系的色彩组合是不胜枚举的。在电视节目制作中，有时也利用这种效果烘托某种意境，渲染某种气氛。

若运用色彩调和的方法在属和谐关系的色彩组合中加入少量的对比色彩，则会由于对视觉灵敏度的调节，增强和谐色彩的鲜明程度，从而利于营造某种意境或气氛。比如：在凌晨的街道上，被青蓝色的雾气笼罩的散发橙黄色光辉的路灯，显得周围的环境更加清冷；在由某些和谐色彩组成的套装中，加上一件与其色调为对比关系的小小的装饰物品，便会给人一种色彩倍增的感觉；若在一群身穿红色服装的舞蹈演员中加入一个身穿浅青色服装的，则不仅这个演员让观众感到醒目，也会使全台人物给人一种鲜明的感觉。

给人一种生硬、刺眼感觉的画面色彩组合，往往是由于参与画面组合的色彩种类很少、面积接近或对比强烈造成的。对这种色彩组合进行调和的方法，一是调整色彩面积的对比；二是加入过渡的色彩，使其向和谐的效果转化。比如：一个身穿红色上衣和绿色裤子的妇女，由于这种色彩组合对三种感色纤维刺激的不平衡，给人一种生硬、刺眼的感觉；若给她套上一件黄色的坎肩，虽然使黄色同时反射的红光和绿光与上衣和裤子的色彩建立了联系，并且减小了红色的面积，增加了和谐的因素，但仍然不失那色彩喧闹的特点；若给她换上一件浅蓝色的坎肩，则不仅其中的白色成分会增加组合色彩的宁静，表现色调的蓝光成分也能在红、绿两色之间形成过渡，从而缓和了色彩间的强烈对比，但还缺少纯度较低的稳重的色彩；若把绿色的裤子换成深绿色，色彩的对比关系又从红、绿两色转向深绿和浅蓝，而面积较小的红色退居为过渡的色彩，这种既有对比又有和谐的人物服饰色彩组合，也给人一种鲜明、和谐的感觉。这个对服饰色彩组合进行调整的例子，同样适用于其他色彩组合。

对画面色彩关系的调和，虽然应该在和谐的关系中注意对比，在对比的关系中注意和谐，但并不是要把色彩和谐与对比的关系调和到不偏不倚的程度。在色彩组合关系处理得比较恰当的画面中，无论和谐的关系还是对比的关系，都不是孤立存在的，而是根据表现的内容，以某一种组合关系为主导，相互配合，相互影响，共同发挥色彩在画面造型上的表现力。一幅只用色彩和谐关系组成的画面，虽然也能表达某种气氛，但是，由于对人眼刺激的单调及色彩感觉的疲劳，往往不会在色彩效果上引起人们的兴趣。在某些自然景象或生活场景中，虽然也能见到一些只有和谐、不见对比的画面，但作为艺术创作的色彩设计，就不能以现实中的个别事物为依据，采取自然主义的表现方法，而应通过适当的色彩对比，增强和谐色彩的鲜明程度。只用对比色彩组合的画面，若采用近于互补的色调，并能在色彩的明度与纯度、面积与布局上处理得当，也能产生既鲜艳、明快又和谐、舒适的感觉；但一般情况下，由于色彩对比的强烈，往往产生只有鲜明、不见和谐的感觉。因此，在对比色彩组合中，加入适当的过渡色彩是十分必要的。

在电视、电影、戏剧、摄影、美术等艺术创作中，无论表现什么样的内容，在整体的色彩设计上，首先要考虑的都是如何选择与内容统一的色彩基调。作为基调的色彩在配置上又必须占据较大的面积，才能在对气氛的渲染上起主导作用。为了使基调色彩表现得更加鲜明、突出，还要配上少量的对比色彩。最后，用适量的过渡色彩使整个画面浑然一体。这样才能实现色彩设计上的主次分明、和谐统一。

第十章　影视节目的色彩设计与调节

从任何一种声像信息都可以用电视技术手段记录与传送来说，电视节目的范围是极其广泛的。在与色彩的结合上，虽然由于内容的不同表现了各自的特点，但其共性都是通过一定的色彩组合来突出基调、塑造形象、烘托主体和渲染气氛。尤其是在电影和电视剧中，在色彩设计上更应该客观地选择色彩基调，精心地设计人物服饰色彩，恰当地运用环境色彩，认真地处理字幕色彩。

第一节　电视节目的色彩设计

一、色彩基调的选择

电视节目的色彩基调是构成情节、表现主题的各个镜头的色调及其相互关系使观众感觉的总的色彩倾向。它是在电视节目制作中，通过人物的服饰色彩设计、环境色彩的选择以及各种影像艺术化手段的利用创造出来的。色彩基调可以通过色彩的多种倾向来表现，比如：温暖、鲜艳、明快，灰暗、阴沉、清冷，浅淡、柔和，浓重、粗犷以及具有某种寓意的色彩倾向，等等。电视节目的主题是色彩基调选择的主要依据，色彩基调对观众视觉的刺激及心理的影响，应与节目总的情绪、总的气氛相吻合。

电视节目的色彩基调虽然是通过某一色彩倾向表现出来的，但不是千篇一律地限定在某一种色调范围之内，而是紧紧依附于情节的发展、起伏，变换着色彩特征与组合方式，通过色调的烘托与反衬或某种内在联系，形成一种既有变化又有统一的色彩基调。在有些节目中，由于表现主题和发展情节的需要，对比色调不仅出现在某些场景之间，还在较长的段落内，在某种色彩倾向上，形成了鲜明的对比，以至在一个节目中形成两种截然不同的色彩基调；即使是这样，也能在节目表现的时代和主题上体现出主从关系或者通过某种色彩特征把不同的色彩基调统一起来。

彩色故事片《归心似箭》描写的是一个负伤掉队的抗日联军的连长历经千辛万苦寻找部队的故事。根据这个主题，在主人公魏得胜寻找部队的过程中，所展现的江桥哨所、宪兵队取调室、监牢、煤矿、深夜出逃等一系列重要情节的镜头、场景，均采用了阴沉、浓重的蓝灰色调。通过阴森、冷酷、惊心动魄的气氛渲染，鲜明地表现出魏得胜那种一心回归部队、革命到底的坚定信念和刚毅品格，体现了影片的色彩基调在深化主题、发展情节和塑造人物上的作用。当他九死一生来到玉贞家的时候，另一个世界展现在他的眼前，灿烂的阳光，橙红色的秋叶，潺潺的溪水，气息浓郁的山村，一派恬静、温暖、安乐的景象。在这个温暖的家庭里，魏得胜不仅受到玉贞的亲切关怀、精心照顾，并且博得了齐大爷的欢心、敬重和信赖。这情景交融中显现的色彩基调与前者相比是截然不同的。但是，从烘托主题来看，却没有独立存在的意义，而是通过色调与情节的反衬，突出了魏得胜寻找部队的艰难和心情的急切，表现了一个抗日联军战士既能以善良的心地诚挚待人，又没有沉浸在值得庆幸的安乐之中，而是着眼于大局，归心似箭。这就把两种对比鲜明的色彩基调主从分明地统一起来，组成一个不可分割的整体。

关于色彩基调的选择，虽然可以通过实践找出一些可遵循的规律，但是，随着社会的发展、变化，各具特色的电视节目层出不穷，与节目主题、情节相应的色彩基调的表现方法也不断地更新，不可能概括在某些固定的形式之内。因此，要从内容出发，灵活地选择电视节目的色彩基调。

二、人物服饰的色彩设计

在电视节目制作中，对人物服饰的色彩进行设计，不仅是为了人物造型，而且要让它在表现时代特征、地方色彩和民族风貌上发挥作用。服饰色彩设计的着眼点应该放在与人物特征的切合、人物服饰色彩的主从关系以及与环境色彩、人物处境及情绪的联系上。

在设计人物服饰色彩的时候，应该根据人物的身份、职业、年龄、性格、爱好、处境和情绪，选择具有某种特征、意境和象征意义的色彩，进行恰当的组合，表现人物的形象、品德、气质和精神面貌。

在电视连续剧《粉墨奇冤》的第十四集中，江艳珠、唐碧玉和阿秀三人由于共同的低落情绪使她们聚集在“紫薇艺馆”的一个房间中，发泄、痛饮。因为品格、身世和情绪的不同，在服饰色彩上三人也有明显的差别：江艳珠由于师兄杨月楼身遭陷害，虽百般营救，却未能如愿，这种忧虑的心情也使她那秀丽的服饰色彩中显现出一种清冷的基调；唐碧玉尽管对自己崇敬、心爱的杨月楼忠心耿耿，但因经不住涂知县的酷刑逼供而屈打成招，使杨陷入绝境，为此，她感到很懊悔，与她这种颓废的情绪相应的是她那毫无生气的黑色的服装；阿秀虽然因为情人唐天灵窃走她的珠宝潜逃不成而入狱感到心情烦乱，但无所用心的态度仍然使她身着红装，放射着刺眼的光彩。

人物之间服饰色彩的关系是在表达剧情、突出主角的原则下建立起来的，配角的服饰色彩设计，既要服从主角及情节，又要考虑众多人物之间服饰色彩的和谐、对比关系。比如：电视连续剧《起步停车》的第二集中，一心想当《起步停车》一剧主演的林师师因不会开车而进入驾校后，无论是在课堂听讲，还是在模拟教室练习，经常穿着与众不同的橙黄色的短袖线衣；在众人的白、黄、灰、黑、蓝、深红等颜色服装的对比、烘托下，产生了引人注目的色彩效果，不仅突出了主要角色，也由于色彩的恰当组合及消色的加入，形成了和谐、统一的服饰色彩关系。

与人物服饰色彩关系密切的还有同一画面中现场的环境色彩。因为这些色彩既参与画面的组合，又不能人为地改变它，所以，在设计人物服饰色彩的时候，要观察、了解现场的环境色彩，并且在不影响人物特征、情节及气氛的前提下，根据环境色彩的倾向，适当地调整人物的服饰色彩，以便获得完美的画面色彩构图，塑造形象、突出主体。

人物的服饰色彩除了随着时间、场合及季节的变化进行正常的更换外，也受人物的处境及情绪的影响。无论是因为条件的优越而心情舒畅，还是由于处境的艰难而忧心忡忡，都可能在服饰色彩上表现出来。因此，在人物服饰色彩的设计上，也要遵从这条规律，根据人物处境的变化及对心理的影响，恰当地变换服饰的色彩。

电视连续剧《夜深沉》中的京剧演员杨月容为了实现艺术、生活和爱情上的美好愿望，曾在重重的苦难之中奋力抗争，而黑暗社会回报给她的却是满怀幽怨、春梦成空。在剧情发展的过程中，杨月容曾多次更换服装，其色彩与处境及情绪的结合，恰当地烘托了她那坎坷、悲欢的经历。当她在张三家受尽虐待和凌辱，忍无可忍的处境逼她投河自尽的时候，她被车夫丁二和搭救，此时她穿着破旧的深蓝色的衣服，这种阴沉、清冷的色调烘托了她那悲惨的命运；到了丁家，丁二和的双目失明的母亲摸着她身上湿漉漉的，就把一件在箱子底下压了多年的暗草绿色的衣服给她换上，这种色彩的象征意义预示了杨月容的时来运转、绝处逢生；在丁家，月容悉心地照料丁大妈，二和与她兄妹相称，并用自己拉车挣的钱给她买了一件粉红色的衣服，与剧情融合的服装色彩烘托了月容喜悦、兴奋的心情；在向杨五爷拜师学艺期间，她穿着带有深绿镶边的淡青色的衣服，宁静而略带生机的色彩暗示了月容学习的安定与上进；月容初登京剧舞台就引起了轰动，卸妆后她穿着一件橙红色的衣服，这种艳丽、欢快的色彩衬托了她内心的喜悦；正当月容在京剧艺术征途上前进的时候，一只黑手向她伸来，当地一个名叫宋信生的流氓用卑鄙的手段进行离间、挑逗，使月容一步步走向圈套，此时她身穿的淡紫色的衣服虽然尚可烘托人物的秀丽，而阴森、冷酷的色彩象征也预示了月容人生道路的不祥转折；月容被骗到天津之后，宋信生终日赌博，输得倾家荡产，连月容也成了他的赌注，残酷的现实使月容痛苦万分、走投无路，此时服装的色彩也换成了朴素、消沉的淡灰色；月容在处境艰难的时刻，又回到北京，她走街串巷地寻找那些曾经热诚相待的朋友，渴望遇到胜似亲人的人们，而当她看见双目失明的丁大妈在街头卖花的时候，虽然在内心引起了久别重逢的激动，但她却忍住哭声，把钱塞进大妈的手里，流着眼泪匆匆离去了，与她的处境和情绪相应的是沉寂、冷静的灰蓝色的服装。

三、环境色彩的运用

电视画面里的环境是指人物活动的空间及各种景物的总和。比如，日月星辰、风云雨雪、山川草木等属于自然环境；村庄、街道、工地、营房、校园、室内陈设等属于生活环境。从表现主题、发展情节和烘托人物的角度来说，环境色彩的主要作用是突出基调、烘托主体、渲染气氛。

人物所处的自然环境，有的是直接选用外景，有的是在演播室内搭置场景。无论是外景的选择还是场景的搭置，都应符合电视节目的总体色彩设计及具体情节的要求。

电视连续剧《新龙门客栈》中的客栈地处荒凉的沙漠之中，因与自然环境是同调色彩，给人一种若有若无、虚实莫测的感觉。在那晴朗、无风的天气，客栈显得死一般的寂静，而当狂风卷着飞沙阵阵吼叫的时候，客栈又像被吞食了一样弥漫着恐怖的气氛；到了漆黑的夜晚，低沉的暗蓝色夜空死死地压在客栈的屋顶，远处那时而伸展、时而收缩的亮光显得格外阴森。用这种环境色彩所渲染的气氛，恰当地烘托了这个靠“人头换赏金”的黑店以及东厂的魏忠贤等人在这里的阴险、毒辣的行径。

人物所处的生活环境可以选用实景和场景搭置两种方法，并且也以符合总体色彩设计及与具体情节结合为原则进行选择、修饰和设计。在现实生活中选择的实景，在色彩上往往同电视节目的主题、情节及气氛存在一定的差距，因此，要适当地加以修饰。同实景选用相比，场景制作上的色彩设计更有灵活性，它可以竭力创造与主题、情节和人物贴切的环境色彩。在《新龙门客栈》中展现的苦水镇上的“银钩赌坊”内，以冷暖交错的灰暗环境色彩与局部明亮灯光的对比，渲染了一种表面喧闹而暗藏杀机的气氛，为周淮安、邱莫言和信王等人的历险，东厂人的秘密来往、明争暗斗，设置了一个与剧情、人物特征融合的场景。

生活环境的另一个组成部分是被称为“道具”的各种陈设物品，如床、柜、桌、椅、壶、瓶、钟、镜、台布、窗帘、花卉、书画、灯具、家用电器，等等。它们是根据剧情的需要紧紧依附于场景设计的。在色彩设计上，道具要符合环境设计的要求，与场景形成统一的整体。随着时代的变迁，人们的社会地位、经济状况、精神面貌、风俗习惯以及情趣、爱好等都要发生变化；这种变化在室内陈设及其色彩上的表现，又受到地区、民族和职业的影响。这些都是道具色彩设计的重要依据。

随着情节的发展，人物情绪的变化，环境色彩往往不能恰如其分地烘托人物的情绪。因此，要通过合理的场面调度，在情节连贯发展中，使新的环境与人物的情绪建立更贴切的关系，充分发挥环境色彩的作用。

四、字幕色彩的处理

电视节目的字幕是指在银屏上依附于节目内容，通过一定形式表现的文字总称。它在相应的画面中发挥的衬垫、叙述作用，除了决定表现形式外，还同色彩的特征及组合方式有密切关系。因此，在电视节目制作中，要根据所表现的内容合理地设计字幕的形式，恰当地处理字幕的色彩。

由于电视节目的内容、制作者的创作意图及风格的不同，字幕的形式也多种多样。在首尾字幕的组织上就各有差别。比如：节目制作人员和演员，有的放在剧首，有的放在剧尾；从目前的多数节目来看，都是把制作单位的标记字幕放在剧首，接着是制作人员，演员表、不设标记字幕的制作单位、制作年月和节目的完结等放在剧尾。字幕内容的这种排列顺序，不仅使节目的展现过程条理清晰、衔接自然，也符合观众的欣赏习惯。

字迹在衬底上出现的方式也各有特色。比如，连续切换的单幅字幕，连续移入画面的长条字幕，能产生连续书写效果的线画字幕，由小变大的推出字幕，风趣、幽默的动画字幕，以及出现在节目的剧首、剧中和剧尾的叠印字幕，等等。

电视节目的字幕无论采用哪种表现形式，都要恰当处理色彩间的关系。字幕上涉及的主要色彩关系是色彩的对比，即衬底色彩与字迹色彩的对比。它除了对节目的内容起到一定的烘托作用外，主要是为了清楚地表达字幕的内容。运用的色彩对比关系是色调、明度和纯度的综合体现，不仅是指某一特征上的对比。在进行字幕色彩设计的时候，应该根据节目内容及字幕的表现形式，使色彩的三种特征在色彩对比中发挥的作用有所侧重。比如，电视连续剧《人生的驿站》的字幕衬底是黑色的，字迹是白色的，左侧有一条红色的竖杠，色彩明度与纯度上的显著差别不仅使色彩对比鲜明，也示意了节目的主题。在节目中间出现的叠印字幕多为唱词、对白、地名、译文、首次出场的人物，等等，它和连续的电视画面相配合，在表现情节上发挥辅助作用。在色彩对比关系的处理上，一般都是将白色字迹印在画面中色彩较暗的边缘部位。在戏曲节目的近景画面中，由于白色的衣袖往往占据较大的面积，影响字迹的清晰，因此，以采用某种淡彩字迹为宜。

字幕的设计除了要恰当地处理色彩的对比关系外，还要同节目的内容及色彩基调相联系，把它作为电视艺术造型的组成部分。以图案、织物、壁纸等装饰画面为衬底的字幕，在画面色彩中应该含有构成基调的色彩成分，并且在色彩组合上占据较大的面积，这样才能与电视节目的色彩基调统一起来。设计这类字幕时，可以选择与基调相近的色彩为衬底，以一定特征的对比色彩为字迹。以静态或动态景物的画面为衬底的字幕，除了根据节目内容处理色彩的对比关系外，景物及其色彩形成的意境和气氛应与节目的主题相配合，要使剧首字幕引人联想，剧尾字幕耐人寻味。比如，电视连续剧《起步停车》中，无论是剧首字幕还是剧尾字幕，字迹都选择了与交通信号灯的颜色相像的红色和浅翠色，背景采用与灯光对比强烈、烘托效果良好的黑色。这样不仅字迹鲜明，也与交通、驾驶相关的内容建立了联系，并且在字幕的适当位置镶嵌了展现剧情与人物的画面。尤其是片名字幕中，字迹的色彩选用了刺激强烈、使人警觉的鲜红色，其中的“停”字又加入了路标的特写，给人一种字迹醒目、形式新颖的感觉。

总之，字幕作为电视节目的组成部分，其表现形式及色彩设计是不可忽视的。电视节目内容的千差万别及表现形式的丰富多样，为字幕色彩设计的创新提供了条件。因此，只有从节目的总体造型出发，灵活地运用色彩的特征、相互关系及象征意义，才能产生良好的字幕色彩效果。

第二节 影视节目色彩与情景的交融

由鲍十编剧，张艺谋导演，章子怡、孙红雷、郑昊主演的故事片《我的父亲母亲》，如同一曲美妙的乐章，激荡在观众的心中，使人难以忘怀。影片在传达感情时采用的那种含蓄、质朴的方式及在塑造人物上产生的良好效果，深受众人的称赞。给人留下深刻印象的是被一条深情线索贯穿的情景交融的色彩旋律。

在一条通往三合屯的小路上，骆玉生（生子）乘着一辆吉普车，心情急切地回家料理父亲（骆老师）的后事。也许是为了烘托与亲人永别的沉痛心情和悲伤的气氛，以及在色彩效果上与招娣（母亲）和骆老师那“梦系魂牵的初恋”情景形成鲜明的对比，突出影片的色彩基调，在骆老师过世和葬礼期间，在画面中展现的山野、道路、村庄以及在这个环境中活动的人物身上都去掉了色彩中的彩色成分，显现着只含黑、白成分的消色。在这种画面上叠印的蓝色剧首字幕，尽管在字迹与衬底的对比程度上显得有些欠缺，但在色彩意境的渲染上，与画面的清冷气氛是统一的。让人感觉鲜明的彩色成分进入画面，是从生子看到父亲和母亲结婚那年照的相片开始的。

随着悠扬的音乐响起，那张黑白照片上渐渐地显露出橙黄的色调；当照片上的两个主人消逝的时候，背景上那条通往三合屯的小路便与影片中的真路叠在一起，一挂马车从路的远处飞奔而来。被阳光辉映的由车马扬起的尘土，被惊吓得奔跑、吼叫的羊群，在村头等候迎接的那各色的服装、一张张笑脸和喧闹的声音，使三合屯顿时沸腾起来，洋溢着由暖调色彩渲染的喜庆的气氛。

从马车上下来的就是来本村教书的年仅 20 岁的骆老师。在欢迎、围观的人群中，有位不错眼神的就是三合屯最漂亮的姑娘——刚满 18 岁的招娣；她也感到自己的异常神态似乎也被先生察觉。在眼前出现的这种意外情景，使她难以抑制内心的激动和喜悦，情不自禁地狂奔在那条凝聚着许多生动、感人情节的小路上。从她身边掠过的是与她的热烈情感融合的橙红色的山野和与她那美好向往相应的蓝色天空。这种环境色彩恰当地烘托了人物的情绪。

当招娣跑回家里，用双手猛然推开房门的时候，一种稍有镇定又掩饰不住激情的近景镜头开始了对人物的塑造。作为画外音的是双目失明的母亲对先生的长相、吃住安排的询问；招娣带着无心倾听又十分关注的神情忙着一些与骆老师来村相关的事情，换衣服，照镜子，理头发；当她穿着那件浅粉色的碎花袄，坐在织布机前，为新盖的学校“织红”的时候，那被机上的红线烘托的招娣的逆光背影和那双动作灵敏的巧手，姿态优美、色彩鲜明；那以机上的红线为前景的正面逆光特写及金光闪射的轮廓，编成了一幅人景交织的彩色画卷。

招娣为了路过学校、见到先生，舍近求远地去前井挑水，在日光的照射下，她的服饰色彩显得格外鲜明、突出：身上还是那件平时穿的浅粉色的碎花袄，脖子上围着红色头巾，辫子上扎着翠绿色的头绳，穿着带有点点小花的蓝灰色裤子和黑色的鞋。在这种服饰色彩组合中，引人注目的是红色的头巾和浅粉色的碎花袄，两者既有明度和纯度上的对比，又有色调上的和谐；浅粉色的面积较大，成为服饰色彩的基调。翠绿色的头绳虽然占的面积很小，但与浅粉色和红色的对比，能够增强服饰色彩给人的感觉。蓝灰色的裤子和黑色的鞋有助于服饰色彩效果的和谐与稳重。这种服饰色彩的搭配，既符合人物聪明、美丽、纯朴、活泼的个性，又能在当地众多人物和自然环境中形象鲜明、引人注目，体现了服饰色彩设计的基本规律。

让招娣费尽心思的是希望先生能吃上她亲手做的饭。那些用色彩鲜明的特写镜头表现的盆中过量的面粉，刀下的又嫩又绿的蔬菜，灶中燃烧的旺火，锅中嗞嗞作响的葱花饼，都埋藏着她对先生的一片真心。当把那个扣着的盛着饭菜的青花大瓷碗送到井台旁的条桌上的时候，她总是目不转睛地注视着那个青花碗、来端饭的人们和一个个离去的背影。在这个场景中给观众留下深刻印象的是招娣那在人群中出众的服饰色彩，那充满希望和自信的眼神，那不时地向工地张望的身影。

随着招娣精心织成的那块红布在学校房梁上的出现，教室中传出了朗朗的读书声。村里被吸引的人身穿各色的服装围在教室和院子的四周，观看、倾听与庆贺，充满着比骆老师进村时更喜庆的气氛和热烈的情绪。招娣也兴致勃勃地沿着学校周围的木桩子边走、边听、边想，画面中几次出现的学校屋顶上的晴空，从蓝色象征永恒的意义来看，与那滔滔不尽的识字歌和招娣对未来美好生活的向往是呼应的。

希望能在孩子们放学回家走的那条小路上碰见送学生的骆老师，是招娣的又一桩心事。她坐在路边长满荒草的山坡上，那橙黄色的温暖、热烈的环境，那羊群中传出的抑扬、连绵的叫声，使她坐立不安、心情烦躁。当她发现骆老师带着一群孩子在小路的远处边走边唱的时候，情绪的振奋让她一时不知所措，于是她便钻进树林，从树木枝叶的缝隙中追随、偷看这位教书先生。用跟镜头拍摄的招娣的身影在疏密相间、色彩多变的白桦林中穿行着。被强烈的逆光照射的黄中带绿的树叶，给人一种浅淡、明净的感觉，那被蓝天和环境光源辉映的白色桦树皮也显现出丰富的色彩。招娣那粉红色调的衣服、红彤彤的脸膛儿和黑油油的小辫子，由于变化着的前景色彩的交织和搭配，而使画面色彩形成了一种主体鲜明、整体和谐的流动效果。

在招娣凝视的一方是骆老师带领的高歌、雀跃的孩子们，这个远景人群由逆光形成的深暗色彩在橙黄带绿背景的烘托下，显得形象突出、气氛活跃。招娣一直把他们目送到人影消逝的远处。等到先生回屯的时候，太阳已经落山了，野地里的草木都受天光的影响不同程度地反射着蓝光，使绿色的叶子偏蓝、变暗，白色的桦树皮也显现着淡淡的青蓝色；从招娣那浅粉色的衣服上虽然也能见到蓝光的影子，但色调与明度上的对比，使她在翠绿色环境的烘托下，不仅显得格外鲜明，还给人一种清冷的感觉，使环境色彩在人物情绪上发挥了烘托主体和渲染气氛的作用。

由于上次只是偷偷地把先生送到村头，没有碰面和搭话，因此，她又挎着小筐到遍地橙黄的山坡等候。当她看见先生又带着孩子们走来的时候，她赶紧穿过野地，抄道迎接。招娣与先生擦肩而过时，虽喜形于色、点头致意，却因精神紧张，丢下手中的小筐，扭扭捏捏地走了。当先生把她叫回，用双手托着小筐恭敬而递的一瞬间，那相互对视的眼神，那活泼与稳定、冷静的服饰色彩对比，那环境色彩的烘托，组成了一幅情景交融的画面。在银幕上相继展现的是在这个环境中的先生和孩子们目送那个在小路上扭捏前移的浅粉色的背影。

不知是招娣惦记先生，还是先生想念招娣，两人只在担水的瞬间就在学校的木桩子内外、井台与学校之间和从前井回招娣家的路上，阴错阳差地见了三次，并引出吃派饭的精彩场面。

先生一进院门，就看见了在房屋门前站着的满面笑容的招娣，她那鲜明、和谐的服饰色彩，如花似玉的形象，善良、纯朴的神情，给先生留下了终生难忘的印象。在吃饭的时候，招娣母亲那唠不完的家常话，两个年轻人的视线对情意的传递，那具有地方特点的温暖、浓重的环境色彩，对人物感情交流的烘托，生动、鲜明地表现了这个初恋故事的重要情节，使观众想到了这对情人的美好未来。而招娣的母亲却用旧有的传统观念看待这件事情，认为“这事不成”，让女儿死了这条心。这瓢冷水不仅冲掉了招娣脸上的喜气，也给三合屯涂上了清冷的色调：那微现蓝色的井台、山坡、学校及在蓝天笼罩下的那挂出村的马车。

招娣听到先生离村的消息，便穿着先生进村时穿的那件碎花红袄，戴着先生送的黑红相间的发卡，捧着用青花碗盛的蘑菇馅儿蒸饺儿，拼命地抄道追赶被马车拉走的先生。那漫山遍野使人感到热烈的橙黄色的草丛，那象征无畏和挑战的黑、红对比的服饰色彩，那充满紧张和自信的眼神，那奔跑脚步、瓷碗颠簸和急促气喘的声音，那被烟尘弥漫的车马远影，都表现了神形声色在场景间的融合，使被深情线索贯穿的色彩旋律在情景交融上达到了高潮。当招娣失足跌倒、青花碗和蒸饺儿也顺势甩出、碎散一地的时候，先生坐的马车远影也在招娣的哭声中消逝了。

招娣从草地上拾起摔碎的青花碗，带着低落的情绪准备回家的时候，一捋头发，发现先生给的发卡丢了，她立刻顺着她跑过的山路到处寻找。她一连几天无精打采地往返走在那十几里的山路上，当偶然在家里窗前的木桩下看到这心爱的发卡时，她便捡起来在灯下左看右看，面对镜子戴在头上。那在灯光辉映下的红色的服装肩领、发卡、红润的脸蛋儿和喜出望外的神情，在黑暗背景的烘托下，产生的主体突出、形象生动的效果，很像荷兰著名肖像画家伦勃朗的艺术风格。当那凝视的眼神把喜悦的情绪引向沉思的时候，那烘托井台的山野也逐渐地减少彩色成分，一个冰天雪地的三合屯展现在观众的眼前。

在雪路上沿街吆喝的锔盘锔碗的老人，坐落在雪地里的学校，被冷风吹拂的飘动碎纸的窗棂，在直射阳光照射不到的地方由天光显现的清冷色调，都牵动和影响着招娣那诚挚、忧虑的心。在先生答应回村的那天，她一大早就站在那条深情的路上等候。那双由红色头巾衬托的神色焦急的眼睛，挂着霜的眉毛，落满飞雪的碎花红袄，从身边刮过的凛冽寒风，此情此景都表现了她对先生的赤诚和信赖。而从远处跑来的那挂马车上却不见先生的影子，这使她又带着疾病，冒着风雪，奔赴通往县城的路。她迎着充满清冷色调的漫天飞雪和吼叫的寒风，摇摇晃晃地走着，直到晕倒在半路的雪地里，由村长套上马车把她拉回家。当学校里再次传出先生领念的读书声的时候，连着睡了两天的招娣又含着热泪跑向学校，见到了先生。学校的院内院外又像先生初次讲课时那样，围满了身穿各色服装的对先生敬重的人们。

那次四十多年永没分开的会面，招娣也是在那条通往县城的普通山路上等候，她还是穿着先生喜欢的那件红棉袄，围着红头巾，在浅青色调的山野和天空背景的烘托下，意境清爽、形象鲜明、神色凝重。因为招娣和先生相识、相爱的过程都和这条路有关，所以，在给先生举行葬礼时，她想陪着先生从这条路上走回来。银幕上，用不见彩色的黑白影像来表现洒满积雪的山路和抬棺、送葬的人群；那脚踏冰雪的响声震撼着山野，激荡着人心，令人回味那动人的业绩和美妙的人生。

第三节　电视节目的色彩调节

一、制作手段的运用

（一）变焦镜头特点及画面色彩特征

在电视节目摄制中使用的变焦镜头，由调焦组、变倍组、补偿组和聚焦组四个部分组成（见图 10–1）。当景物 S 的反射光射向调焦组的凸透镜时，便经聚光，首先成像在 S_1 点；如想改变景物 S 的影像放大率，就需在其反射光的光路上加一变倍组的凹透镜，通过它在图中的左、右移动及对光线的发散来增大或缩小镜组的焦距和景物影像的放大率；为了调节变倍组在改变景物影像放大率时使光线汇聚点的偏移，又在图中变倍组的右方加一由凹透镜组成的补偿组（S_2 是发散光延长线的像点），在拍摄中与变倍组的凹透镜进行相应的右、左移动；最后，通过聚焦组的凸透镜的汇聚，使景物成像在固定的结像面（S_3）上。

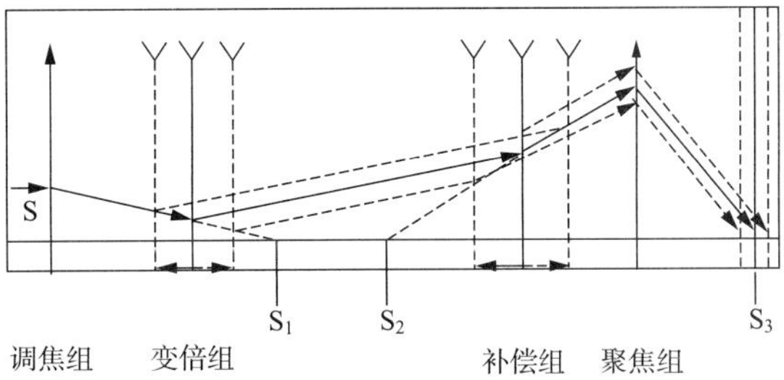

图 10–1　变焦镜头的光路图

变焦镜头在对画面色彩效果影响上与固定焦距镜头相比的主要差别是：由于拍摄位置的固定，不管通过变焦拍摄的远景、全景、中景、近景还是特写，景物的反射光经过大气介质的路程及被散射的程度是一样的，因而只是画面色彩组合不同，物体的色彩特征不受影响。

（二）曝光控制

对曝光控制的效果，可用曝光量与密度的关系及感光特性曲线来表示。我们把曝光量和密度一一对应的关系画在一张对数坐标纸上，便可得出一条感光特性曲线（通过对胶片进行感光测定）。它由趾部、直线部分和肩部组成（见图 10–2）。其中，直线部分的密度值是随着曝光量的增加按正比关系增加的，因而层次分明，使景物色彩在画面上得到正常还原，如绿色（100/0–100）。而趾部和肩部，当曝光量增加很多时，密度却增加很少，使层次受到压缩；当曝光不足时，景物的暗部落到特性曲线的趾部，由于层次受到压缩，不能很好地表现景物暗部的质感，在景物的色彩中加入了黑色成分，如深绿（100/50–100），影响色彩的纯度（饱和度）；当曝光过度时，景物的亮部落到特性曲线的肩部，也由于层次受到压缩，不能很好地表现景物亮部的质感，在景物的色彩中加入了白色成分，如浅绿（50/0–50），也影响色彩的纯度。因此，在拍摄时应力求曝光准确，使景物的主要部分落到特性曲线的直线部分，正常再现景物的色彩。

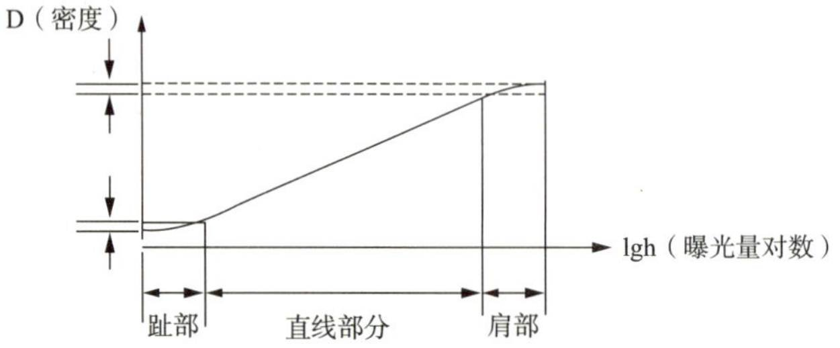

图 10–2　感光特性曲线

（三）合理地运用空间

拍摄竖向空间画面时，视平线（和人的眼睛或者说摄影镜头在同一高度的一条水平线）要低，仰角拍摄，在大面积对比色彩的烘托下，使主体显得突出、雄伟和高大（见图 10–3）。

拍摄横向空间画面时，视平线要高，俯角拍摄，在大面积的基调鲜明的色彩渲染下，给人一种辽阔、宽广和景物众多的感觉（见图 10–4）。

拍摄纵深空间画面（竖向或横向）时，视平线的高度要适中，画面上既有前景、中景又有远景，通过线条透视和色彩透视（从色彩明度来看，给人一种近浓远淡的感觉），表现出纵深感和空间感（见图 10–5）。

图 10–3　竖向空间画面

图 10-4　横向空间画面

图 10-5　纵深空间画面

二、色光照明

在电视节目制作中，除了应用具有一定色温的光源外，为了产生某种艺术效果，在一定的节目和场面中，还可以通过色光照明来改变景物的色彩。这种方法之所以行之有效，是因为它虽然在某些方面超越了现实，但符合生活逻辑，与剧情相吻合，能引起观众心理上的共鸣，并且体现了色彩多变的自然规律，使观众感到效果逼真、处理得当。比如：通过色光照明形成的某些带有蓝、绿色调的惊险场面在现实生活中是很难见到的，但也正是由于在色彩与物象的结合上脱离现实，才使观众屏气凝神，产生阴森的感觉和紧张的情绪；用色光照明来为寒门、静夜补加适当的蓝光，为喜日、佳节增添一些暖调，对于这种符合现实的意境、气氛的渲染，是仅用某种固定色温的正常光源照明难以做到的。

（一）色光照明的方式

电视照明中用的色光是通过一定比例的蓝、绿、红三原色光混合形成的，根据采用方式的不同，分为加色混合和减色混合。加色混合是使具有一定照度的蓝、绿、红三种灯光在被照景物上混合，其效果符合色光混合的规律（见图 10-6）。减色混合是用灯光纸调节白色灯光中蓝、绿、红三原色光的比例，使形成的色光直接照射景物（见图 10-7）。这两种色光照明相比，仅仅是混合方式及应用场合不同，从对景物色彩的影响来看，效果是一样的。

在色光照明下的物体同在白光照射下相比，是否改变颜色，是由照明光源的光谱成分（含蓝、绿、红三原色光的比例）及这个物体的吸收特性决定的。如果照明色光中含有这个物体所能反射的原色光及其光量，则与在白光照射下的颜色相同；如果照明色光中的三原色光种类和光量不能使被它照射的物体充分发挥它的反射特性，就会改变在白光照射下的颜色。了解照明光源的组成与被照物体色

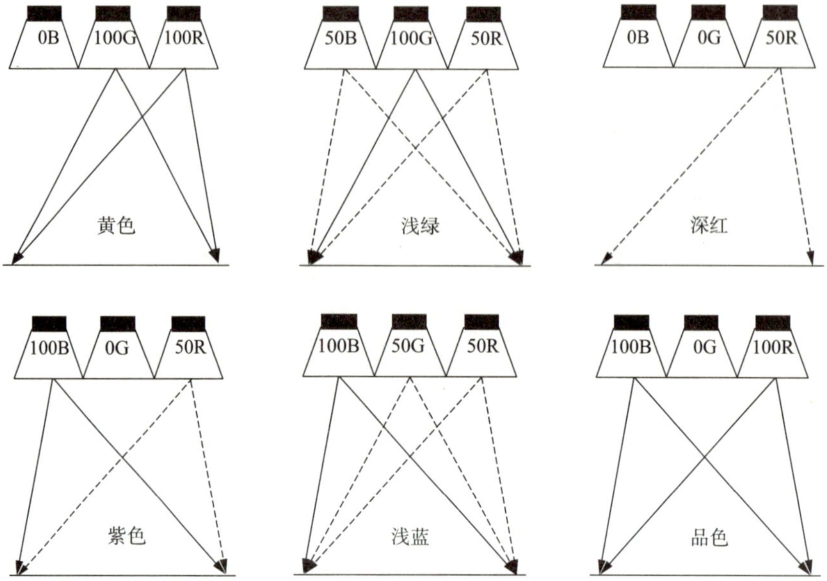

图 10-6　加色混合照明示意

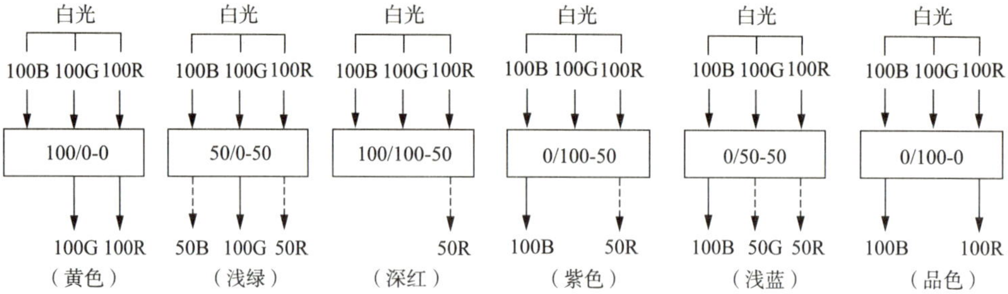

图 10-7　减色混合照明示意图

彩显现的关系，对于色光照明设计是非常重要的。因为每当变换一种照明色光时，都会影响整个场面的色调、色彩间的组合关系及某些色彩的特征。对这些导致画面色彩构图变化的因素，若不通盘考虑，做到胸中有数，就可能顾此失彼，造成设计的返工或失败。

在白光下显现某种色彩的物体在不同色光的照射下，既会显现与白光下不同的色彩，也会显现与白光下相同的色彩。比如：一个浅黄色物体在绿光下为绿色，在蓝光下为深蓝；一个白光下的红色物体分别在浅品色和浅黄色光照射下，与在白光下显现的色彩相同（均为红色）。在白光下本来色彩不同的物体，在某种色光照射下，也会显现出相同的色彩。比如：在白光下分别显现黄色和青色的两个物体，在绿光照射下均显现绿色。从一般的规律来看，具有一定明度的消色物体在由等量的原色光组成的色光照射下，显现出与光源同调的色彩；由两种原色光以各种比例混合形成的物体色彩，当被含有足量相应原色光的色光照明时，不改变原来在白光照射下显现的色彩；当被照物体的色彩与照明色光为互补色调时，显现出黑色或灰色；在色光照射下显现的色彩同在白光下相比有变化的一般物体，会由于吸收特性及照明色光的不同，显现出相应的色彩。

（二）色光照明效果的判断

在色光照明中涉及的光源与物体吸收特性的关系及色彩的显现，可以通过标志色彩的染料三基色数式的加合来判断。比如：要把一个中灰色的桌子变成深黄色，那么应在白色照明灯前加上什么颜色的灯光纸呢？通过标志深黄色（100/50-50）和中灰色（50/50-50）的染料三基色数式的比较〔（100/50-50）-（50/50-50）→（50/0-0）〕，可以看出，深黄色与中灰色相比，缺少的黄染料为50，需要在白色照明灯前加一浅黄色（50/0-0）灯光纸来弥补（见图10-8）。这样做之所以有道理，是因为它体现了在物体色彩显现的过程中，光路上有关物体对照射白光的综合吸收。

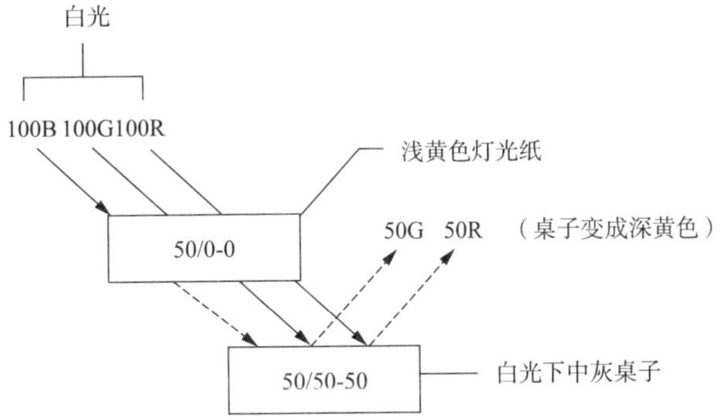

图10-8 色光照明使景物色彩发生变化

在色光照明中，我们还可以根据光源、物体与色彩的关系，分析、判断场景的色彩效果。比如，图10-9中的舞台布景，当用白光照射时，树叶为浅绿色（50/0-50），屋顶为红色（100/100-0），天空为浅品色（0/50-0），墙壁为浅红色（50/50-0），门窗为白色（0/0-0），院地为橙色（100/50-0），树干为深红色（100/100-50），画面呈现暖色的基调。从色彩关系及色彩构图来看，虽然浅绿色的树叶与其他暖调色彩对比鲜明，但是，暖调色彩之间的对比柔弱，作为画面结构中心的房子显得并不突出。如果在白色照明灯前加上浅青色（0/0-50）灯光纸，则树叶变成了翠色（50/0-100），屋顶变成了深红色（100/100-50），天空变成了浅蓝色（0/50-50），墙壁变成了中灰色（50/50-50），门窗变成了浅青色（0/0-50），院地变成了深黄色（100/50-50），树干变成了黑色（100/100-100）。布景中的色彩特征、色彩关系及色彩构图的变化，不仅使画面的色彩基调由暖变冷，也突出了画面的结构中心。

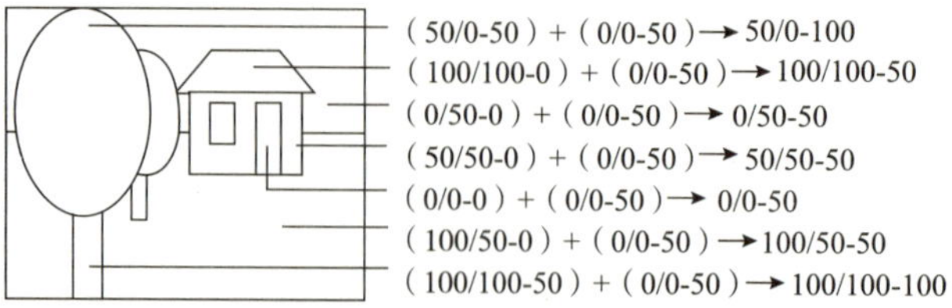

图 10-9　色光照明对画面色彩效果的影响

当用在三个白灯前分别加上蓝、绿、红灯光纸的加色混合照明方法照射天幕、场景或人物的时候，也可以采用标志灯光纸的染料三基色数式的加合进行分析。比如：舞台上有一位身穿橙色服装、头顶浅青色瓷坛的杂技演员，用什么色光照明才能使瓷坛变成浅蓝色，而服装又会变成什么颜色呢？通过标志浅蓝与浅青的两个染料三基色数式的比较可以看出，需要的混合光的颜色为：（0/50–50）–（0/0–50）→0/50–0（浅品色）。因浅品色中含有的三原色光为100B+50G+100R，要用分别加上染料三基色数式为0/100–100、100/50–100和100/100–0的灯光纸的三个白灯同时照射舞台上的杂技演员，便可使浅青色瓷坛变成浅蓝色（见图10–10）。

这种加色混合照明的方法要用染料三基色数式进行加合计算：瓷坛的色彩为（0/100–100）+（100/50–100）+（100/100–0）–（200/200–200）+（0/0–50）→0/50–50（浅蓝色）；服装的色彩为（0/100–100）+（100/50–100）+（100/100–

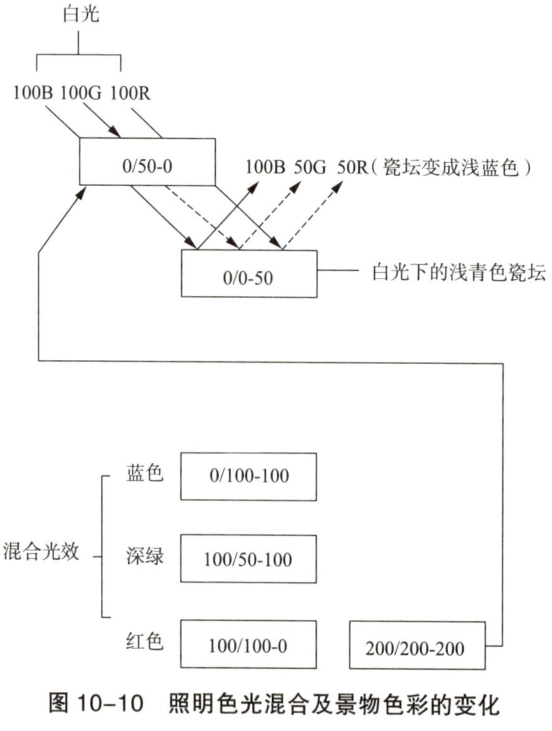

图 10-10　照明色光混合及景物色彩的变化

0）-（200/200-200）+（100/50-0）→100/100-0（红色）。算式中减去“200/200-200”，是因为单纯的色光混合不会形成黑色成分，它的出现，是由于这种表达方式带来的，应该从算式中减去。比如，当蓝（0/100-100）、绿（100/0-100）、红（100/100-0）三原色光进行等量混合并照射白色天幕时，标志色彩的染料三基色数式加合后形成的黑色成分（200/200-200）应该从算式中减去，即（0/100-100）+（100/0-100）+（100/100-0）-（200/200-200）+（0/0-0）→0/0-0（白色）。

三、影像色调调节

通过某种方式记录一定光源下景物的时候，可在景物的反射光进入镜头之前先通过具有一定吸收特性的滤色境，改变景物影像的色彩，产生某种艺术效果。它同减色混合的色光照明相比，只是形式不同，从改变景物影像色彩的效果来看，作用是一样的。通过色光照明来改变白光下景物影像的色彩，是将灯光纸置于白光和被照景物之间，在照明光源的光线照射到景物表面之前先行滤减；通过影像色调调节来改变白光下景物影像的色彩，是将滤色镜置于被摄景物和镜头之间。如果用这两种方法改变同一景物影像的色彩，并且使用的灯光纸和滤色镜的吸收特性相同，那么景物影像色彩的效果是一样的。如果说还有差别的话，影像色调调节使用的滤色镜的质量会影响景物影像的清晰度。

凡是通过对表现景物的色光（物体的发射光、反射光或透射光）进行滤减来改变景物影像色彩的方法，均属影像色调调节。因为不管是哪种制作节目的方法，都能把经过色调调节并由镜头结成的影像记录下来。所以，影像色调调节具有广泛的应用范围。比如：为了使景物色彩正常再现对光源色温的调节；为了烘托剧情、渲染气氛来突出画面的色彩基调；为了塑造形象来调节景物影像色彩的反差，等等。

（一）调节光源的色温

利用影像色调调节的方法对光源色温的调节，实际上，不是调节照明光源的光谱成分，而是通过具有一定吸收特性的滤色镜，直接调节被摄景物影像的色彩，间接地起到校正光源色温的作用。

对光源的色温即光源的光谱成分的变化反应最敏感的是白色物体，因为只有在白光照射下才能显出它的本色。当由于光源色温的降低或升高使其光谱成分偏离白光的时候，被照射的白色物体也凭借它的全反射特性，显现出与光源相同的颜色，对光源的特性做出客观的检验。比如：正午日光的色温约为 5 500K，光谱成分中的蓝、绿、红光大约各占 33%、34%、33%，这种三原色光近于等量的白光照射白色物体的时候，能充分发挥这个物体的反射特性，显现出正常的色彩（0/0–0）；当光源光谱成分中的蓝、绿、红光大约各占 21%、34%、45% 的时候，色温就会降低，被它照射的白色物体也同光源一样地显现出浅橙色（50/25–0），产生偏色现象；要在这种光源下使被摄的白色物体影像色彩正常，需在镜头前加上浅天色（0/25–50）校色温滤色镜，并对因加滤色镜减少的光量进行补偿（见图 10–11）。

随着白色物体影像偏色的校正，这一光源下景物影像的其他色彩也得到正常再现。比如：一个在浅橙光（50/25–0）照射下的浅青色（0/0–50）物体，由于同白光照射下相比，光源中红光比例减小，使影像的色彩变成灰绿色（50/25–50）；这个景物影像的偏色也可以通过镜头前的浅天色滤色镜校正过来（见图 10–12）。

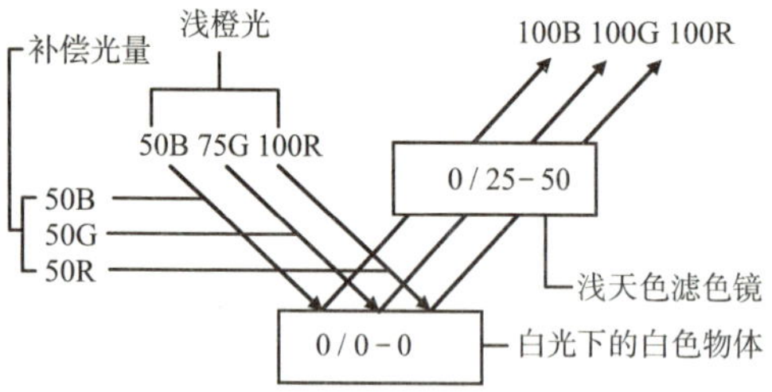

图 10–11　白色物体影像偏色的校正

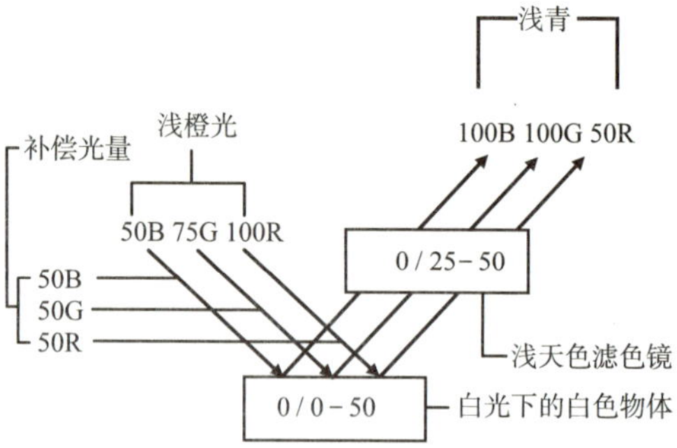

图 10–12　浅青色物体影像偏色的校正

（二）调节画面的色彩基调

为了产生某种艺术效果加用的具有一定吸收特性的滤色镜，与校色温滤色镜相比没有本质差别，只是吸收特性及使用的目的不同。在画面色彩基调的调节上，通过对景物影像色彩特征的调整，使画面的色彩带有某种倾向，形成与内容相切合的气氛。当在镜头前加上一个微带蓝调的滤色镜时，就如同隔着这个滤色镜去看景物一样，使画面敷上一层清冷的色彩。这种色调若与具有哀愁、凄苦情节的画面相结合，就会增强环境的气氛，烘托人物的情绪；如果换上一个浅淡的橙红滤色镜，又会给画面涂上一层暖调，增强欢快、喜庆场面的气氛。

在利用影像色调调节的方法突出画面色彩基调的时候，不仅仅是使画面倾向于某种色调，而且要根据组成画面色彩特征的不同，使它们保持原貌或有所改观，由此改变画面色彩的组合关系，通过和谐与对比的恰当结合，突出画面的色彩基调。比如：为了向电视观众介绍一种性能良好的新型收割机而拍摄夏收景象时，可在镜头前加上浅黄滤色镜，使大面积的浅黄色小麦的影像变成金黄色，以突出基调，表现丰收；天空由天色变成了深青色，由于亮度的降低且与大面积黄色小麦的对比，使画面的色彩基调更加鲜明；红色收割机的影像色彩不变，在黄色小麦的烘托下，不仅形象突出，也使画面增加了温暖、热烈的气氛，有助于画面色彩基调的表现。

（三）调节画面的色彩反差与色彩关系

影像色调调节的方法还可以用来增强景物影像色彩的反差，调节画面色彩的对比关系。当欲使景物的影像变成设想的色彩而选用滤色镜时，标志景物影像色彩的染料三基色数式与标志景物色彩的染料三基色数式相减；判断加用滤色镜之后，景物影像色彩会发生什么变化时，标志景物色彩的染料三基色数式与标志滤色镜的染料三基色数式相加。比如：拍摄的景物是在草色的叶子烘托下的未成熟的黄色橘子。从景物的色彩来看，作为画面主体的黄色橘子，不仅色彩不够典型和鲜明，也不能渲染秋天那种温暖、热烈的气氛。从标志草色和黄色的染料三基色数式可以看出，其中的品染料均为零，全部反射光源中的绿光，因此，对比效果不够明显，使作为环境色彩的草色叶子不能充分发挥烘托主体的作用。要想把黄色的橘子变成橙色，渲染金秋气氛，拍摄时应该在镜头前加上什么颜色的滤色镜呢？应该先将标志橙色和黄色的两个染料三基色数式相减，即：（100/50–0）–（100/0–0）→ 0/50–0，得出的新的数式标志的滤色镜就是应该选择的滤色镜（颜色是浅品色）。拍摄的画面色彩效果，可以通过数式的加合来判断，即：（100/0–0）+（0/50–0）→ 100/50–0（黄色橘子变成橙色）；（100/0–50）+（0/50–0）→ 100/50–50（草色的叶子变成深黄色）。加用浅品滤色镜拍摄的画面色彩效果，不仅增强了暖色的基调，也增加了景物影像色彩的反差，改善了画面的色彩关系，突出了主体的本色，展示了果园丰收的热烈景象（见图 10–13）。

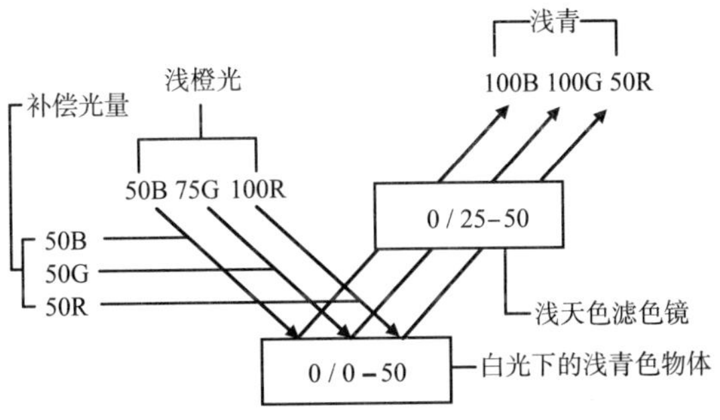

图 10–13　滤色镜对画面色彩关系的调节

影像色调调节的方法也应用在对消色影调的调节上，它通过具有一定吸收特性的滤色镜对来自被摄景物光线的滤减，改变消色画面上色彩的亮度对比，以调节影调，增强艺术效果。这种影像色调调节的方法被广泛地应用于黑白片摄影。摄影中使用的黑白底片的感光乳剂，虽然经过光学增感，对蓝、绿、红三原色光均有一定的敏感性，但对其中的蓝光仍然表现得相当敏感。黑白底片的这种感色性，使视觉上的景物和所记录的影像之间形成了明显的差距，因而，摄影者往往不能让看到的景物在黑白正片上客观地复现出来。如蓝天和白云这两种色彩的对比关系在彩色片上可以明显地表现出来，而在黑白片上形成的影像则由于感色性的影响，缩小了蓝天和白云之间的亮度差距，使两者的对比效果不够鲜明。若在摄影镜头前加一个浅黄滤色镜，其中的黄染料就将分别从蓝天和白云射入镜头中的一部分使感光乳剂敏感的蓝光滤掉，由此增大了蓝天和白云在底片上感光的差距，使两者在正片上的影像亮度反差鲜明（见图 10–14）；如果把浅黄滤色镜改为黄滤色镜，就会将蓝天和白云中的蓝光全部滤掉，使蓝天在底片上的感光仅有一部分绿光，而白云射向底片的光线则由全部的红光和绿光组成，从而使两者在正片上的影像亮度形成更大的反差（见图 10–15）。用滤色镜调节被摄景物的影调，也不外乎是提高或压低画面中某些色彩的亮度。当欲使画面中某些色彩的亮度提高时，应该用其色彩与相应被摄景物色彩同调或近调的滤色镜；当欲压低画面中某些色彩的亮度时，应该用其色彩与相应被摄景物色彩互补或对比的滤色镜。并且，要对因加滤色镜而减少的光量进行适当的补偿。

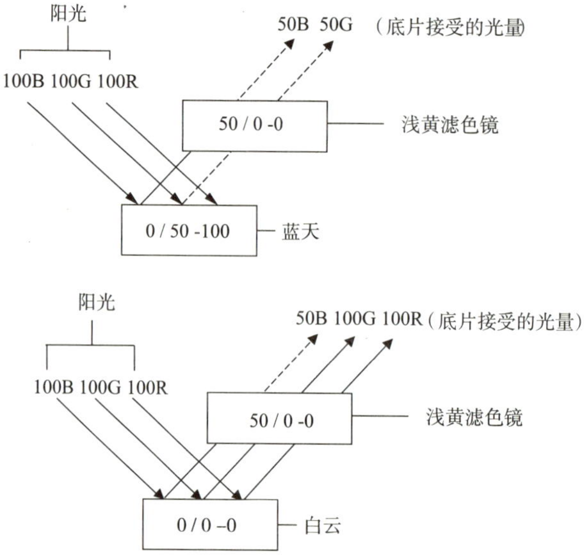

图 10–14 浅黄滤色镜对蓝天与白云影像亮度反差的调节

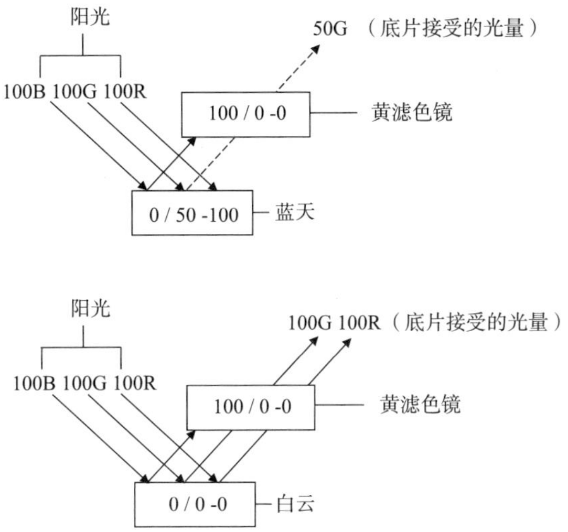

图 10-15 黄滤色镜对蓝天与白云影像亮度反差的调节

四、非正常记录条件的运用

由于照明光源的特性受到多种因素的影响，被它照射的景物色彩也随之发生变化。但是，由于人的眼睛对变化着的色彩有适应的特性，因此，人眼对景物色彩在一定范围内的变化往往不能察觉；即使是比较明显的变化，也会通过视觉适应过程减淡变化的痕迹。而银幕或屏幕上频频闪变的画面，从相关、对比的角度来看，与生活中看到的场面、景象是截然不同的；因为场面的转换、时间的压缩不可能给视觉留有适应的余地，尤其是一些在人们的心目中印象深刻的色彩的变化，更容易使观众察觉出它们与现实的差别。因此，在电视节目制作中，除了对某些场面做必要的色彩艺术效果处理外，均应竭力控制、调整记录条件，使景物色彩正常再现，客观地模拟景物的色彩。

要使景物的色彩正常再现，需要根据特定的记录条件来调整影响景物色彩的光源光谱特性或者调整记录条件，使其与光源的色温相适应。在影片摄制中使用的不同类型的彩色底片就是特定的记录条件。因为日光型彩色底片中的蓝、绿、红三层乳剂的感光度接近，所以，必须在含蓝、绿、红三原色光成分相近、色温约为 5400K 的日光下拍摄才能使景物的色彩正常再现。如因光源中的蓝光成分减少、红光成分增多使色温降低，就需加用青蓝色调的滤色镜，从景物的反射光中滤掉一部分红光，使色温升高，以适应记录条件。或者改用感蓝乳剂层感光度较高的灯光型彩色底片，使记录条件与光源的色温相适应。摄像机中配备的滤色片是以粗调的方式调整光源的色温，以适应记录条件，而白平衡调节则是以微调的方式改变记录条件，以适应调节后的光源特性。只有光源特性与记录条件的恰当调节与配合，才能再现景物的色彩。

如果光源的色温与记录条件不符合，又没有通过改变记录条件使其与光源的色温相适应，就不能正常再现景物的色彩。若把这种偏色现象与节目的一定画面结合起来，就会人为地造成与所摄景物不同的意境或气氛，形成有利于表现某种内容、产生某种艺术效果的制作手段。在影片制作中摄制人员就常常利用灯光型彩色底片感蓝乳剂层感光度高的特点，在白天不加校色温滤色镜拍摄外景，并适当地减少曝光量，使画面的色调灰暗、偏蓝，形成夜晚的景色。

在摄像中调节白平衡时，如果摄像机镜头所对的不是白色卡片，通过调整增益虽然也能把接收的非等量的三原色光转换为幅度相等的 B、G、R 三个基色信号传送出去，使卡片图像的色彩显现白色，但是，由于非白色的卡片与标准白色的差距不是由照明光源色温的高低造成的，因此，也就不能使这种光源下的白色物体正常再现，并且画面中失真的色彩都与白色偏向同一色调。这样形成的偏色现象若同一定的画面相结合，也能起到渲染气氛的作用。比如：调节白平衡时，将摄像机的镜头对着一个淡红色的卡片，通过调整增益，B、G 两个基色信号的幅度增加，使卡片图像的色彩显现白色。当以这种记录条件摄录这一光源下的景物时，就会由于 B、G 两个基色信号幅度的增加，使整个画面被敷上一层淡青色调，形成清冷的气氛。如果把调整白平衡的卡片换成淡青色的，又会通过调整增益，使 R 基色信号的幅度增加，给摄录的画面披上一层暖调。根据这个道理，调节白平衡时，若选用一定特征的色卡，便可以使摄录的画面带上相应的色调，造成相应的气氛。

这种调节画面色调的方法对组成画面的不同色彩引起的特征变化是有明显差别的，并因此影响画面的色彩关系。比如：当 R 基色信号的幅度增加时，会使白色中的三原色光比例失去平衡而显现淡红色；而青色则会由于红光的加入形成的白色成分而使颜色变浅；草绿色会由于红光的增多而倾向于黄色。

附录一 标准染料三基色系统的染料三基色数式

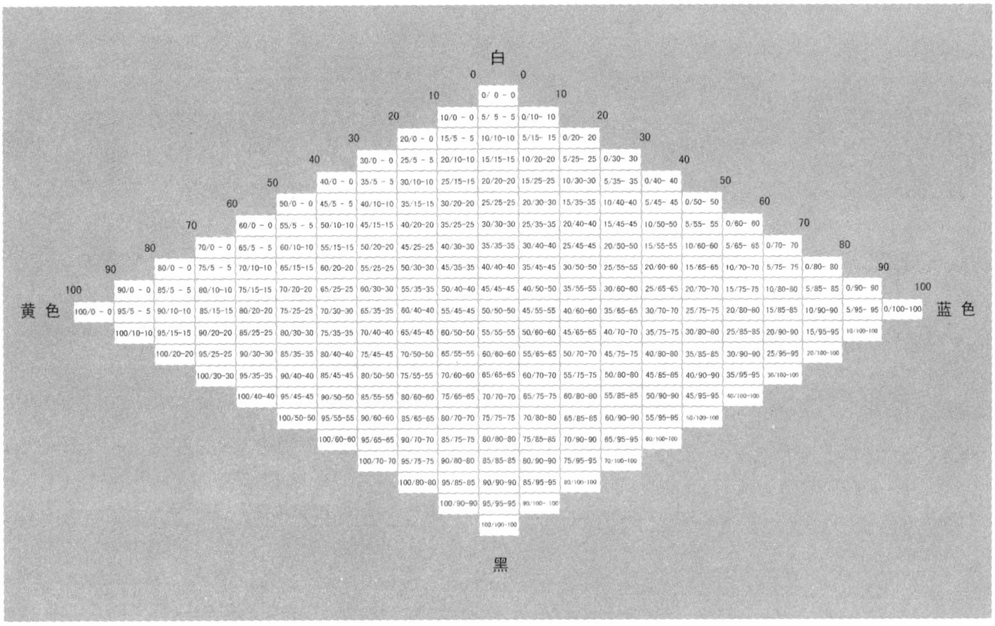

附图 1-1　60-10 分级 1 分页矩形色标的染料三基色数式

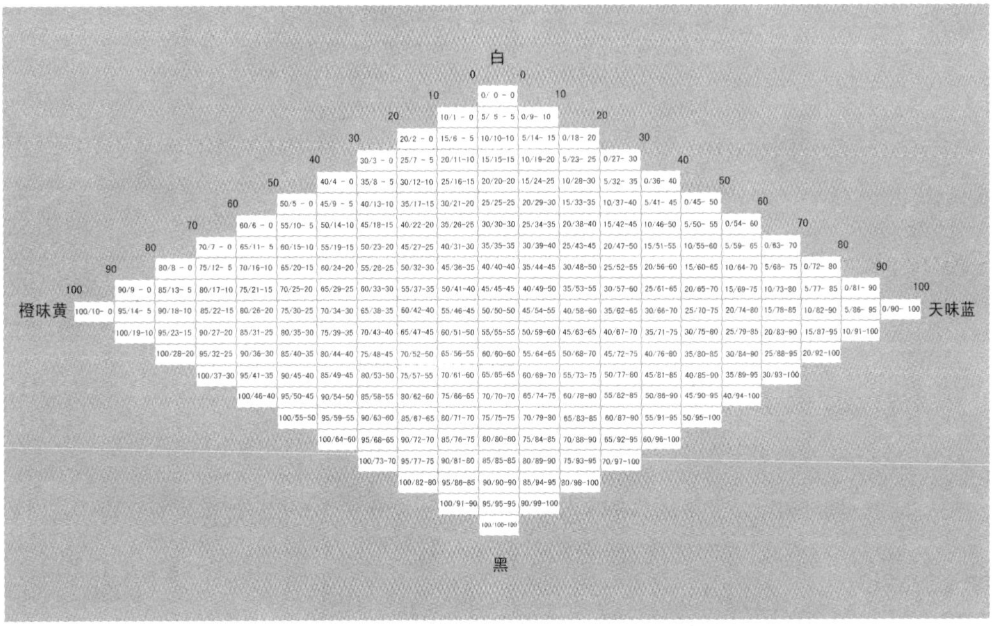

附图 1-2　60-10 分级 2 分页矩形色标的染料三基色数式

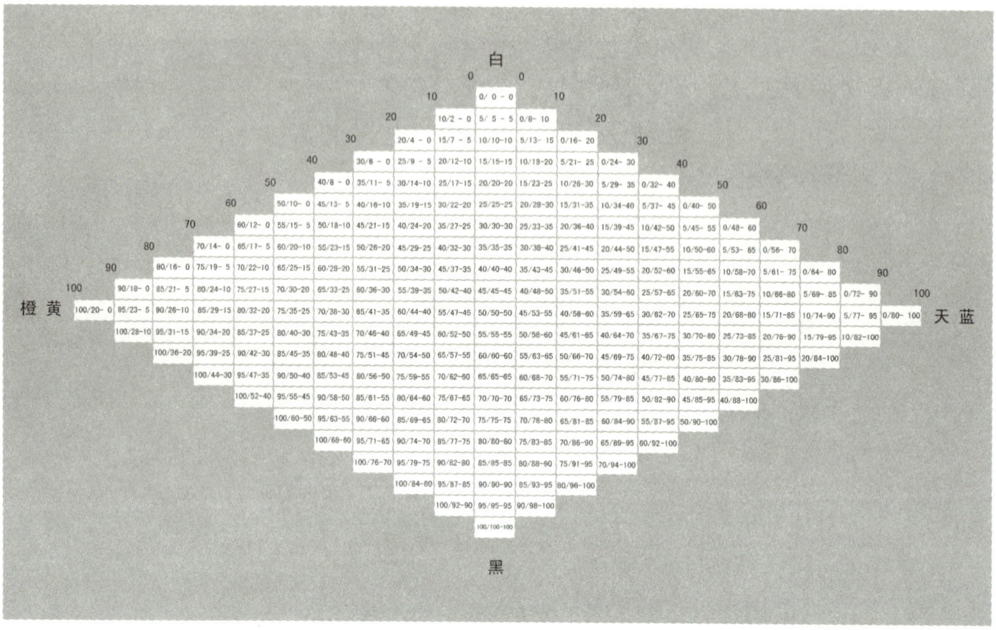

附图 1-3　60-10 分级 3 分页矩形色标的染料三基色数式

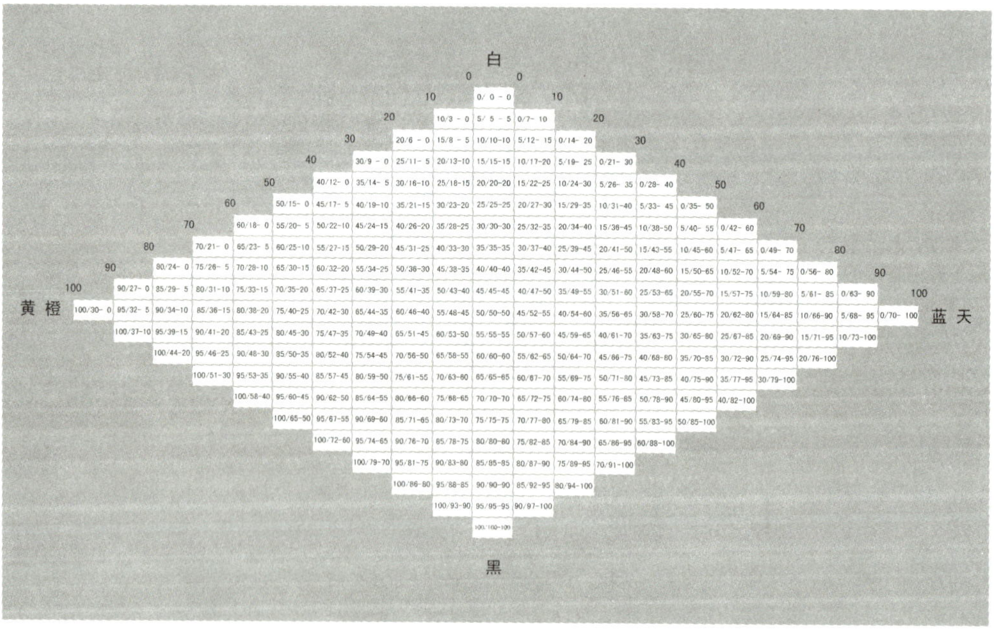

附图 1-4　60-10 分级 4 分页矩形色标的染料三基色数式

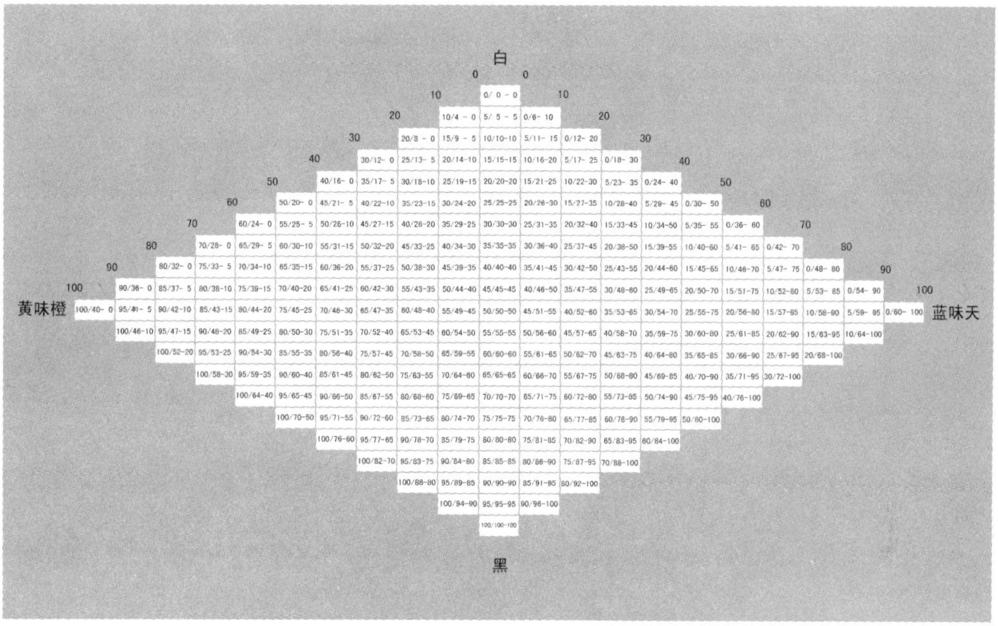

附图 1-5　60-10 分级 5 分页矩形色标的染料三基色数式

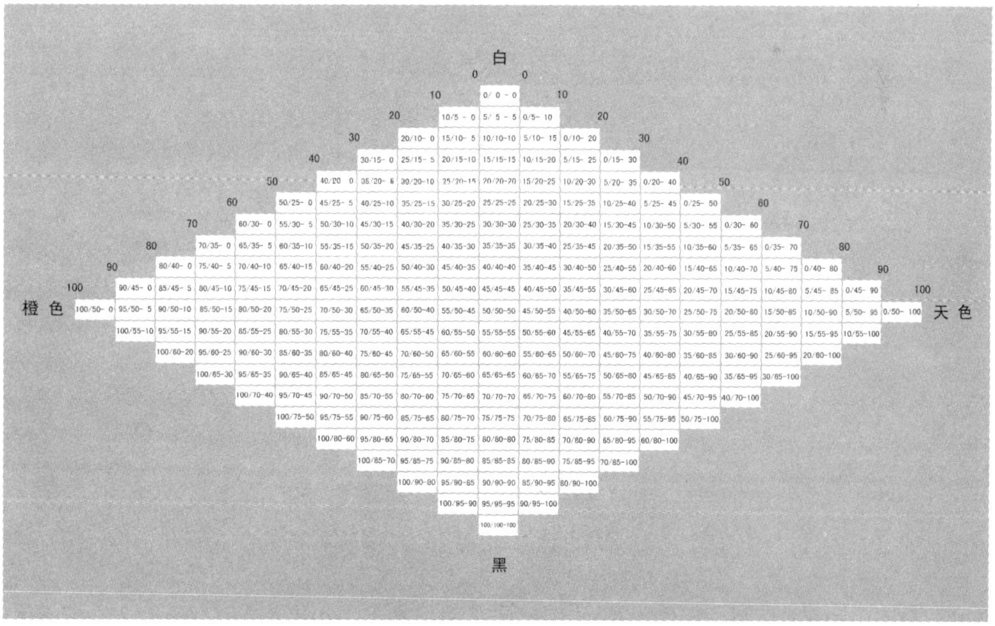

附图 1-6　60-10 分级 6 分页矩形色标的染料三基色数式

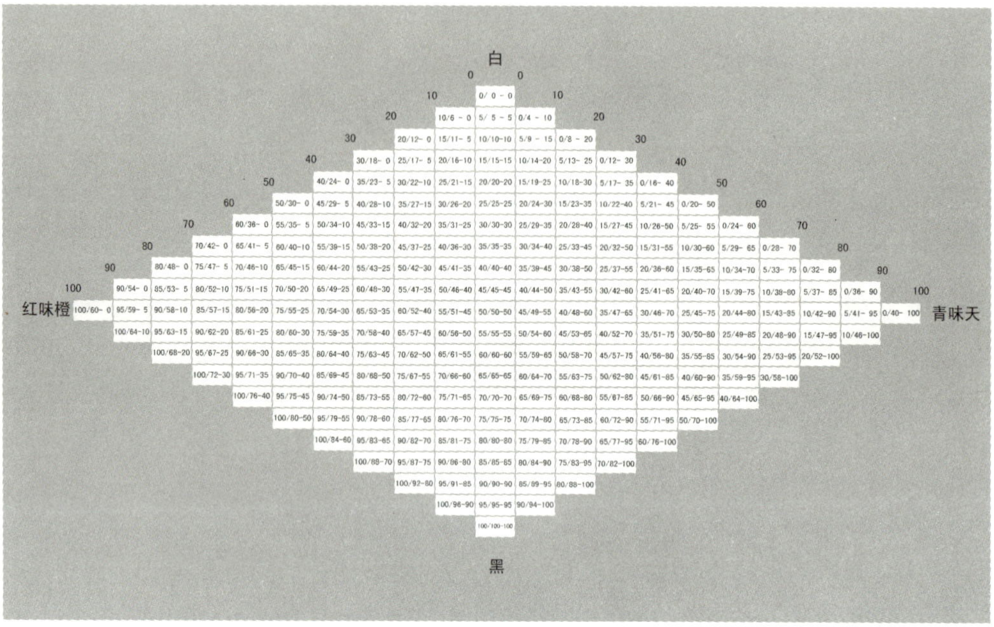

附图 1-7　60-10 分级 7 分页矩形色标的染料三基色数式

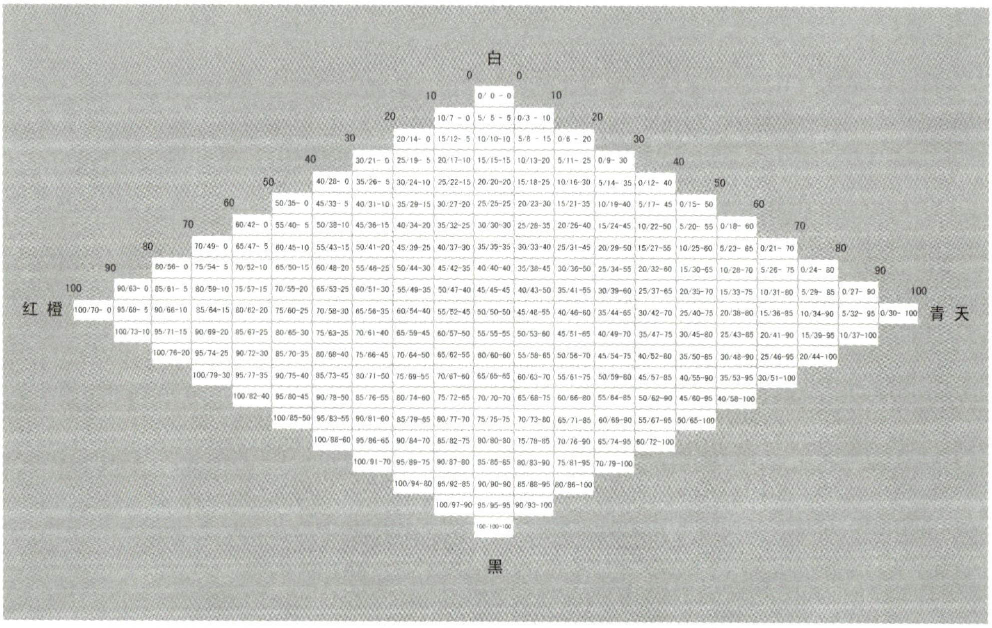

附图 1-8　60-10 分级 8 分页矩形色标的染料三基色数式

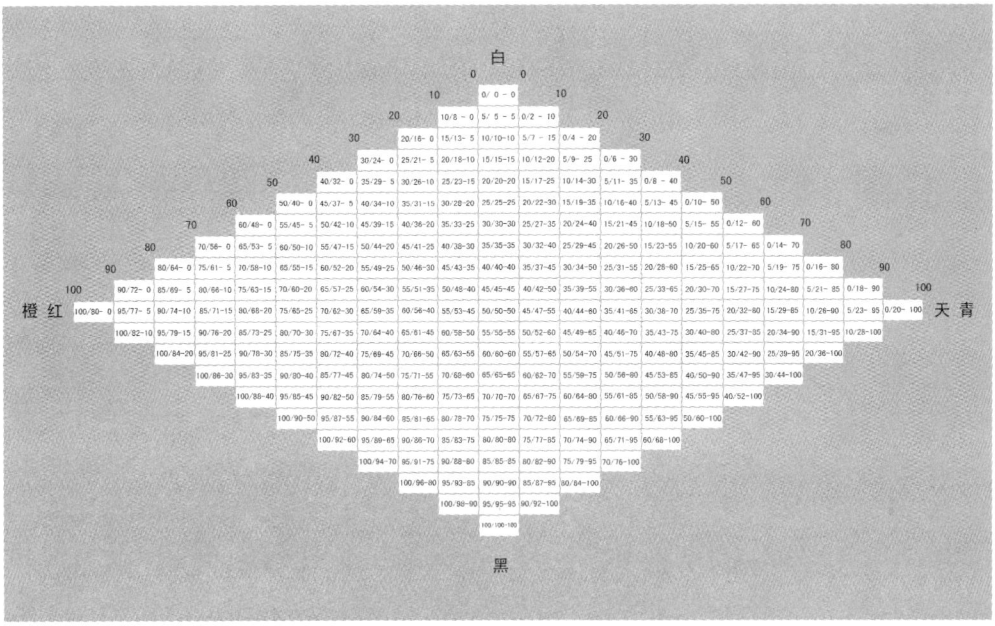

附图 1-9　60-10 分级 9 分页矩形色标的染料三基色数式

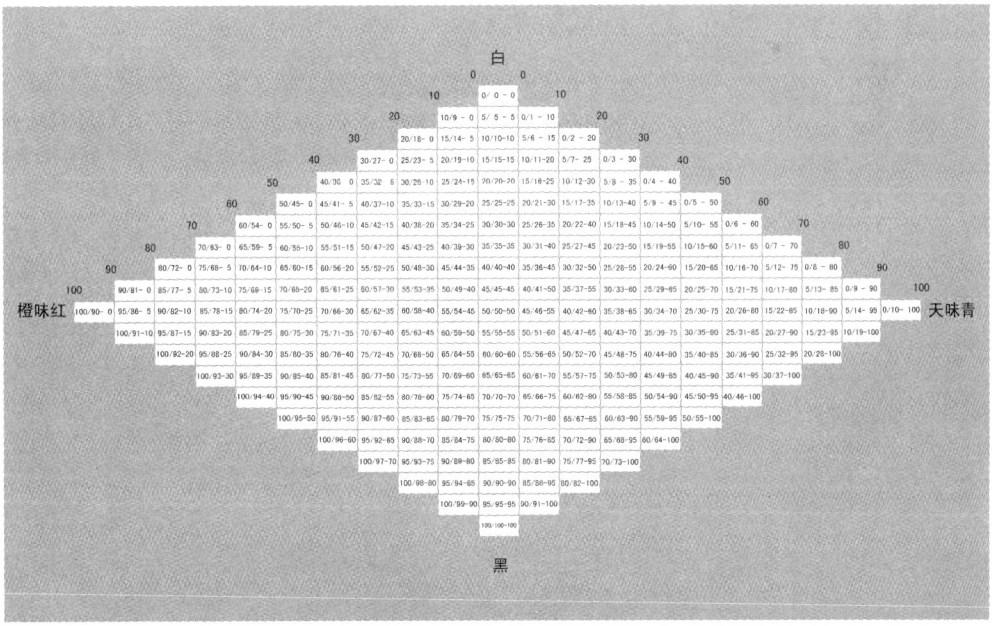

附图 1-10　60-10 分级 10 分页矩形色标的染料三基色数式

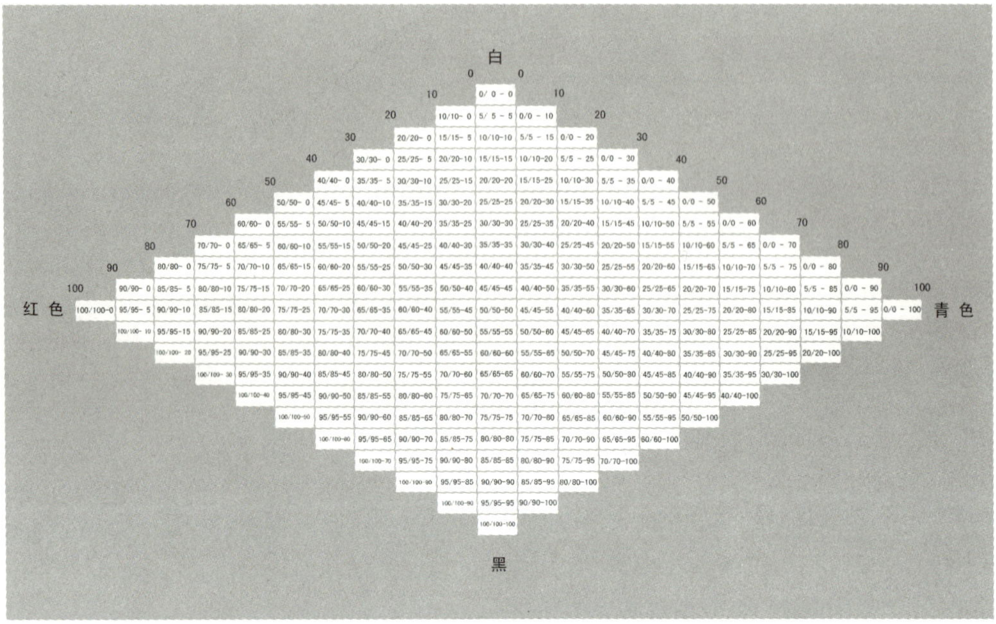

附图 1-11　60-10 分级 11 分页矩形色标的染料三基色数式

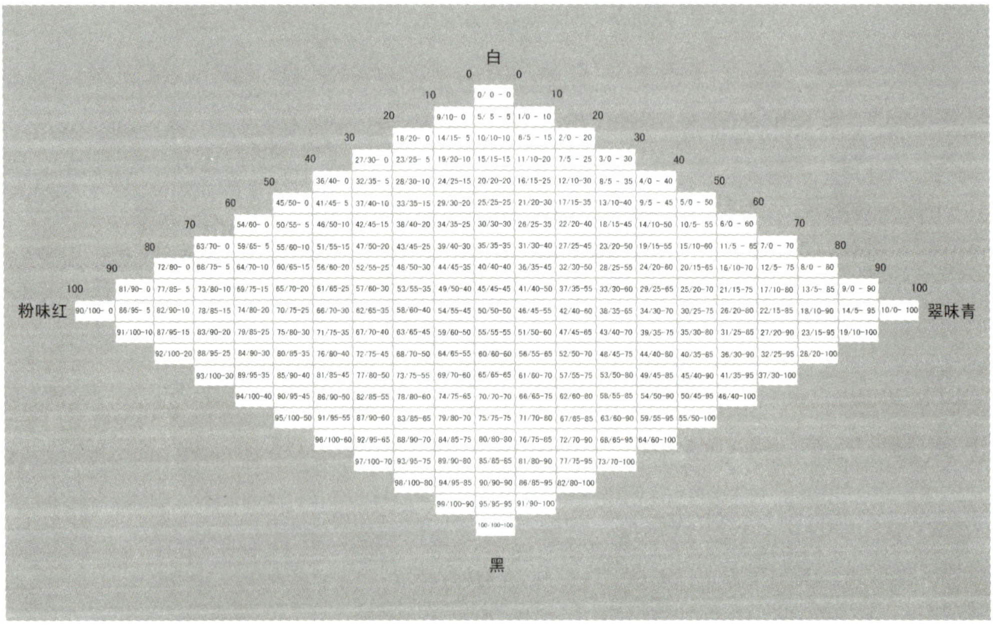

附图 1-12　60-10 分级 12 分页矩形色标的染料三基色数式

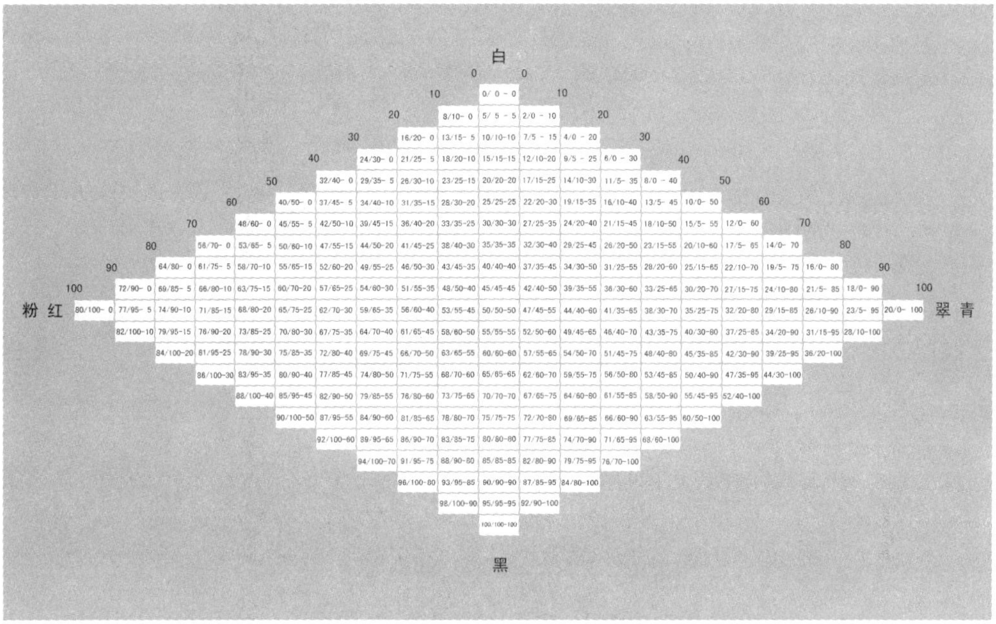

附图 1-13　60-10 分级 13 分页矩形色标的染料三基色数式

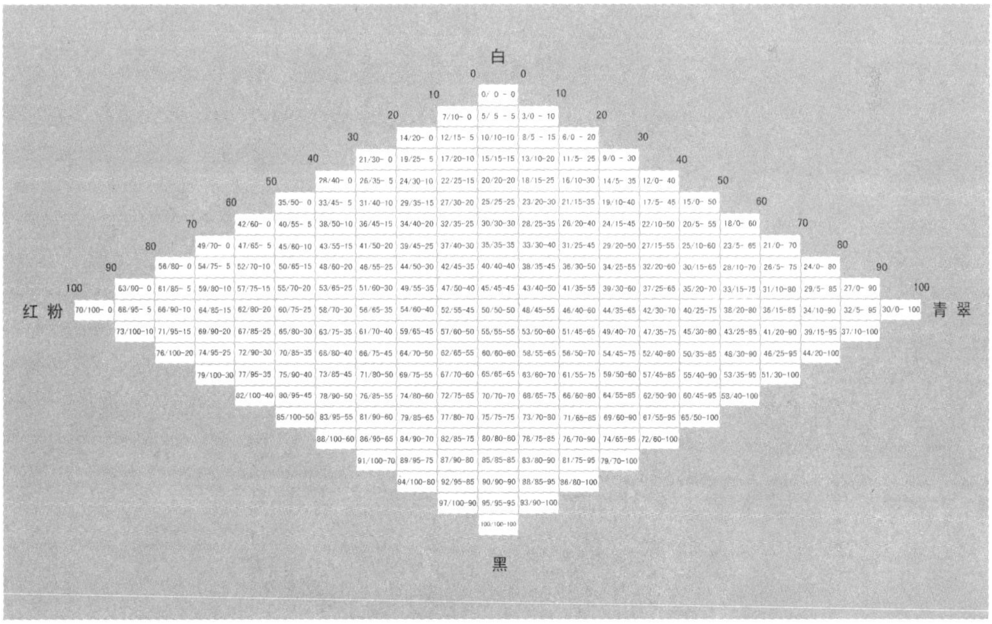

附图 1-14　60-10 分级 14 分页矩形色标的染料三基色数式

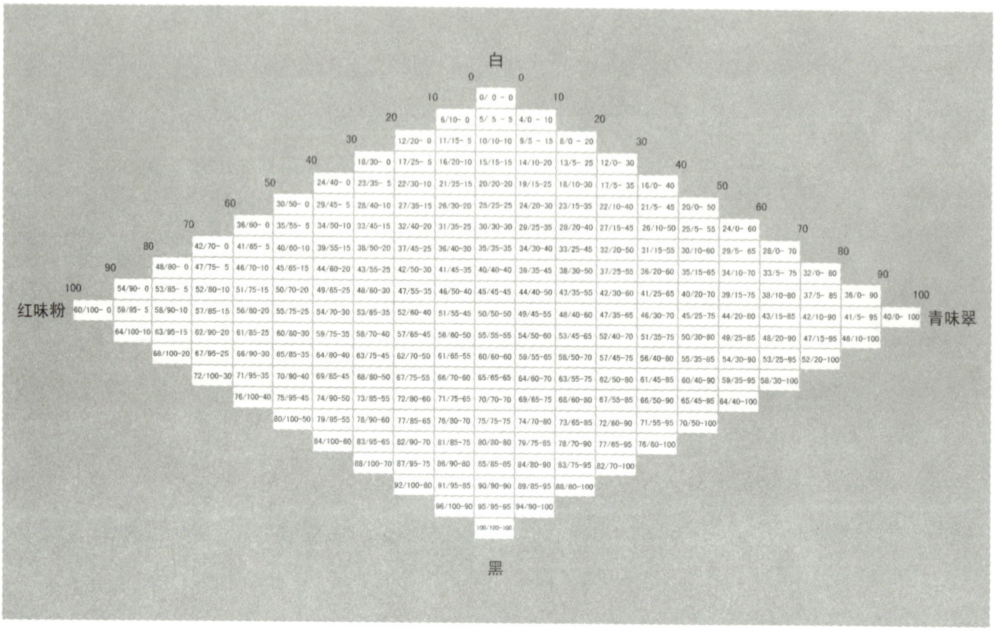

附图 1–15　60–10 分级 15 分页矩形色标的染料三基色数式

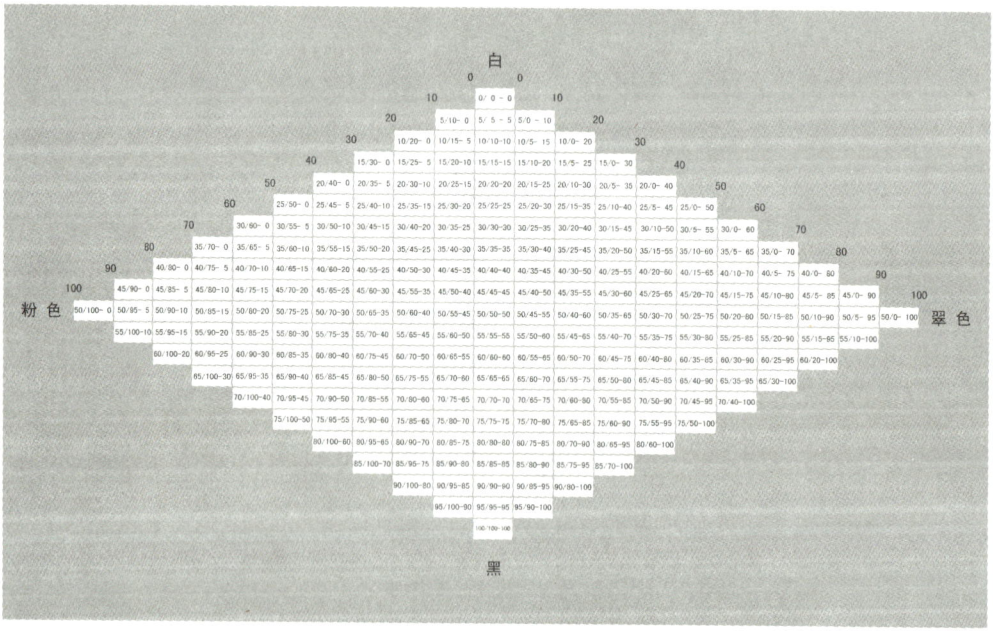

附图 1–16　60–10 分级 16 分页矩形色标的染料三基色数式

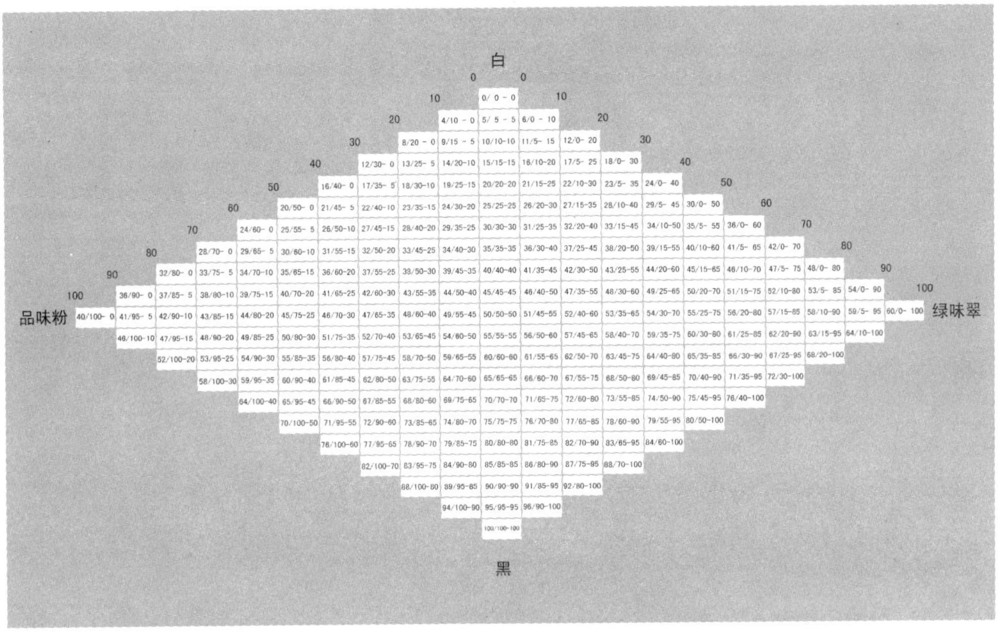

附图 1-17　60-10 分级 17 分页矩形色标的染料三基色数式

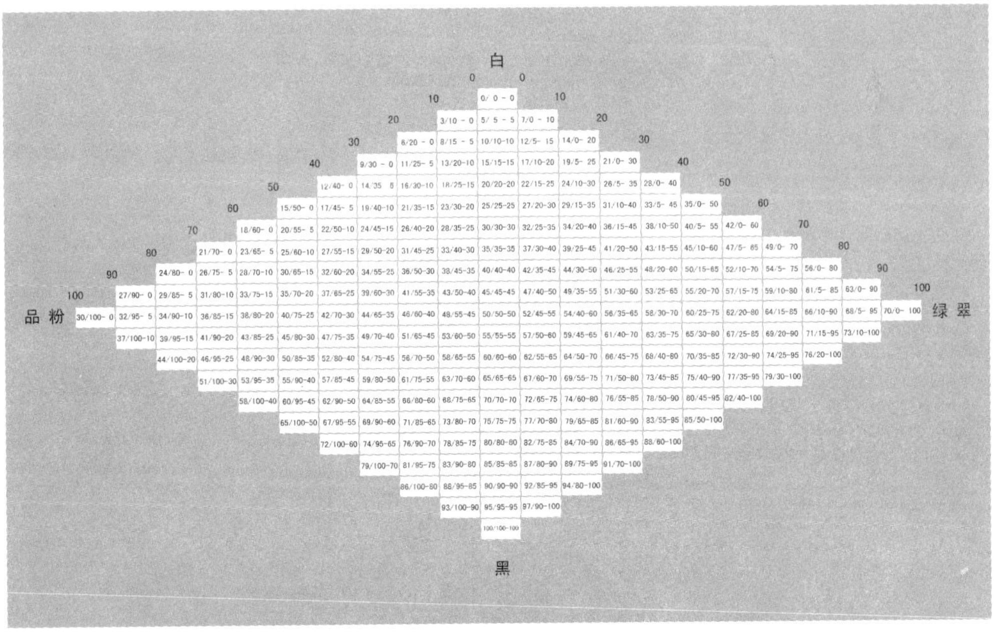

附图 1-18　60-10 分级 18 分页矩形色标的染料三基色数式

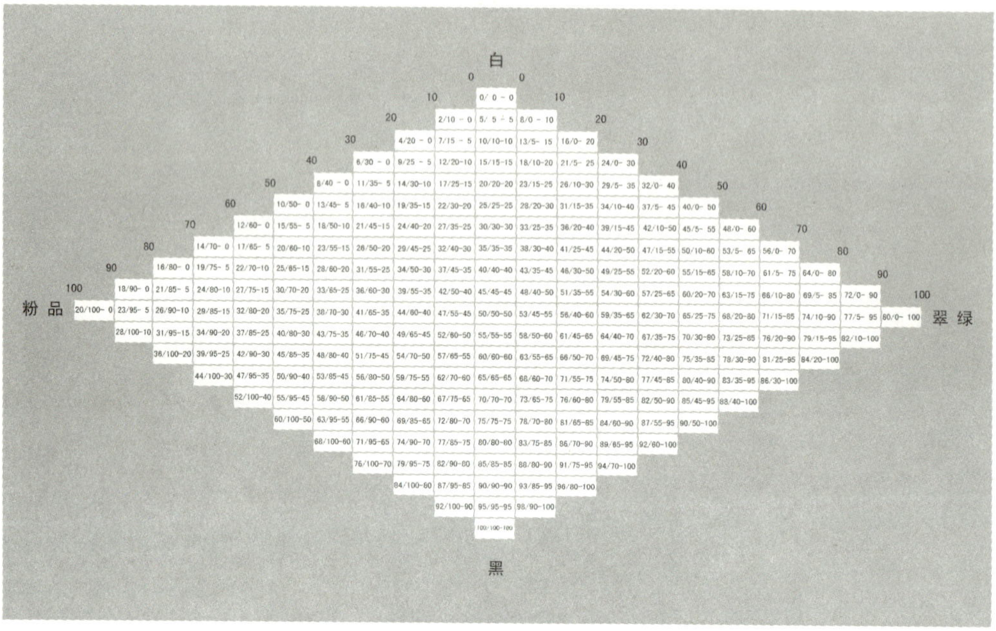

附图 1-19　60-10 分级 19 分页矩形色标的染料三基色数式

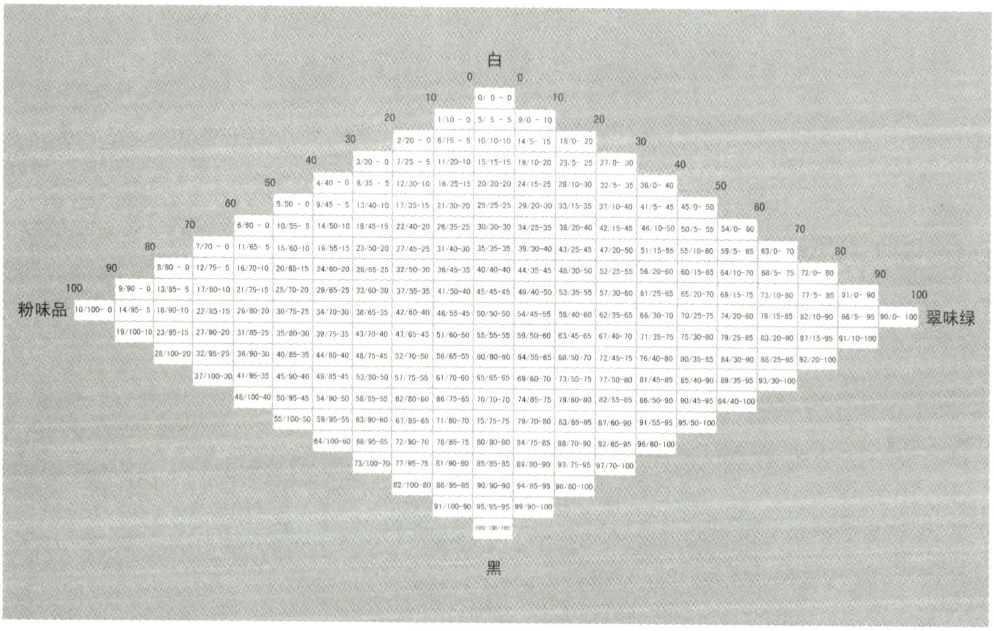

附图 1-20　60-10 分级 20 分页矩形色标的染料三基色数式

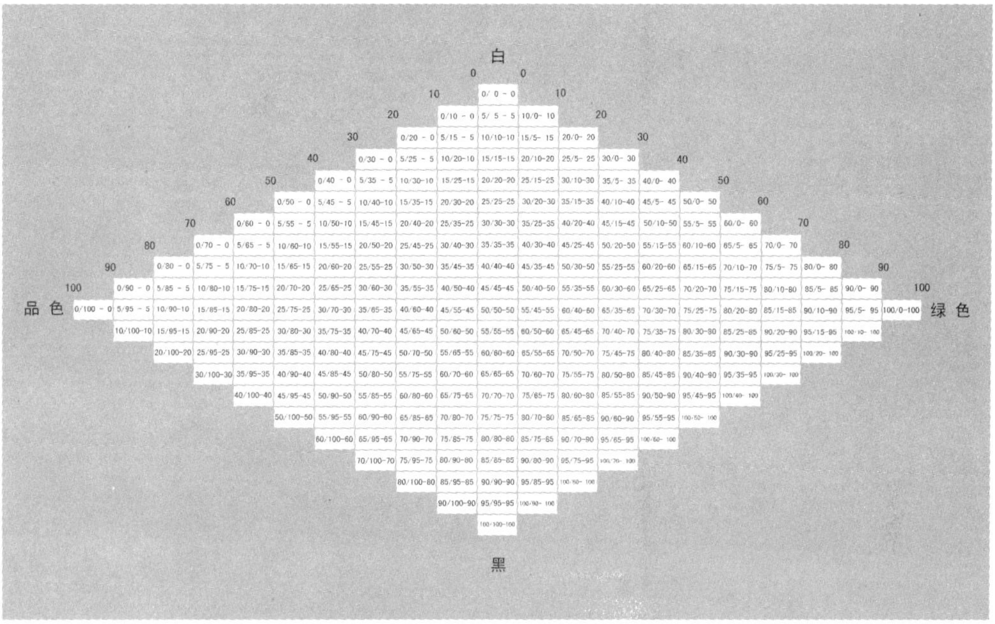

附图 1-21　60-10 分级 21 分页矩形色标的染料三基色数式

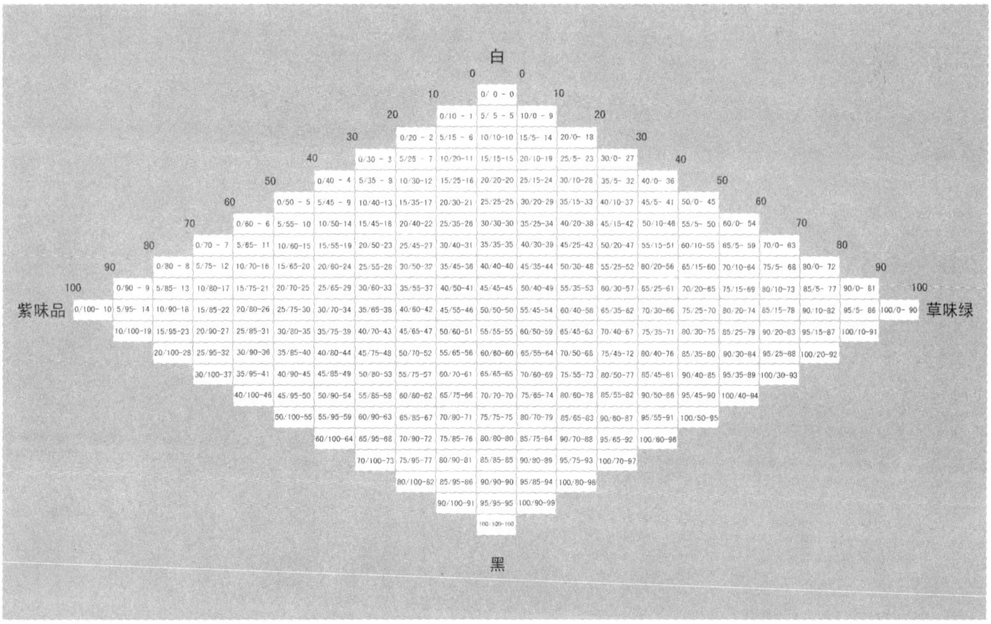

附图 1-22　60-10 分级 22 分页矩形色标的染料三基色数式

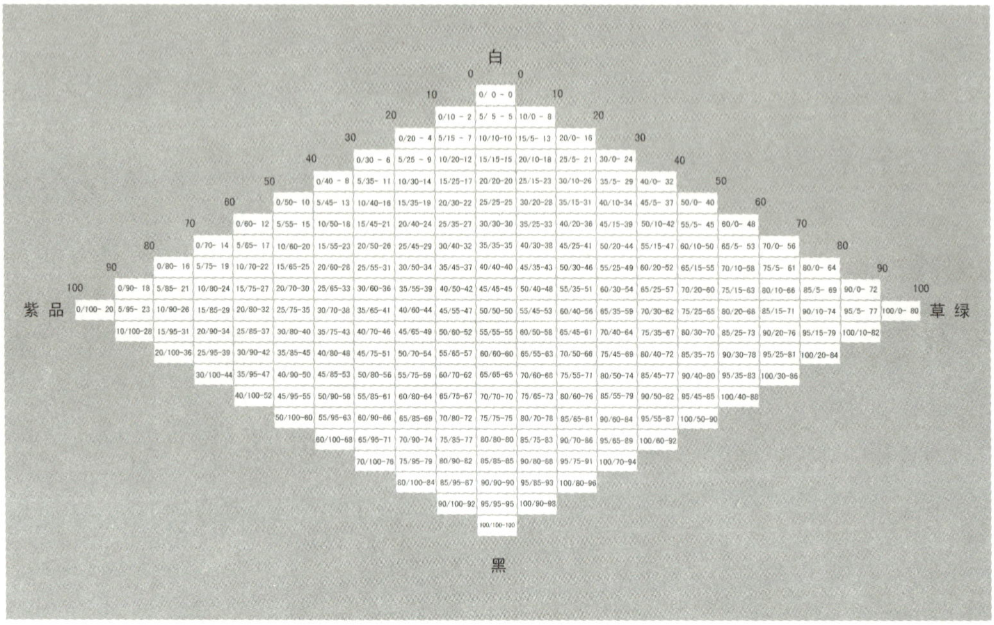

附图 1-23　60-10 分级 23 分页矩形色标的染料三基色数式

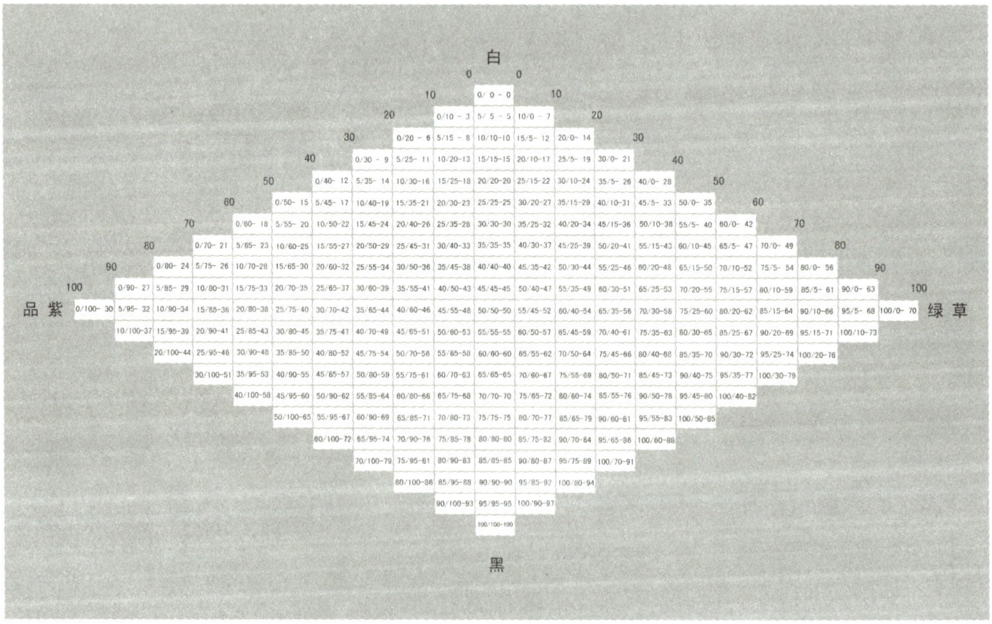

附图 1-24　60-10 分级 24 分页矩形色标的染料三基色数式

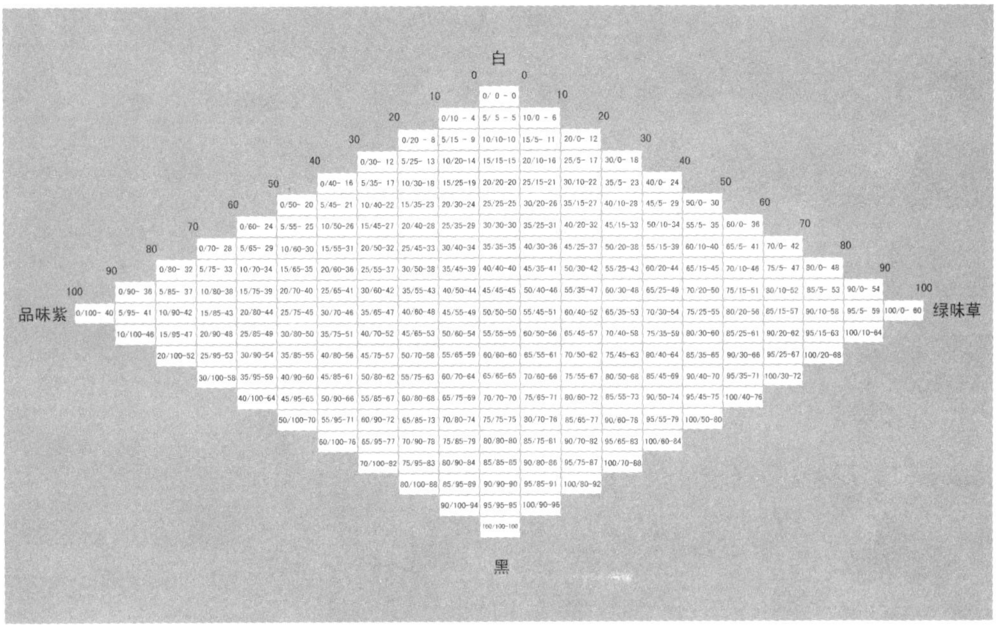

附图 1-25　60-10 分级 25 分页矩形色标的染料三基色数式

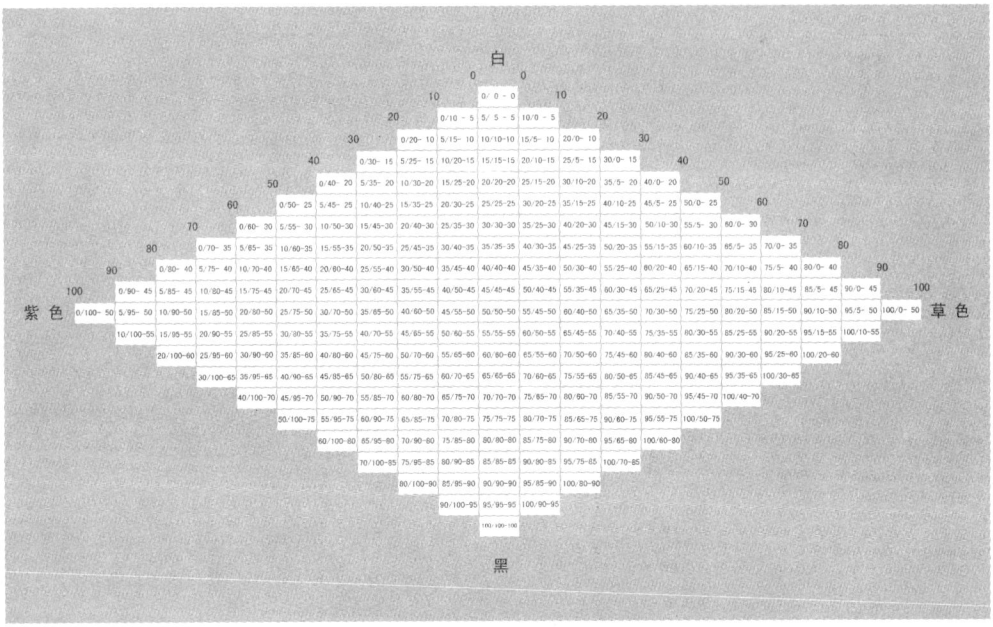

附图 1-26　60-10 分级 26 分页矩形色标的染料三基色数式

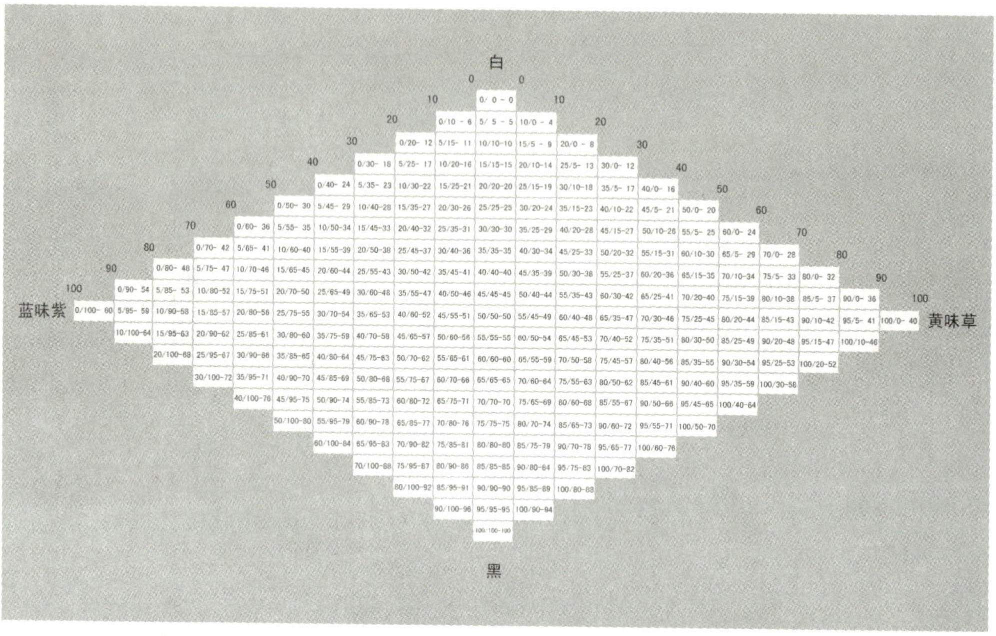

附图 1–27　60–10 分级 27 分页矩形色标的染料三基色数式

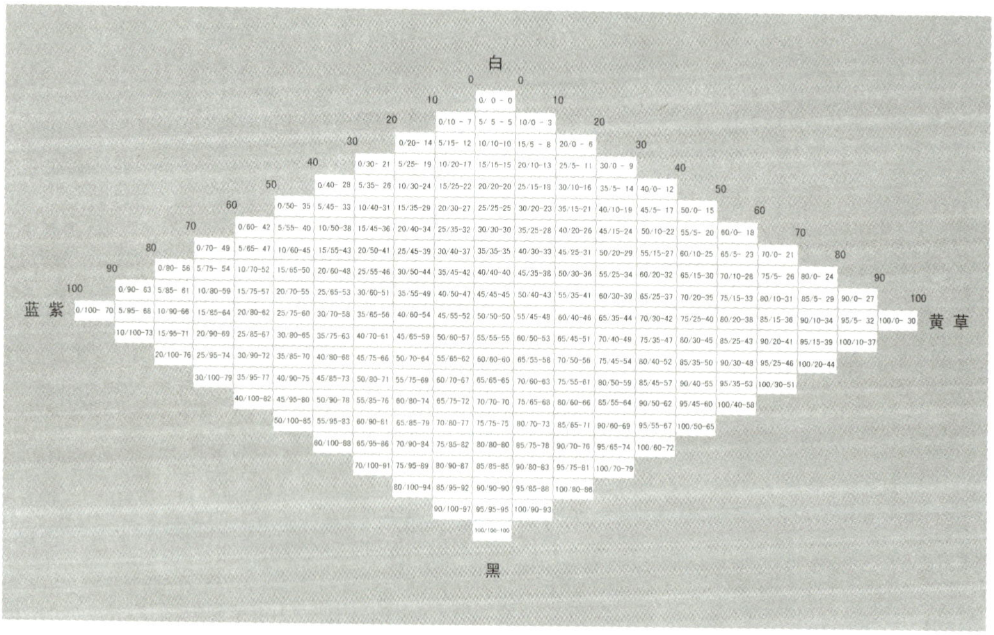

附图 1–28　60–10 分级 28 分页矩形色标的染料三基色数式

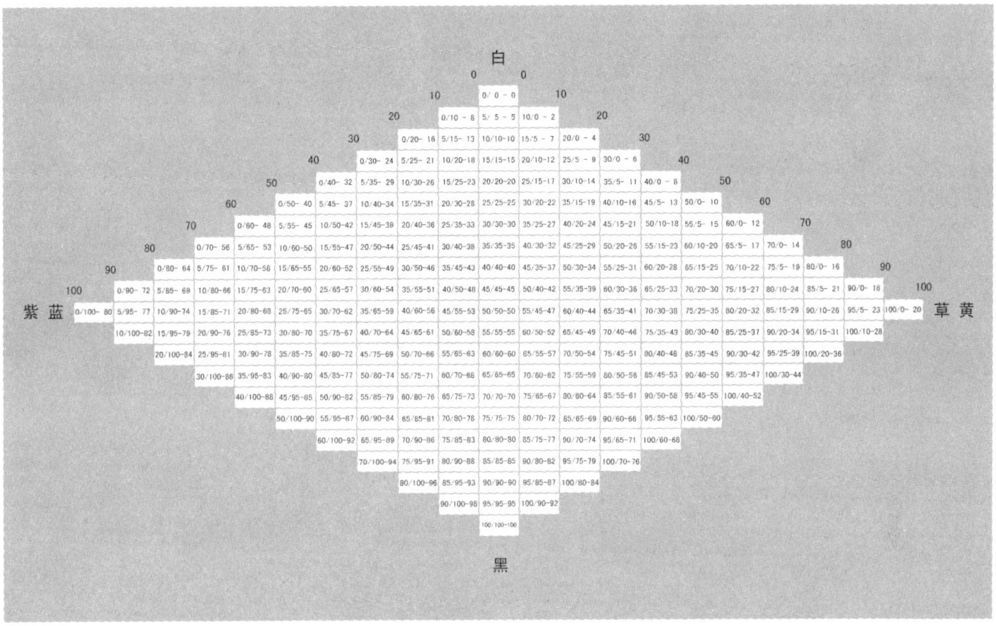

附图 1–29　60–10 分级 29 分页矩形色标的染料三基色数式

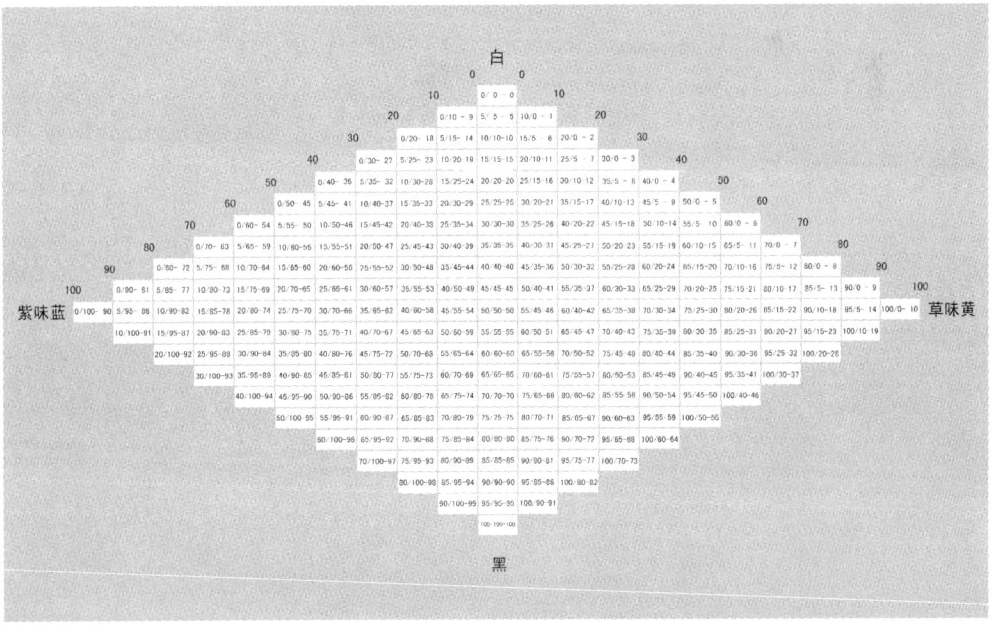

附图 1–30　60–10 分级 30 分页矩形色标的染料三基色数式

附录二 标准染料三基色系统的相对吸收值

											白											
										0		0										
										10	0.00	10										
									20	1.10	5.00	8.90	20									
								30	2.20	6.10	10.00	13.90	17.80	30								
							40	3.30	7.20	11.10	15.00	18.90	22.80	26.70	40							
						50	4.40	8.30	12.20	16.10	20.00	23.90	27.80	31.70	35.60	50						
					60	5.50	9.40	13.30	17.20	21.10	25.00	28.90	32.80	36.70	40.60	44.50	60					
				70	6.60	10.50	14.40	18.30	22.20	26.10	30.00	33.90	37.80	41.70	45.60	49.50	53.40	70				
			80	7.70	11.60	15.50	19.40	23.30	27.20	31.10	35.00	38.90	42.80	46.70	50.60	54.50	58.40	62.30	80			
		90	8.80	12.70	16.60	20.50	24.40	28.30	32.20	36.10	40.00	43.90	47.80	51.70	55.60	59.50	63.40	67.30	71.20	90		
	100	9.90	13.80	17.70	21.60	25.50	29.40	33.30	37.20	41.10	45.00	48.90	52.80	56.70	60.60	64.50	68.40	72.30	76.20	80.10	100	
黄色	11.00	14.90	18.80	22.70	26.60	30.50	34.40	38.30	42.20	46.10	50.00	53.90	57.80	61.70	65.60	69.50	73.40	77.30	81.20	85.10	89.00	蓝色
		19.90	23.80	27.70	31.60	35.50	39.40	43.30	47.20	51.10	55.00	58.90	62.80	66.70	70.60	74.50	78.40	82.30	86.20	90.10		
			28.80	32.70	36.60	40.50	44.40	48.30	52.20	56.10	60.00	63.90	67.80	71.70	75.60	79.50	83.40	87.30	91.20			
				37.70	41.60	45.50	49.40	53.30	57.20	61.10	65.00	68.90	72.80	76.70	80.60	84.50	88.40	92.30				
					46.60	50.50	54.40	58.30	62.20	66.10	70.00	73.90	77.80	81.70	85.60	89.50	93.40					
						55.50	59.40	63.30	67.20	71.10	75.00	78.90	82.80	86.70	90.60	94.50						
							64.40	68.30	72.20	76.10	80.00	83.90	87.80	91.70	95.60							
								73.30	77.20	81.10	85.00	88.90	92.80	96.70								
									82.20	86.10	90.00	93.90	97.80									
										91.10	95.00	98.90										
											100.00											
											黑											

附图 2-1　60-10 分级 1 分页矩形色标的相对吸收值

											白											
										0		0										
										10	0.00	10										
									20	1.69	5.00	8.31	20									
								30	3.38	6.69	10.00	13.31	16.62	30								
							40	5.07	8.38	11.69	15.00	18.31	21.62	24.93	40							
						50	6.76	10.07	13.38	16.69	20.00	23.31	26.62	29.93	33.24	50						
					60	8.45	11.76	15.07	18.38	21.69	25.00	28.31	31.62	34.93	38.24	41.55	60					
				70	10.14	13.45	16.76	20.07	23.38	26.69	30.00	33.31	36.62	39.93	43.24	46.55	49.86	70				
			80	11.83	15.14	18.45	21.76	25.07	28.38	31.69	35.00	38.31	41.62	44.93	48.24	51.55	54.86	58.17	80			
		90	13.52	16.83	20.14	23.45	26.76	30.07	33.38	36.69	40.00	43.31	46.62	49.93	53.24	56.55	59.86	63.17	66.48	90		
	100	15.21	18.52	21.83	25.14	28.45	31.76	35.07	38.38	41.69	45.00	48.31	51.62	54.93	58.24	61.55	64.86	68.17	71.48	74.79	100	
橙味黄	16.90	20.21	23.52	26.83	30.14	33.45	36.76	40.07	43.38	46.69	50.00	53.31	56.62	59.93	63.24	66.55	69.86	73.17	76.48	79.79	83.10	天味蓝
		25.21	28.52	31.83	35.14	38.45	41.76	45.07	48.38	51.69	55.00	58.31	61.62	64.93	68.24	71.55	74.86	78.17	81.48	84.79		
			33.52	36.83	40.14	43.45	46.76	50.07	53.38	56.69	60.00	63.31	66.62	69.93	73.24	76.55	79.86	83.17	86.48			
				41.83	45.14	48.45	51.76	55.07	58.38	61.69	65.00	68.31	71.62	74.93	78.24	81.55	84.86	88.17				
					50.14	53.45	56.76	60.07	63.38	66.69	70.00	73.31	76.62	79.93	83.24	86.55	89.86					
						58.45	61.76	65.07	68.38	71.69	75.00	78.31	81.62	84.93	88.24	91.55						
							66.76	70.07	73.38	76.69	80.00	83.31	86.62	89.93	93.24							
								75.07	78.38	81.69	85.00	88.31	91.62	94.93								
									83.38	86.69	90.00	93.31	96.62									
										91.69	95.00	98.31										
											100.00											
											黑											

附图 2-2　60-10 分级 2 分页矩形色标的相对吸收值

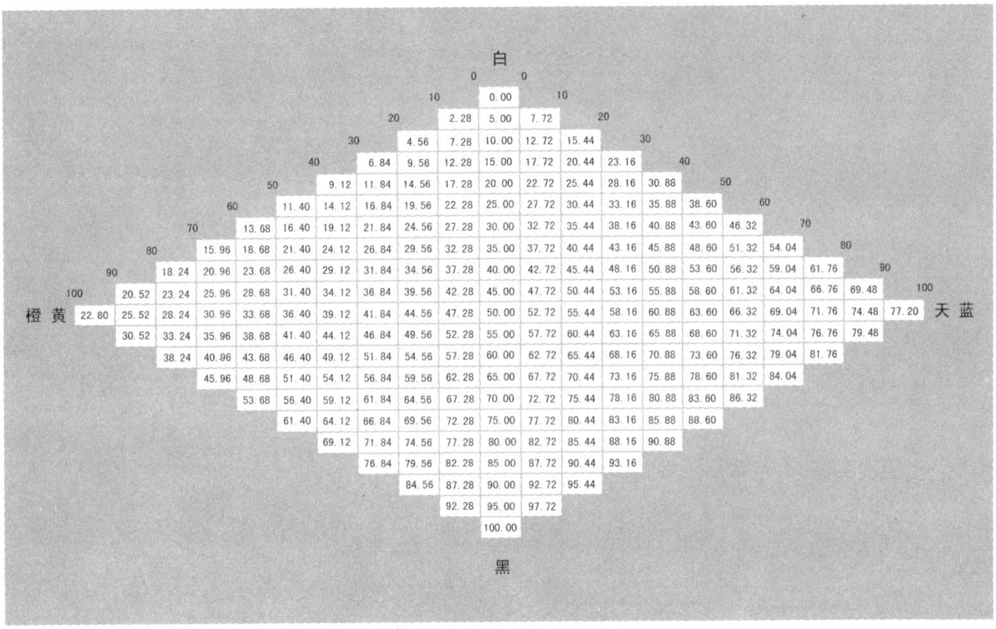

附图 2-3　60-10 分级 3 分页矩形色标的相对吸收值

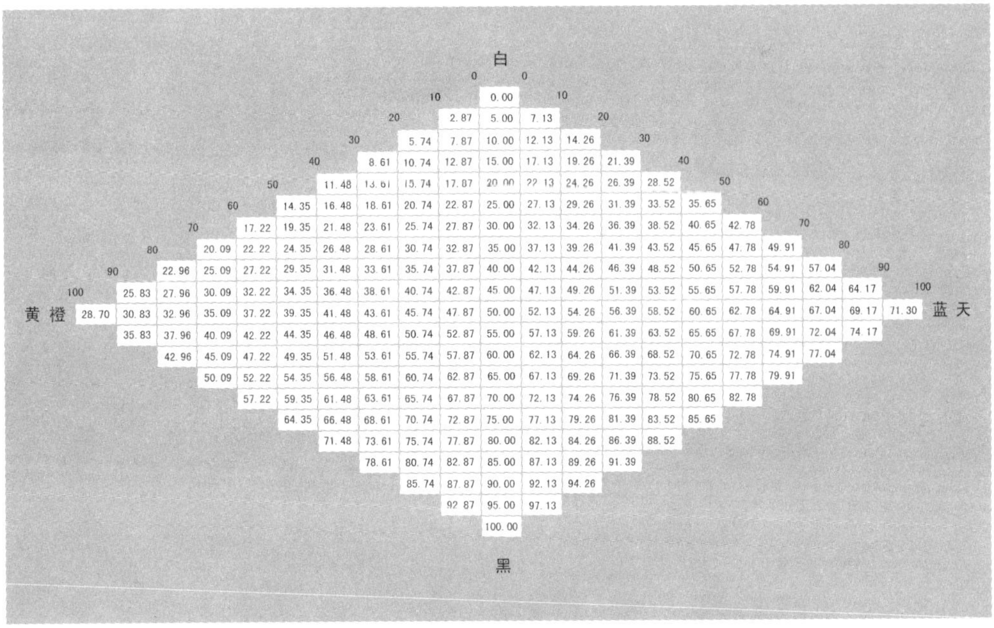

附图 2-4　60-10 分级 4 分页矩形色标的相对吸收值

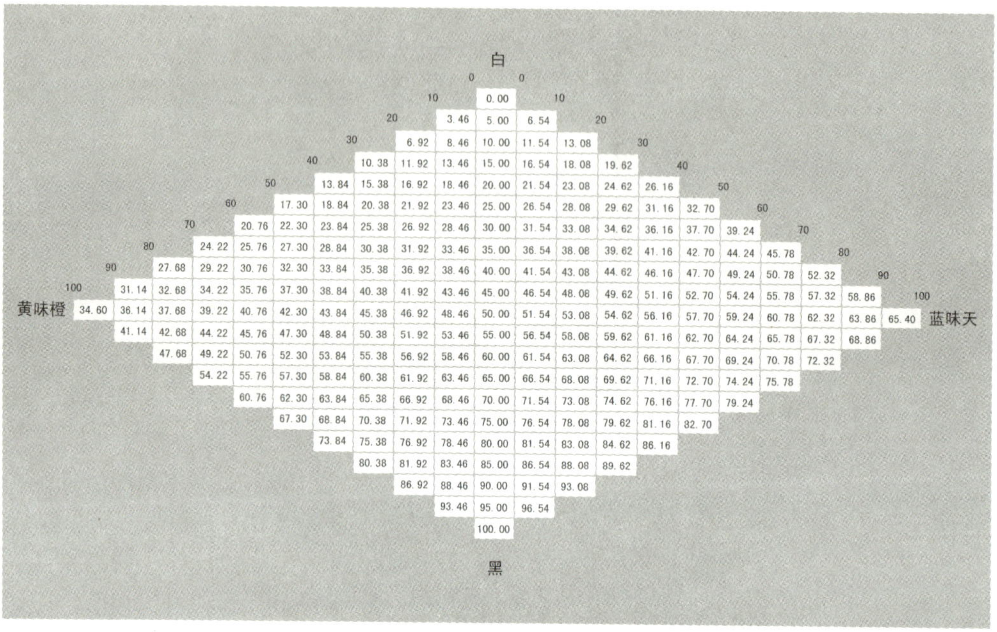

附图 2-5 60-10 分级 5 分页矩形色标的相对吸收值

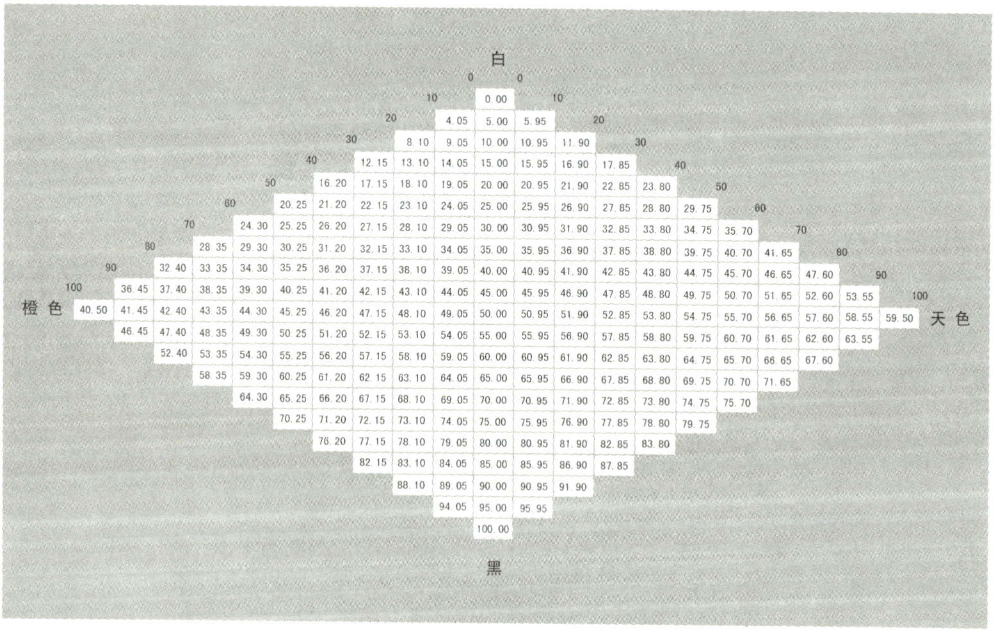

附图 2-6 60-10 分级 6 分页矩形色标的相对吸收值

											白											
										0		0										
										10	0.00	10										
									20	4.64	5.00	5.36	20									
								30	9.28	9.64	10.00	10.36	10.72	30								
							40	13.92	14.28	14.64	15.00	15.36	15.72	16.08	40							
						50	18.56	18.92	19.28	19.64	20.00	20.36	20.72	21.08	21.44	50						
					60	23.20	23.56	23.92	24.28	24.64	25.00	25.36	25.72	26.08	26.44	26.80	60					
				70	27.84	28.20	28.56	28.92	29.28	29.64	30.00	30.36	30.72	31.08	31.44	31.80	32.16	70				
			80	32.48	32.84	33.20	33.56	33.92	34.28	34.64	35.00	35.36	35.72	36.08	36.44	36.80	37.16	37.52	80			
		90	37.12	37.48	37.84	38.20	38.56	38.92	39.28	39.64	40.00	40.36	40.72	41.08	41.44	41.80	42.16	42.52	42.88	90		
	100	41.76	42.12	42.48	42.84	43.20	43.56	43.92	44.28	44.64	45.00	45.36	45.72	46.08	46.44	46.80	47.16	47.52	47.88	48.24	100	
红味橙	46.40	46.76	47.12	47.48	47.84	48.20	48.56	48.92	49.28	49.64	50.00	50.36	50.72	51.08	51.44	51.80	52.16	52.52	52.88	53.24	53.60	青味天
		51.76	52.12	52.48	52.84	53.20	53.56	53.92	54.28	54.64	55.00	55.36	55.72	56.08	56.44	56.80	57.16	57.52	57.88	58.24		
			57.12	57.48	57.84	58.20	58.56	58.92	59.28	59.64	60.00	60.36	60.72	61.08	61.44	61.80	62.16	62.52	62.88			
				62.48	62.84	63.20	63.56	63.92	64.28	64.64	65.00	65.36	65.72	66.08	66.44	66.80	67.16	67.52				
					67.84	68.20	68.56	68.92	69.28	69.64	70.00	70.36	70.72	71.08	71.44	71.80	72.16					
						73.20	73.56	73.92	74.28	74.64	75.00	75.36	75.72	76.08	76.44	76.80						
							78.56	78.92	79.28	79.64	80.00	80.36	80.72	81.08	81.44							
								83.92	84.28	84.64	85.00	85.36	85.72	86.08								
									89.28	89.64	90.00	90.36	90.72									
										94.64	95.00	95.36										
											100.00											
											黑											

附图 2-7　60-10 分级 7 分页矩形色标的相对吸收值

											白											
										0		0										
										10	0.00	10										
									20	5.23	5.00	4.77	20									
								30	10.46	10.23	10.00	9.77	9.54	30								
							40	15.69	15.46	15.23	15.00	14.77	14.54	14.31	40							
						50	20.92	20.69	20.46	20.23	20.00	19.77	19.54	19.31	19.08	50						
					60	26.15	25.92	25.69	25.46	25.23	25.00	24.77	24.54	24.31	24.08	23.85	60					
				70	31.38	31.15	30.92	30.69	30.46	30.23	30.00	29.77	29.54	29.31	29.08	28.85	28.62	70				
			80	36.61	36.38	36.15	35.92	35.69	35.46	35.23	35.00	34.77	34.54	34.31	34.08	33.85	33.62	33.39	80			
		90	41.84	41.61	41.38	41.15	40.92	40.69	40.46	40.23	40.00	39.77	39.54	39.31	39.08	38.85	38.62	38.39	38.16	90		
	100	47.07	46.84	46.61	46.38	46.15	45.92	45.69	45.46	45.23	45.00	44.77	44.54	44.31	44.08	43.85	43.62	43.39	43.16	42.93	100	
红 橙	52.30	52.07	51.84	51.61	51.38	51.15	50.92	50.69	50.46	50.23	50.00	49.77	49.54	49.31	49.08	48.85	48.62	48.39	48.16	47.93	47.70	青 天
		57.07	56.84	56.61	56.38	56.15	55.92	55.69	55.46	55.23	55.00	54.77	54.54	54.31	54.08	53.85	53.62	53.39	53.16	52.93		
			61.84	61.61	61.38	61.15	60.92	60.69	60.46	60.23	60.00	59.77	59.54	59.31	59.08	58.85	58.62	58.39	58.16			
				66.61	66.38	66.15	65.92	65.69	65.46	65.23	65.00	64.77	64.54	64.31	64.08	63.85	63.62	63.39				
					71.38	71.15	70.92	70.69	70.46	70.23	70.00	69.77	69.54	69.31	69.08	68.85	68.62					
						76.15	75.92	75.69	75.46	75.23	75.00	74.77	74.54	74.31	74.08	73.85						
							80.92	80.69	80.46	80.23	80.00	79.77	79.54	79.31	79.08							
								85.69	85.46	85.23	85.00	84.77	84.54	84.31								
									90.46	90.23	90.00	89.77	89.54									
										95.23	95.00	94.77										
											100.00											
											黑											

附图 2-8　60-10 分级 8 分页矩形色标的相对吸收值

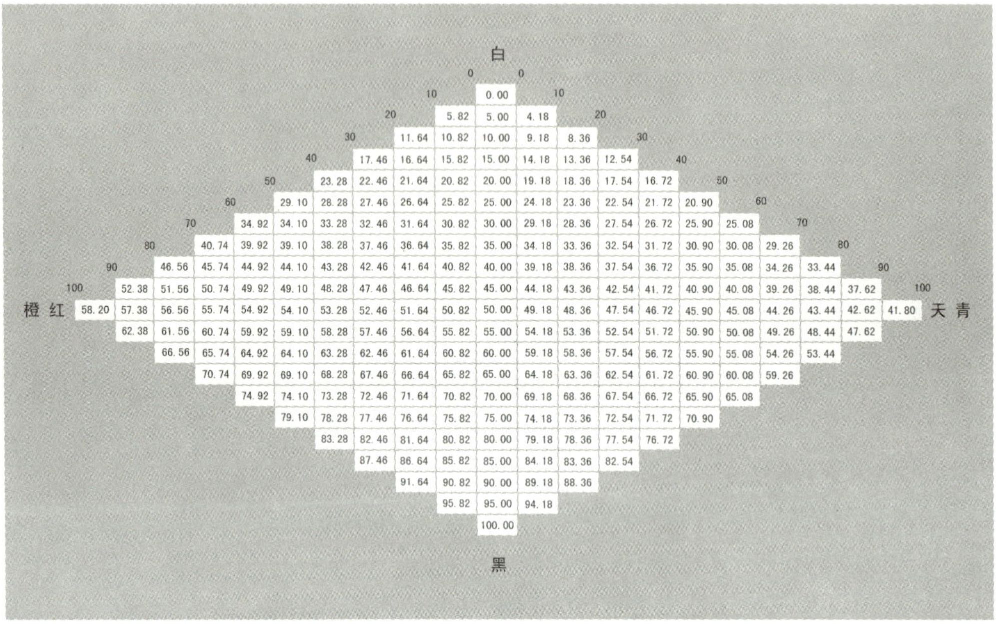

附图 2-9　60-10 分级 9 分页矩形色标的相对吸收值

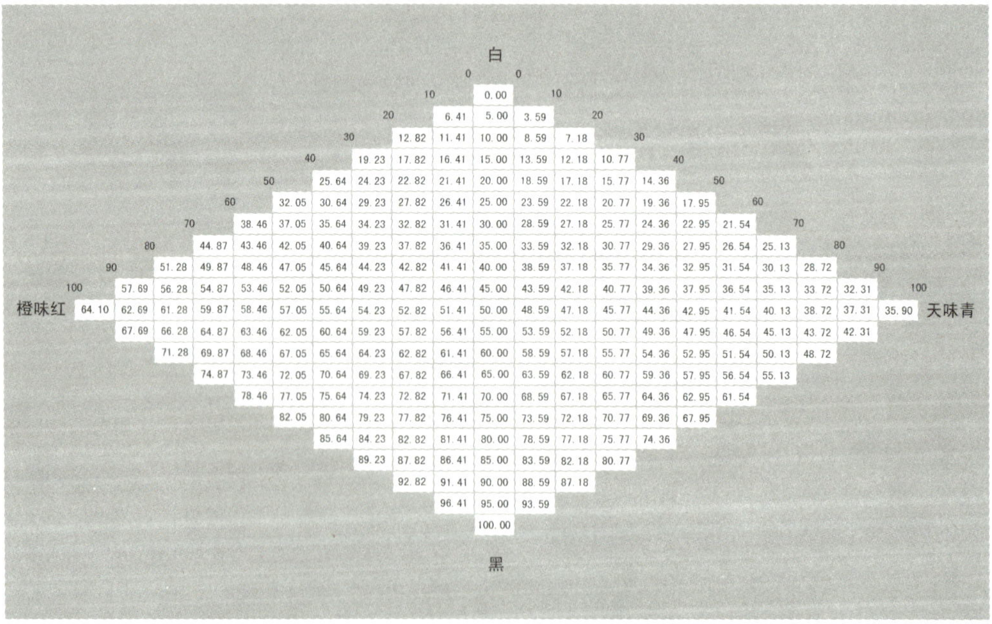

附图 2-10　60-10 分级 10 分页矩形色标的相对吸收值

											白											
										0		0										
										10	0.00	10										
									20	7.00	5.00	3.00	20									
								30	14.00	12.00	10.00	8.00	6.00	30								
							40	21.00	19.00	17.00	15.00	13.00	11.00	9.00	40							
						50	28.00	26.00	24.00	22.00	20.00	18.00	16.00	14.00	12.00	50						
					60	35.00	33.00	31.00	29.00	27.00	25.00	23.00	21.00	19.00	17.00	15.00	60					
				70	42.00	40.00	38.00	36.00	34.00	32.00	30.00	28.00	26.00	24.00	22.00	20.00	18.00	70				
			80	49.00	47.00	45.00	43.00	41.00	39.00	37.00	35.00	33.00	31.00	29.00	27.00	25.00	23.00	21.00	80			
		90	56.00	54.00	52.00	50.00	48.00	46.00	44.00	42.00	40.00	38.00	36.00	34.00	32.00	30.00	28.00	26.00	24.00	90		
	100	63.00	61.00	59.00	57.00	55.00	53.00	51.00	49.00	47.00	45.00	43.00	41.00	39.00	37.00	35.00	33.00	31.00	29.00	27.00	100	
红 色	70.00	68.00	66.00	64.00	62.00	60.00	58.00	56.00	54.00	52.00	50.00	48.00	46.00	44.00	42.00	40.00	38.00	36.00	34.00	32.00	30.00	青 色
		73.00	71.00	69.00	67.00	65.00	63.00	61.00	59.00	57.00	55.00	53.00	51.00	49.00	47.00	45.00	43.00	41.00	39.00	37.00		
			76.00	74.00	72.00	70.00	68.00	66.00	64.00	62.00	60.00	58.00	56.00	54.00	52.00	50.00	48.00	46.00	44.00			
				79.00	77.00	75.00	73.00	71.00	69.00	67.00	65.00	63.00	61.00	59.00	57.00	55.00	53.00	51.00				
					82.00	80.00	78.00	76.00	74.00	72.00	70.00	68.00	66.00	64.00	62.00	60.00	58.00					
						85.00	83.00	81.00	79.00	77.00	75.00	73.00	71.00	69.00	67.00	65.00						
							88.00	86.00	84.00	82.00	80.00	78.00	76.00	74.00	72.00							
								91.00	89.00	87.00	85.00	83.00	81.00	79.00								
									94.00	92.00	90.00	88.00	86.00									
										97.00	95.00	93.00										
											100.00											
											黑											

附图 2-11　60-10 分级 11 分页矩形色标的相对吸收值

											白											
										0		0										
										10	0.00	10										
									20	6.89	5.00	3.11	20									
								30	13.78	11.89	10.00	8.11	6.22	30								
							40	20.67	18.78	16.89	15.00	13.11	11.22	9.33	40							
						50	27.56	25.67	23.78	21.89	20.00	18.11	16.22	14.33	12.44	50						
					60	34.45	32.56	30.67	28.78	26.89	25.00	23.11	21.22	19.33	17.44	15.55	60					
				70	41.34	39.45	37.56	35.67	33.78	31.89	30.00	28.11	26.22	24.33	22.44	20.55	18.66	70				
			80	48.23	46.34	44.45	42.56	40.67	38.78	36.89	35.00	33.11	31.22	29.33	27.44	25.55	23.66	21.77	80			
		90	55.12	53.23	51.34	49.45	47.56	45.67	43.78	41.89	40.00	38.11	36.22	34.33	32.44	30.55	28.66	26.77	24.88	90		
	100	62.01	60.12	58.23	56.34	54.45	52.56	50.67	48.78	46.89	45.00	43.11	41.22	39.33	37.44	35.55	33.66	31.77	29.88	27.99	100	
粉味红	68.90	67.01	65.12	63.23	61.34	59.45	57.56	55.67	53.78	51.89	50.00	48.11	46.22	44.33	42.44	40.55	38.66	36.77	34.88	32.99	31.10	翠味青
		72.01	70.12	68.23	66.34	64.45	62.56	60.67	58.78	56.89	55.00	53.11	51.22	49.33	47.44	45.55	43.66	41.77	39.88	37.99		
			75.12	73.23	71.34	69.45	67.56	65.67	63.78	61.89	60.00	58.11	56.22	54.33	52.44	50.55	48.66	46.77	44.88			
				78.23	76.34	74.45	72.56	70.67	68.78	66.89	65.00	63.11	61.22	59.33	57.44	55.55	53.66	51.77				
					81.34	79.45	77.56	75.67	73.78	71.89	70.00	68.11	66.22	64.33	62.44	60.55	58.66					
						84.45	82.56	80.67	78.78	76.89	75.00	73.11	71.22	69.33	67.44	65.55						
							87.56	85.67	83.78	81.89	80.00	78.11	76.22	74.33	72.44							
								90.67	88.78	86.89	85.00	83.11	81.22	79.33								
									93.78	91.89	90.00	88.11	86.22									
										96.89	95.00	93.11										
											100.00											
											黑											

附图 2-12　60-10 分级 12 分页矩形色标的相对吸收值

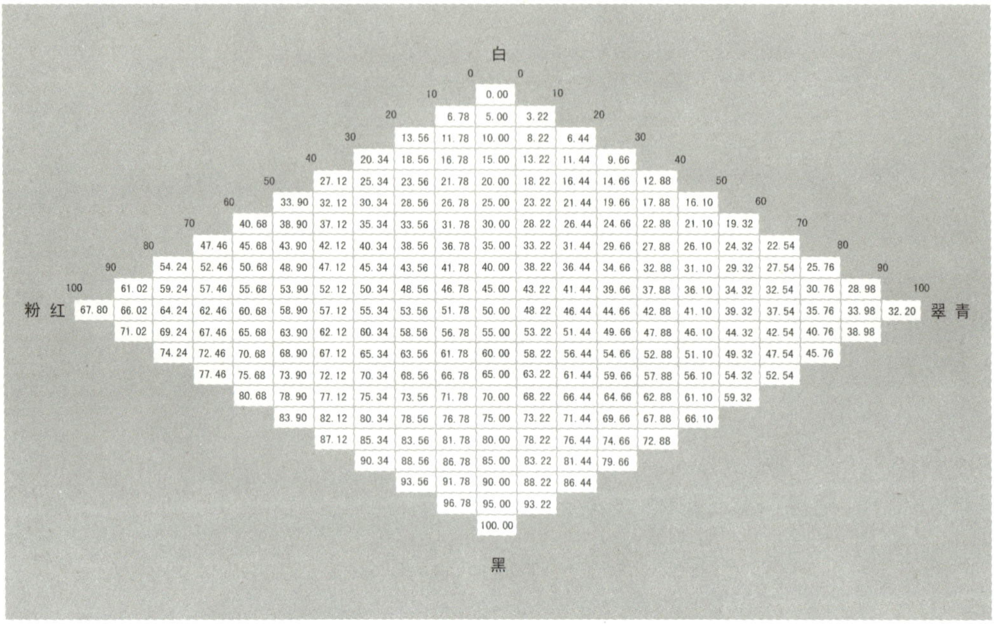

附图 2-13　60-10 分级 13 分页矩形色标的相对吸收值

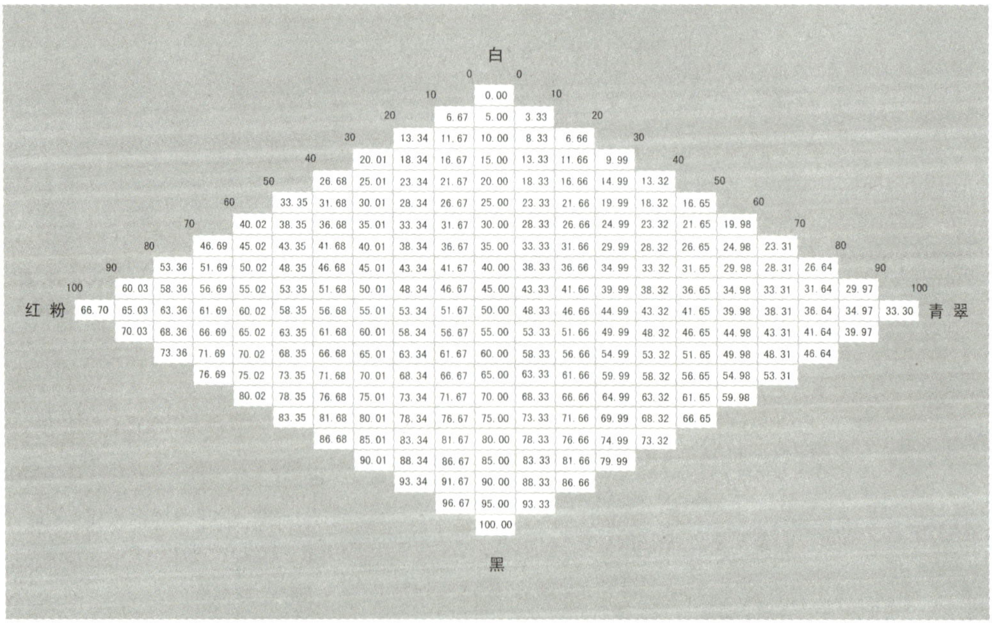

附图 2-14　60-10 分级 14 分页矩形色标的相对吸收值

											白											
										0		0										
										10	0.00	10										
									20	6.56	5.00	3.44	20									
								30	13.12	11.56	10.00	8.44	6.88	30								
							40	19.68	18.12	16.56	15.00	13.44	11.88	10.32	40							
						50	26.24	24.68	23.12	21.56	20.00	18.44	16.88	15.32	13.76	50						
					60	32.80	31.24	29.68	28.12	26.56	25.00	23.44	21.88	20.32	18.76	17.20	60					
				70	39.36	37.80	36.24	34.68	33.12	31.56	30.00	28.44	26.88	25.32	23.76	22.20	20.64	70				
			80	45.92	44.36	42.80	41.24	39.68	38.12	36.56	35.00	33.44	31.88	30.32	28.76	27.20	25.64	24.08	80			
		90	52.48	50.92	49.36	47.80	46.24	44.68	43.12	41.56	40.00	38.44	36.88	35.32	33.76	32.20	30.64	29.08	27.52	90		
	100	59.04	57.48	55.92	54.36	52.80	51.24	49.68	48.12	46.56	45.00	43.44	41.88	40.32	38.76	37.20	35.64	34.08	32.52	30.96	100	
红味粉	65.60	64.04	62.48	60.92	59.36	57.80	56.24	54.68	53.12	51.56	50.00	48.44	46.88	45.32	43.76	42.20	40.64	39.08	37.52	35.96	34.40	青味翠
		69.04	67.48	65.92	64.36	62.80	61.24	59.68	58.12	56.56	55.00	53.44	51.88	50.32	48.76	47.20	45.64	44.08	42.52	40.96		
			72.48	70.92	69.36	67.80	66.24	64.68	63.12	61.56	60.00	58.44	56.88	55.32	53.76	52.20	50.64	49.08	47.52			
				75.92	74.36	72.80	71.24	69.68	68.12	66.56	65.00	63.44	61.88	60.32	58.76	57.20	55.64	54.08				
					79.36	77.80	76.24	74.68	73.12	71.56	70.00	68.44	66.88	65.32	63.76	62.20	60.64					
						82.80	81.24	79.68	78.12	76.56	75.00	73.44	71.88	70.32	68.76	67.20						
							86.24	84.68	83.12	81.56	80.00	78.44	76.88	75.32	73.76							
								89.68	88.12	86.56	85.00	83.44	81.88	80.32								
									93.12	91.56	90.00	88.44	86.88									
										96.56	95.00	93.44										
											100.00											
											黑											

附图 2-15　60-10 分级 15 分页矩形色标的相对吸收值

											白											
										0		0										
										10	0.00	10										
									20	6.45	5.00	3.55	20									
								30	12.90	11.45	10.00	8.55	7.10	30								
							40	19.35	17.90	16.45	15.00	13.55	12.10	10.65	40							
						50	25.80	24.35	22.90	21.45	20.00	18.55	17.10	15.65	14.20	50						
					60	32.25	30.80	29.35	27.90	26.45	25.00	23.55	22.10	20.65	19.20	17.75	60					
				70	38.70	37.25	35.80	34.35	32.90	31.45	30.00	28.55	27.10	25.65	24.20	22.75	21.30	70				
			80	45.15	43.70	42.25	40.80	39.35	37.90	36.45	35.00	33.55	32.10	30.65	29.20	27.75	26.30	24.85	80			
		90	51.60	50.15	48.70	47.25	45.80	44.35	42.90	41.45	40.00	38.55	37.10	35.65	34.20	32.75	31.30	29.85	28.40	90		
	100	58.05	56.60	55.15	53.70	52.25	50.80	49.35	47.90	46.45	45.00	43.55	42.10	40.65	39.20	37.75	36.30	34.85	33.40	31.95	100	
粉 色	64.50	63.05	61.60	60.15	58.70	57.25	55.80	54.35	52.90	51.45	50.00	48.55	47.10	45.65	44.20	42.75	41.30	39.85	38.40	36.95	35.50	翠 色
		68.05	66.60	65.15	63.70	62.25	60.80	59.35	57.90	56.45	55.00	53.55	52.10	50.65	49.20	47.75	46.30	44.85	43.40	41.95		
			71.60	70.15	68.70	67.25	65.80	64.35	62.90	61.45	60.00	58.55	57.10	55.65	54.20	52.75	51.30	49.85	48.40			
				75.15	73.70	72.25	70.80	69.35	67.90	66.45	65.00	63.55	62.10	60.65	59.20	57.75	56.30	54.85				
					78.70	77.25	75.80	74.35	72.90	71.45	70.00	68.55	67.10	65.65	64.20	62.75	61.30					
						82.25	80.80	79.35	77.90	76.45	75.00	73.55	72.10	70.65	69.20	67.75						
							85.80	84.35	82.90	81.45	80.00	78.55	77.10	75.65	74.20							
								89.35	87.90	86.45	85.00	83.55	82.10	80.65								
									92.90	91.45	90.00	88.55	87.10									
										96.45	95.00	93.55										
											100.00											
											黑											

附图 2-16　60-10 分级 16 分页矩形色标的相对吸收值

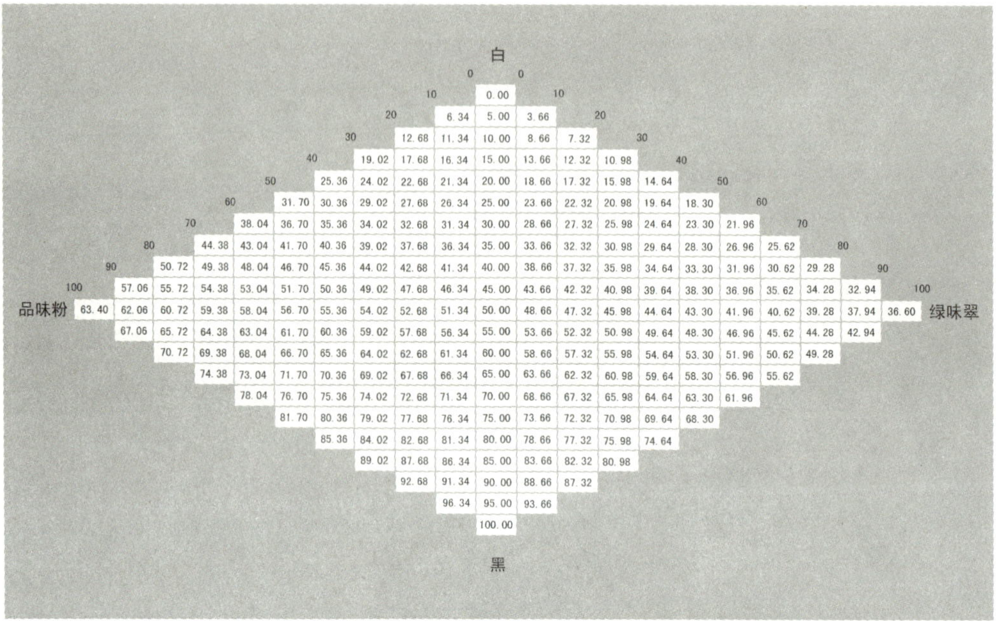

附图 2-17　60-10 分级 18 分页矩形色标的相对吸收值

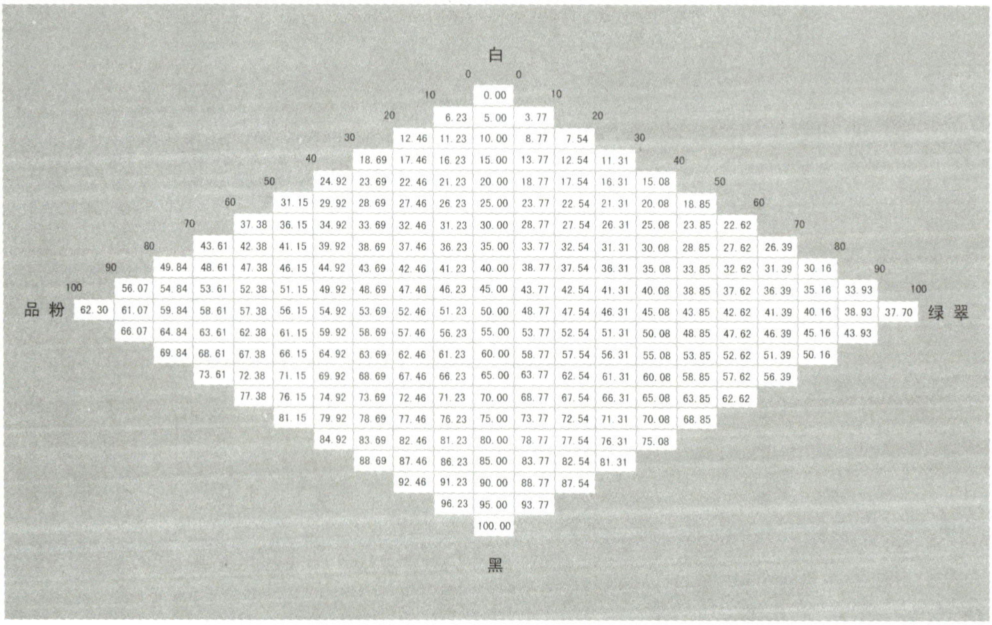

附图 2-18　60-10 分级 18 分页矩形色标的相对吸收值

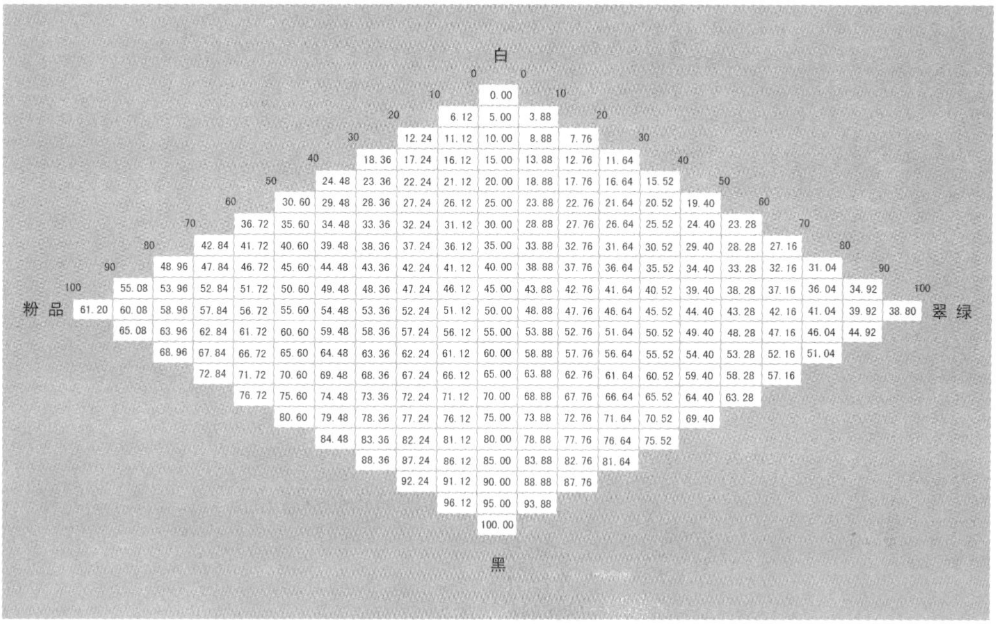

附图 2-19 60-10 分级 19 分页矩形色标的相对吸收值

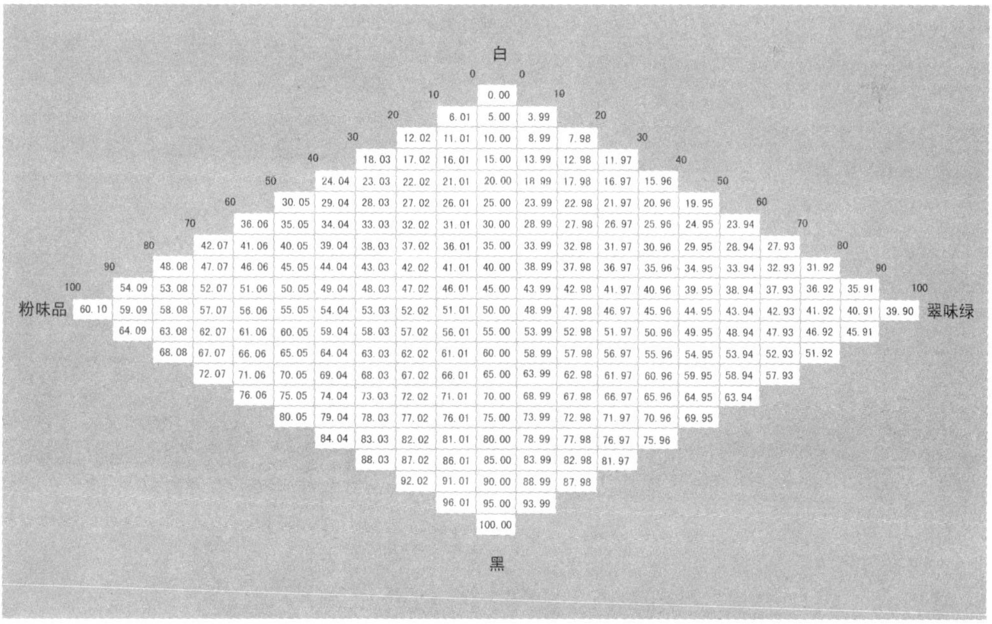

附图 2-20 60-10 分级 20 分页矩形色标的相对吸收值

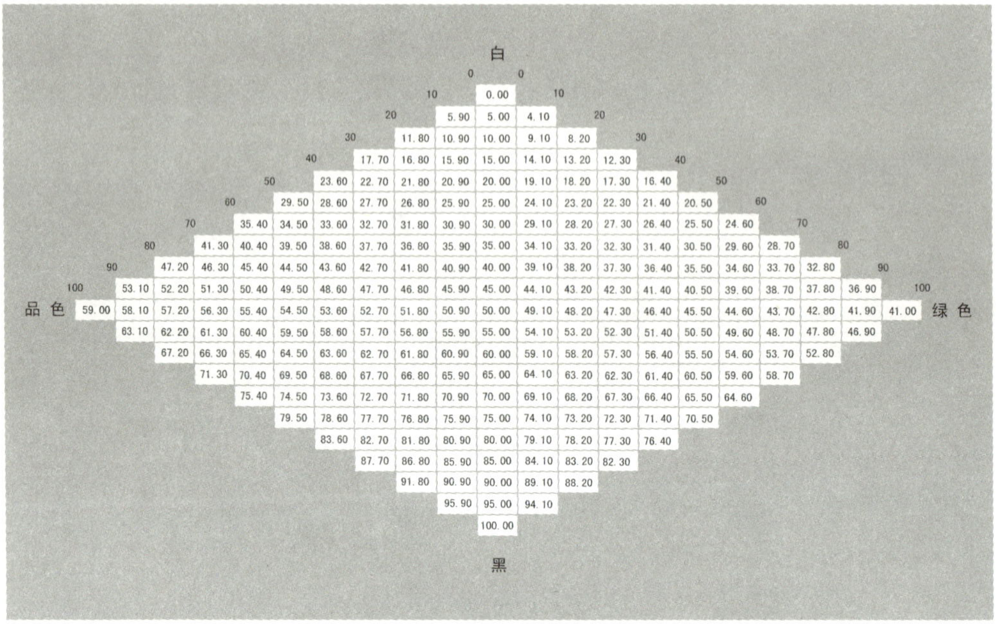

附图 2-21　60-10 分级 21 分页矩形色标的相对吸收值

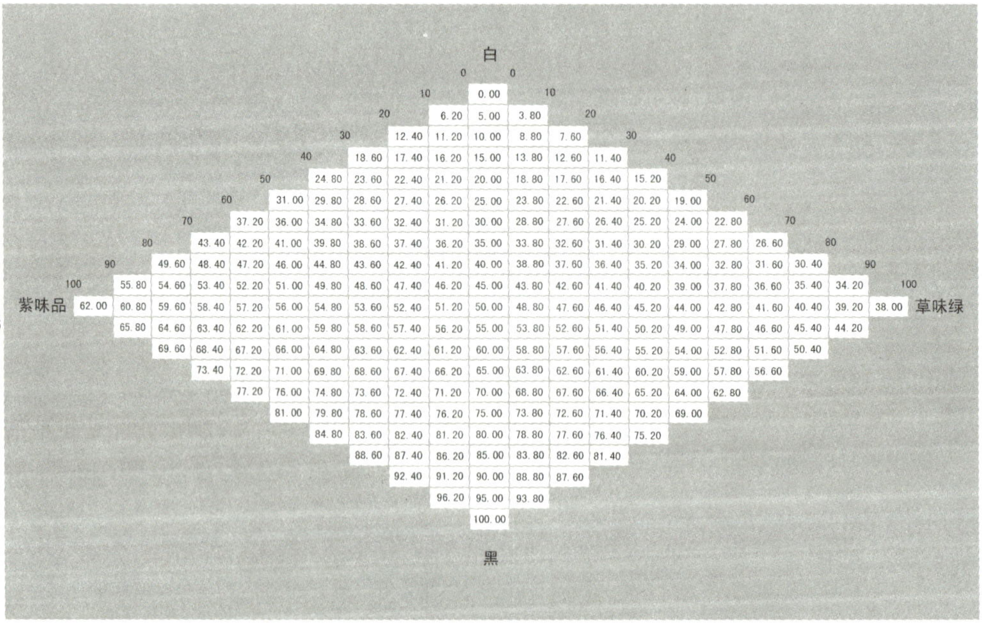

附图 2-22　60-10 分级 22 分页矩形色标的相对吸收值

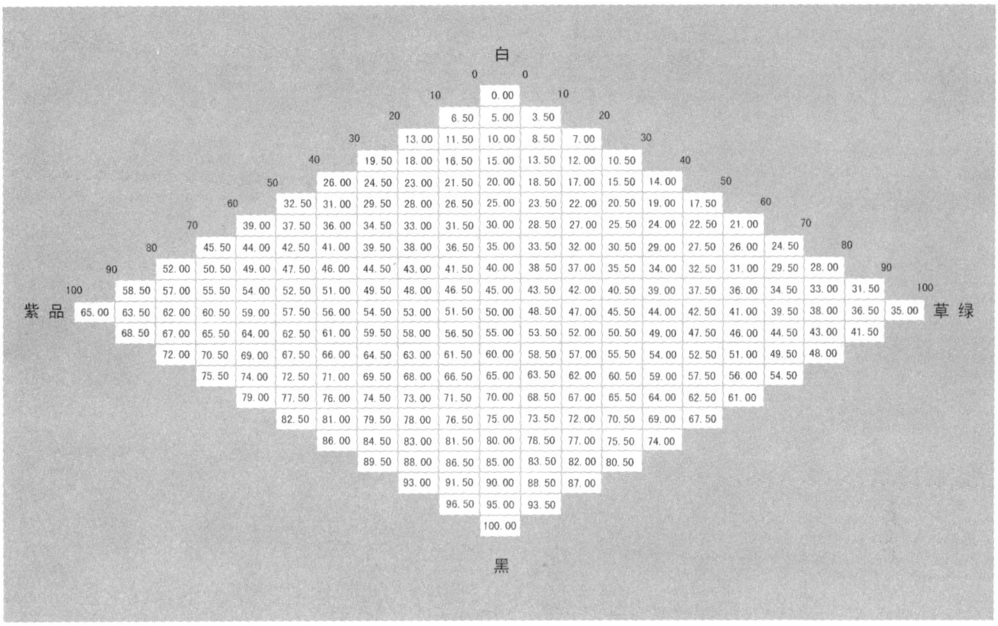

附图 2-23　60-10 分级 23 分页矩形色标的相对吸收值

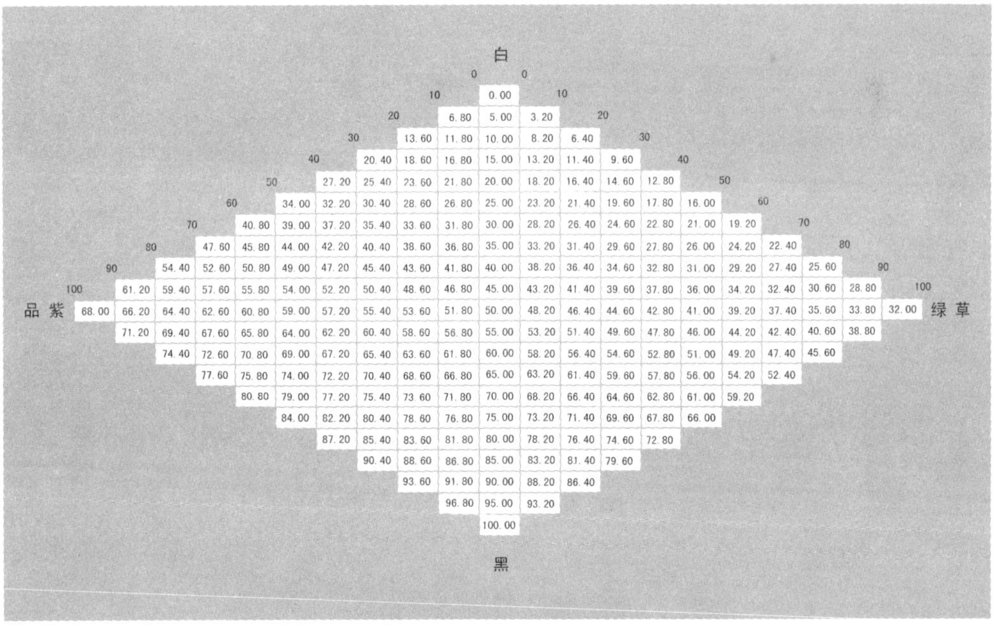

附图 2-24　60-10 分级 24 分页矩形色标的相对吸收值

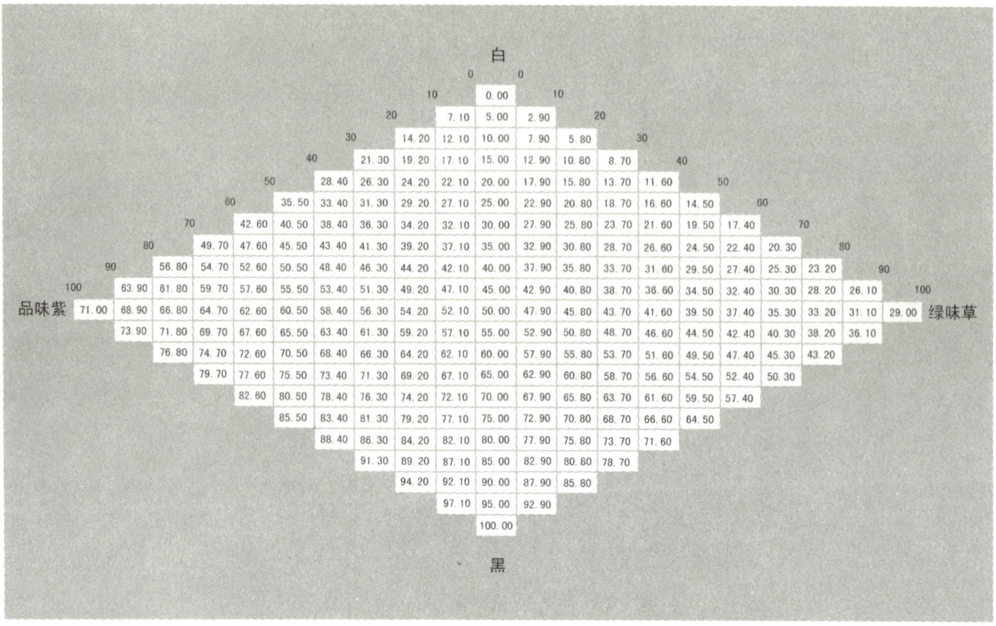

附图 2-25　60-10 分级 25 分页矩形色标的相对吸收值

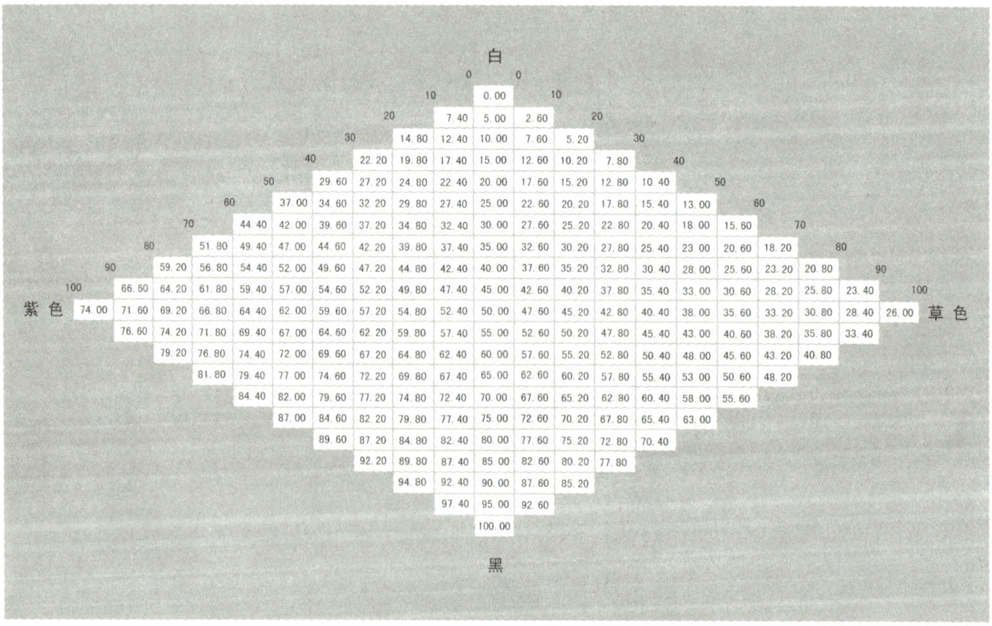

附图 2-26　60-10 分级 26 分页矩形色标的相对吸收值

白

										0		0										
										10	0.00	10										
									20	7.70	5.00	2.30	20									
								30	15.40	12.70	10.00	7.30	4.60	30								
							40	23.10	20.40	17.70	15.00	12.30	9.60	6.90	40							
						50	30.80	28.10	25.40	22.70	20.00	17.30	14.60	11.90	9.20	50						
					60	38.50	35.80	33.10	30.40	27.70	25.00	22.30	19.60	16.90	14.20	11.50	60					
				70	46.20	43.50	40.80	38.10	35.40	32.70	30.00	27.30	24.60	21.90	19.20	16.50	13.80	70				
			80	53.90	51.20	48.50	45.80	43.10	40.40	37.70	35.00	32.30	29.60	26.90	24.20	21.50	18.80	16.10	80			
		90	61.60	58.90	56.20	53.50	50.80	48.10	45.40	42.70	40.00	37.30	34.60	31.90	29.20	26.50	23.80	21.10	18.40	90		
	100	69.30	66.60	63.90	61.20	58.50	55.80	53.10	50.40	47.70	45.00	42.30	39.60	36.90	34.20	31.50	28.80	26.10	23.40	20.70	100	
蓝味紫	77.00	74.30	71.60	68.90	66.20	63.50	60.80	58.10	55.40	52.70	50.00	47.30	44.60	41.90	39.20	36.50	33.80	31.10	28.40	25.70	23.00	黄味草
		79.30	76.60	73.90	71.20	68.50	65.80	63.10	60.40	57.70	55.00	52.30	49.60	46.90	44.20	41.50	38.80	36.10	33.40	30.70		
			81.60	78.90	76.20	73.50	70.80	68.10	65.40	62.70	60.00	57.30	54.60	51.90	49.20	46.50	43.80	41.10	38.40			
				83.90	81.20	78.50	75.80	73.10	70.40	67.70	65.00	62.30	59.60	56.90	54.20	51.50	48.80	46.10				
					86.20	83.50	80.80	78.10	75.40	72.70	70.00	67.30	64.60	61.90	59.20	56.50	53.80					
						88.50	85.80	83.10	80.40	77.70	75.00	72.30	69.60	66.90	64.20	61.50						
							90.80	88.10	85.40	82.70	80.00	77.30	74.60	71.90	69.20							
								93.10	90.40	87.70	85.00	82.30	79.60	76.90								
									95.40	92.70	90.00	87.30	84.60									
										97.70	95.00	92.30										
											100.00											

黑

附图 2-27 60-10 分级 27 分页矩形色标的相对吸收值

白

										0		0										
										10	0.00	10										
									20	8.00	5.00	2.00	20									
								30	16.00	13.00	10.00	7.00	4.00	30								
							40	24.00	21.00	18.00	15.00	12.00	9.00	6.00	40							
						50	32.00	29.00	26.00	23.00	20.00	17.00	14.00	11.00	8.00	50						
					60	40.00	37.00	34.00	31.00	28.00	25.00	22.00	19.00	16.00	13.00	10.00	60					
				70	48.00	45.00	42.00	39.00	36.00	33.00	30.00	27.00	24.00	21.00	18.00	15.00	12.00	70				
			80	56.00	53.00	50.00	47.00	44.00	41.00	38.00	35.00	32.00	29.00	26.00	23.00	20.00	17.00	14.00	80			
		90	64.00	61.00	58.00	55.00	52.00	49.00	46.00	43.00	40.00	37.00	34.00	31.00	28.00	25.00	22.00	19.00	16.00	90		
	100	72.00	69.00	66.00	63.00	60.00	57.00	54.00	51.00	48.00	45.00	42.00	39.00	36.00	33.00	30.00	27.00	24.00	21.00	18.00	100	
蓝 紫	80.00	77.00	74.00	71.00	68.00	65.00	62.00	59.00	56.00	53.00	50.00	47.00	44.00	41.00	38.00	35.00	32.00	29.00	26.00	23.00	20.00	黄 草
		82.00	79.00	76.00	73.00	70.00	67.00	64.00	61.00	58.00	55.00	52.00	49.00	46.00	43.00	40.00	37.00	34.00	31.00	28.00		
			84.00	81.00	78.00	75.00	72.00	69.00	66.00	63.00	60.00	57.00	54.00	51.00	48.00	45.00	42.00	39.00	36.00			
				86.00	83.00	80.00	77.00	74.00	71.00	68.00	65.00	62.00	59.00	56.00	53.00	50.00	47.00	44.00				
					88.00	85.00	82.00	79.00	76.00	73.00	70.00	67.00	64.00	61.00	58.00	55.00	52.00					
						90.00	87.00	84.00	81.00	78.00	75.00	72.00	69.00	66.00	63.00	60.00						
							92.00	89.00	86.00	83.00	80.00	77.00	74.00	71.00	68.00							
								94.00	91.00	88.00	85.00	82.00	79.00	76.00								
									96.00	93.00	90.00	87.00	84.00									
										98.00	95.00	92.00										
											100.00											

黑

附图 2-28 60-10 分级 28 分页矩形色标的相对吸收值

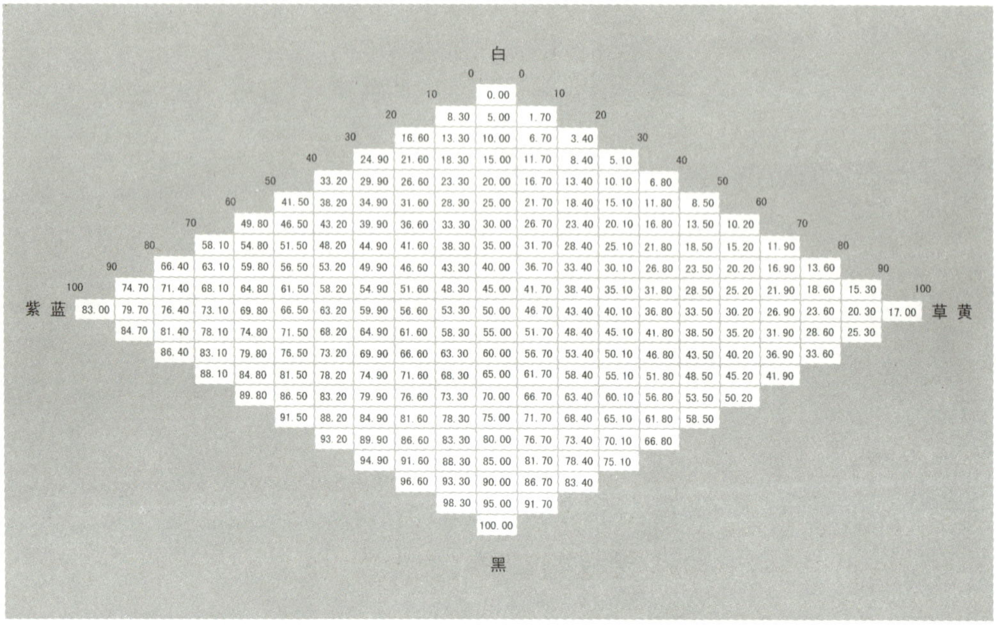

附图 2-29　60-10 分级 29 分页矩形色标的相对吸收值

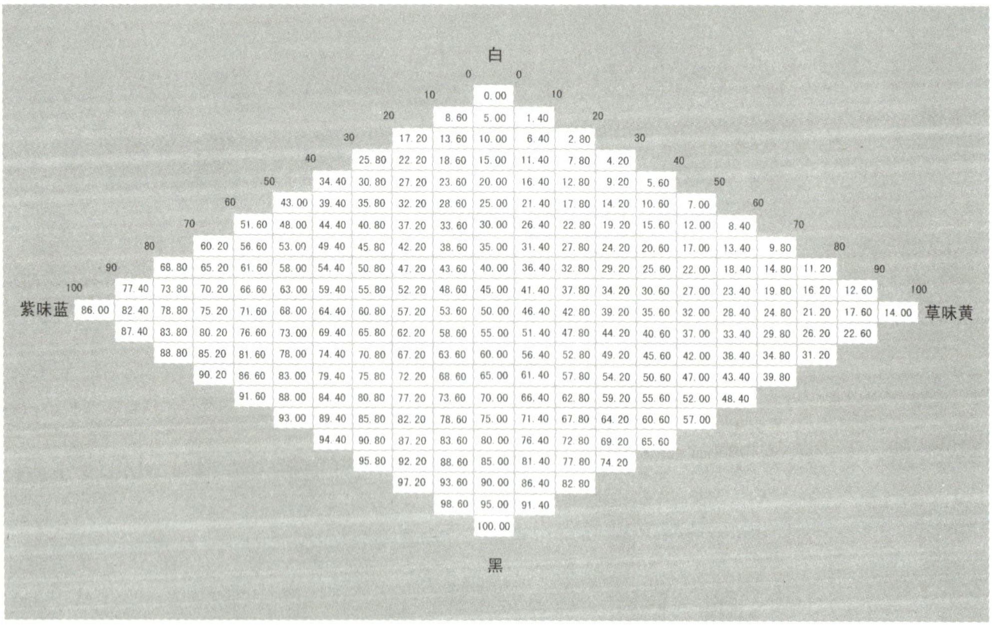

附图 2-30　60-10 分级 30 分页矩形色标的相对吸收值

附录三 标准染料三基色系统的图谱

彩图 1　60–10 分级 1 分页矩形色标的图谱

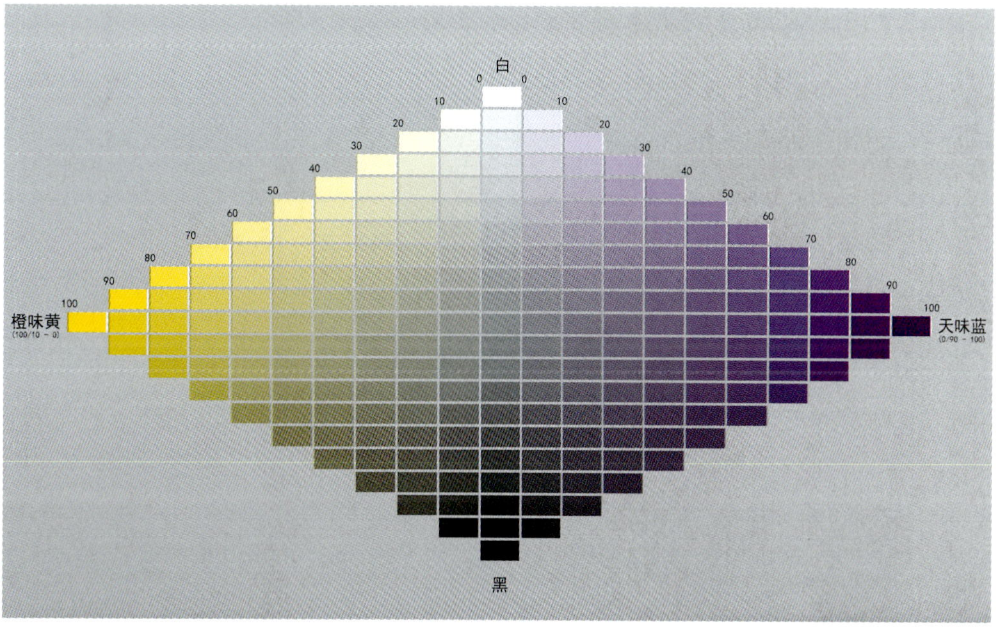

彩图 2　60–10 分级 2 分页矩形色标的图谱

彩图 3　60–10 分级 3 分页矩形色标的图谱

彩图 4　60–10 分级 4 分页矩形色标的图谱

彩图 5　60–10 分级 5 分页矩形色标的图谱

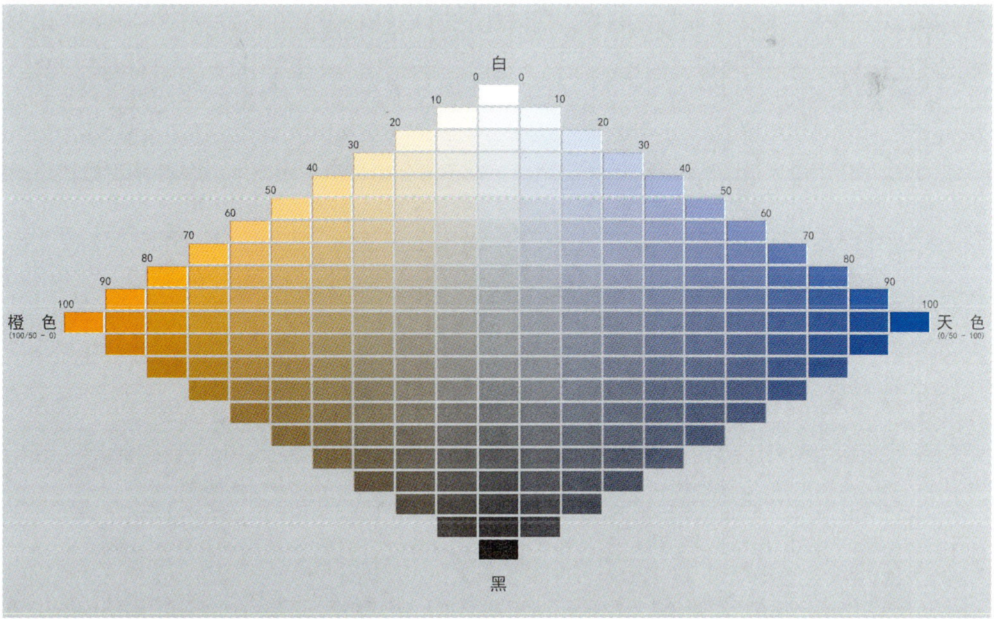

彩图 6　60–10 分级 6 分页矩形色标的图谱

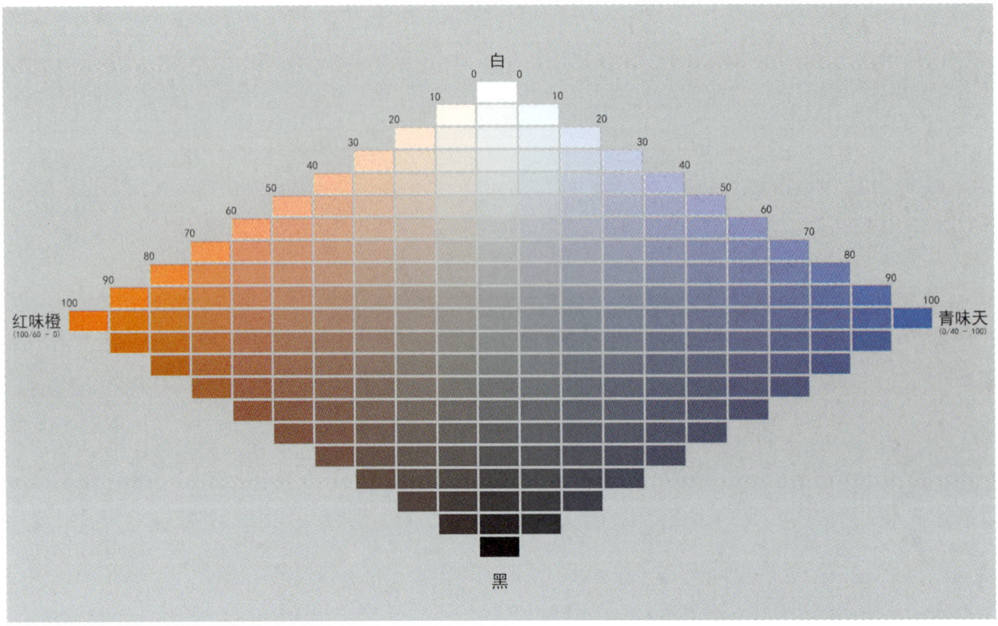

彩图7 60-10分级7分页矩形色标的图谱

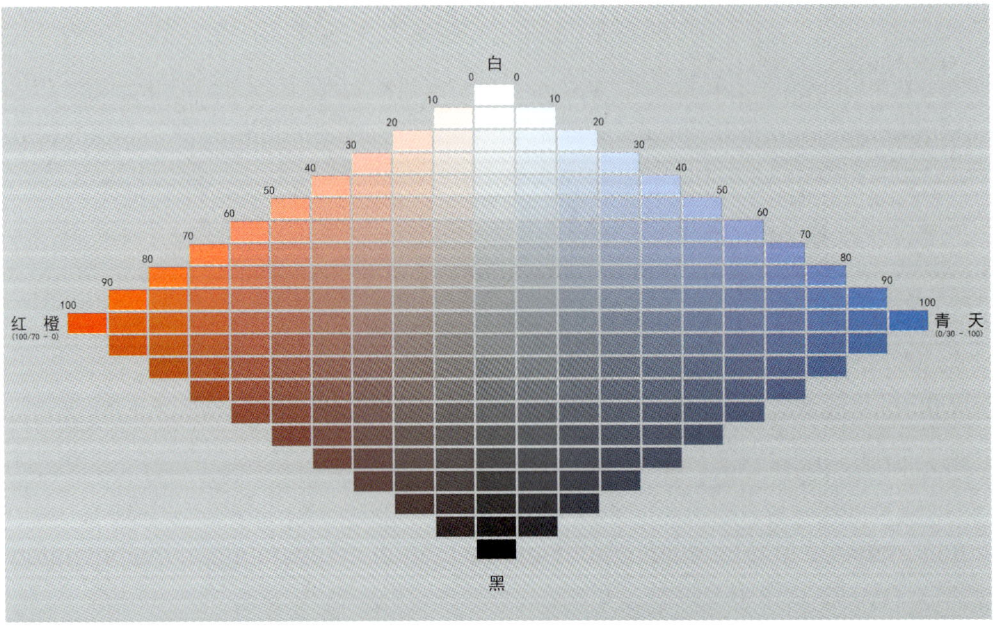

彩图8 60-10分级8分页矩形色标的图谱

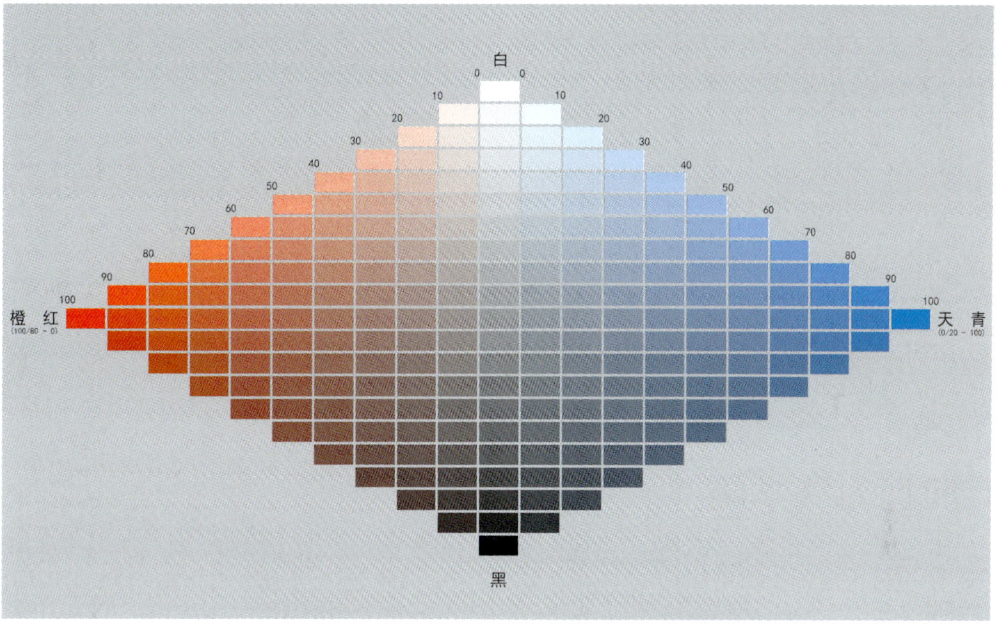

彩图 9　60-10 分级 9 分页矩形色标的图谱

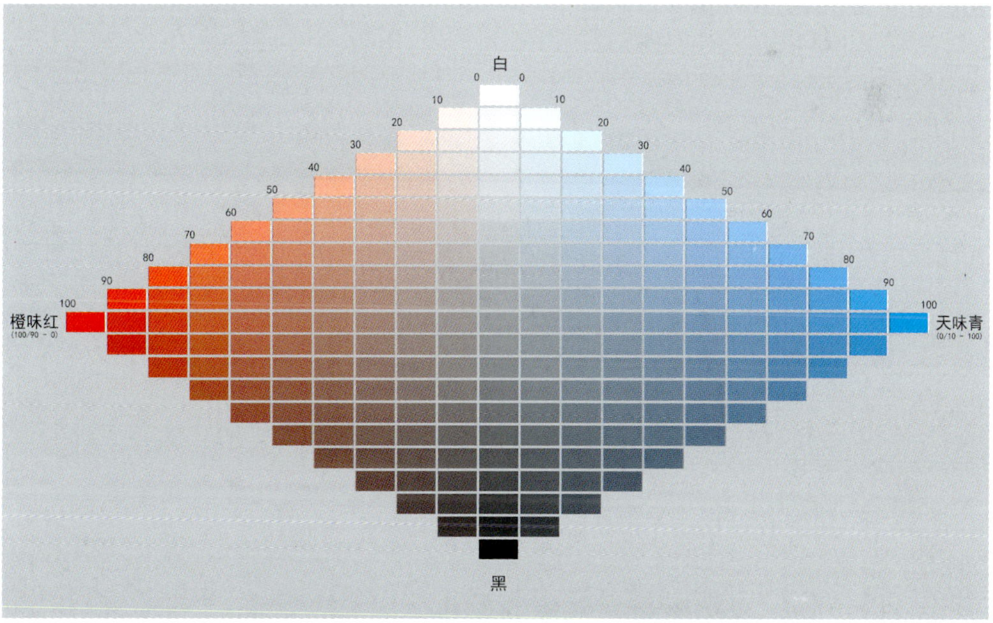

彩图 10　60-10 分级 10 分页矩形色标的图谱

彩图 11　60–10 分级 11 分页矩形色标的图谱

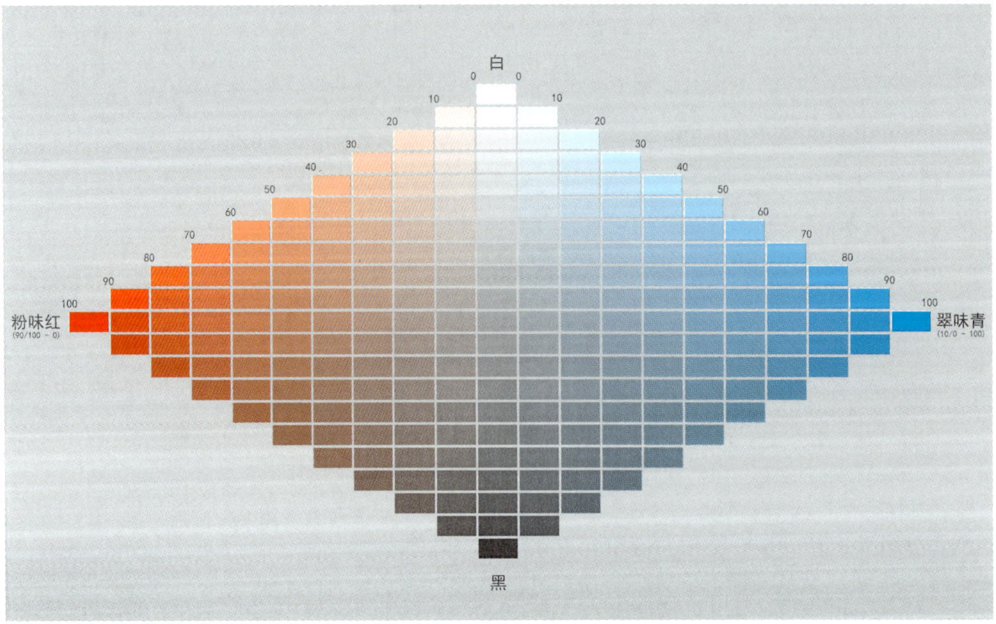

彩图 12　60–10 分级 12 分页矩形色标的图谱

彩图 13　60-10 分级 13 分页矩形色标的图谱

彩图 14　60-10 分级 14 分页矩形色标的图谱

彩图 15　60–10 分级 15 分页矩形色标的图谱

彩图 16　60–10 分级 16 分页矩形色标的图谱

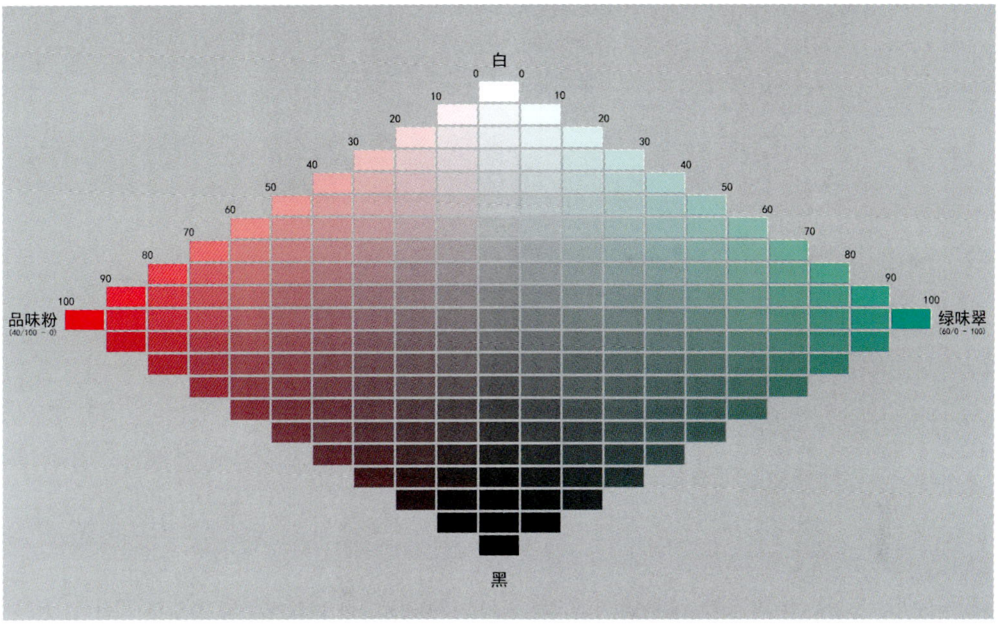

彩图 17　60–10 分级 17 分页矩形色标的图谱

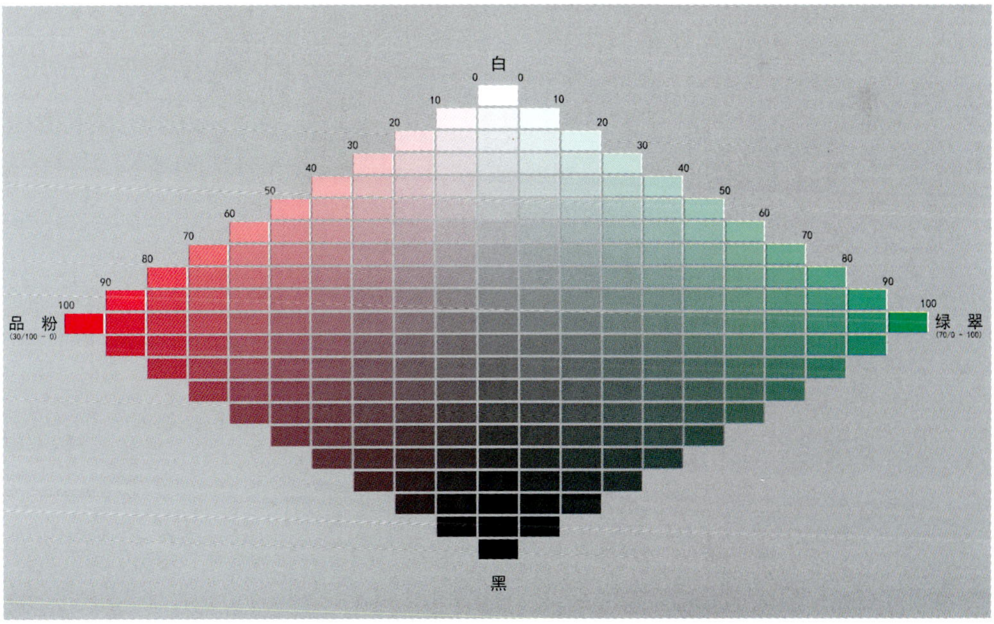

彩图 18　60–10 分级 18 分页矩形色标的图谱

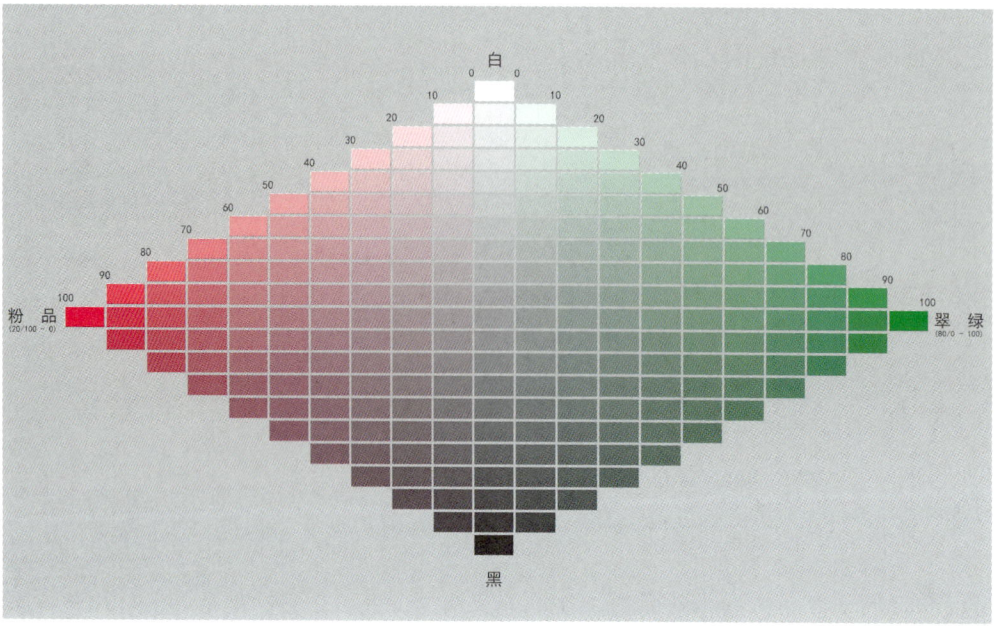

彩图 19　60-10 分级 19 分页矩形色标的图谱

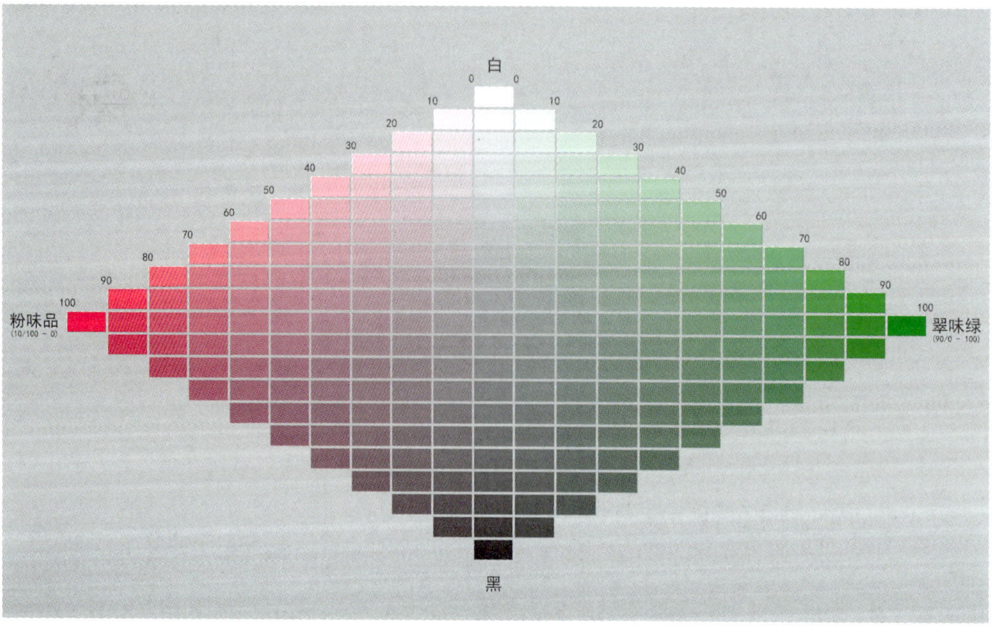

彩图 20　60-10 分级 20 分页矩形色标的图谱

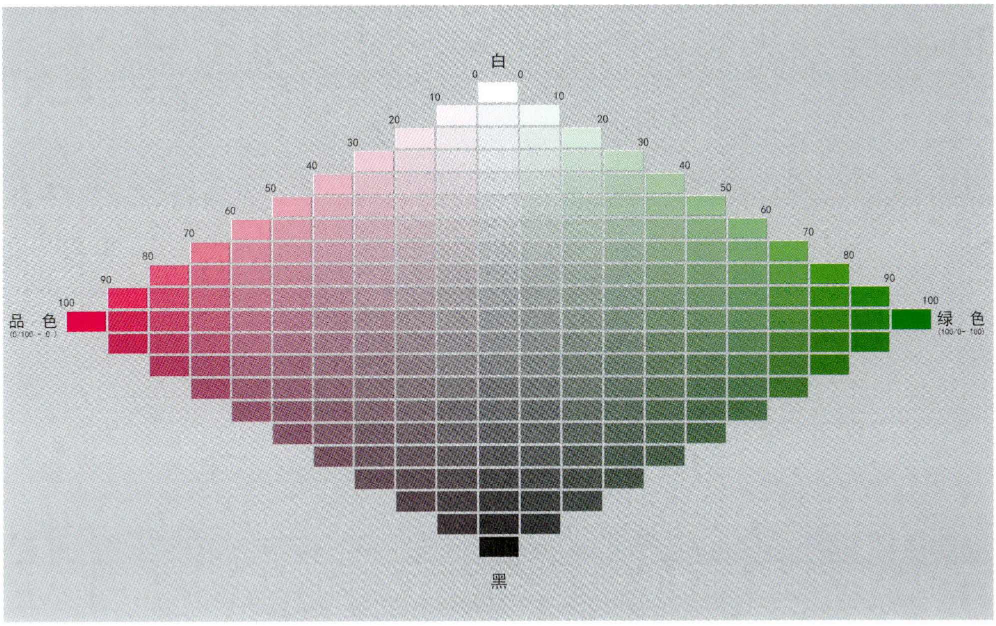

彩图 21　60–10 分级 21 分页矩形色标的图谱

彩图 22　60–10 分级 22 分页矩形色标的图谱

彩图 23　60–10 分级 23 分页矩形色标的图谱

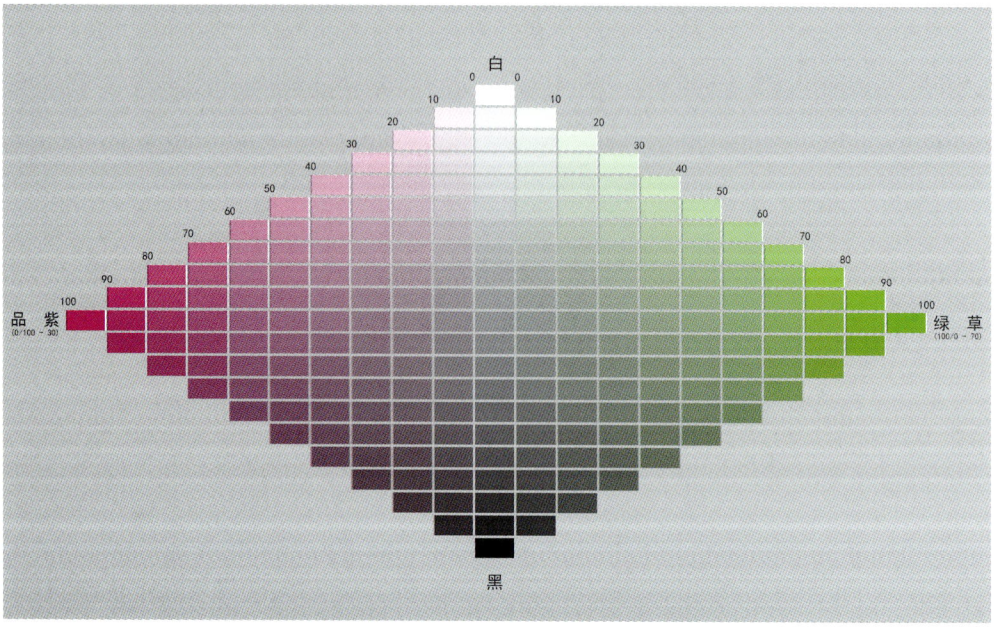

彩图 24　60–10 分级 24 分页矩形色标的图谱

彩图 25　60–10 分级 25 分页矩形色标的图谱

彩图 26　60–10 分级 26 分页矩形色标的图谱

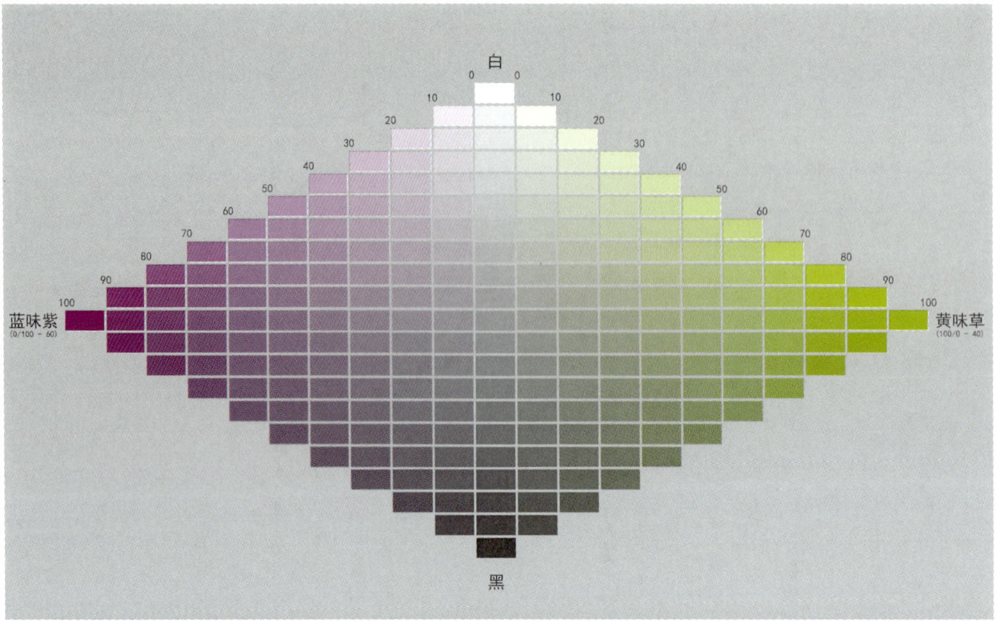

彩图27　60-10分级27分页矩形色标的图谱

彩图28　60-10分级28分页矩形色标的图谱

彩图 29　60-10 分级 29 分页矩形色标的图谱

彩图 30　60-10 分级 30 分页矩形色标的图谱

后 记

Postscript

精勤价值的见证

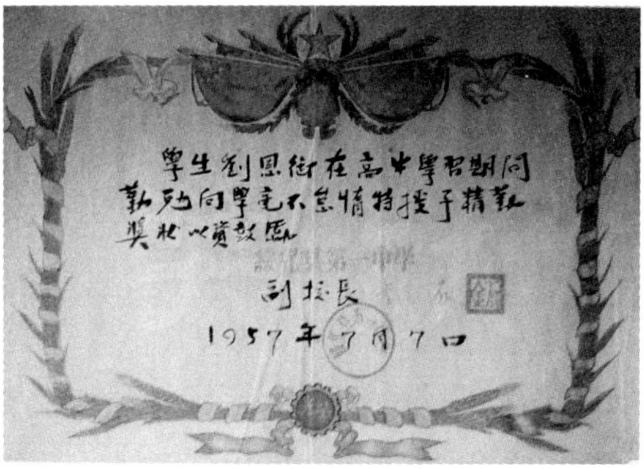

我至今珍藏的一份《精勤奖状》是1957年7月7日由黑龙江省绥化县第一中学授予的，上面写着："学生刘恩御在高中学习期间勤勉向学，毫不怠惰，特授予精勤奖状以资鼓励。"在此后漫长的50多年中，我对艺术和科学有过这样、那样的美好梦想和坚持不懈的追求，走过坎坷的道路，度过艰难的日子，尝过人间的酸甜苦辣……由于这些代价的付出，我才在色彩科学研究上取得了可喜的成绩：发明了具有国际先进水平和重要价值的"染料三基色系统"；通过《异常色觉与模拟》这篇论文，对"异常色觉的成因"这个在近一百多年以来引起许多科学家关注的问题阐述了自己的观点，认为异常色觉起因于感色纤维之间的联结，并能采用改制摄像机分色棱镜的方法进行模拟。这两个用几十年的时间研究的科研项目，2015年都经国际科学委员会审查、通过，被收录在国际照明委员会第28届大会的论文集中，使自己多年的梦想业已成真。

回顾自己教学与科研的经历：我是1960年9月在北京广播学院（现中国传媒大学）无线电系毕业、留校工作后，在摄影技术课师资青黄不接的时候，于1977年3月走上讲台的。摄影专业的教学内容使我对颜色科学产生了浓厚的兴趣，并在色彩应用的实践中发现国际现有的颜色系统没有表现出光源、物体与色彩显现的关系，不能通过数式的比较与计算，分析、判断物体在一定条件下显现的色彩。为了创造具有这种独到功能的颜色系统，我便从1978年4月开始研究、设计染料三基色系统，走上使梦想成真的道路。

我在进行染料三基色系统的总体构思时，首先认定：色彩应用的实践证明，自然界中人的眼睛能够分辨的各种色彩都是由一定比例的蓝、绿、红三原色光组成的，而黄、品、青三种染料又能分别吸收蓝光、绿光和红光，控制三原色光的比例。因此，我认为用黄、品、青三种染料以一定比例组成的“染料三基色数式”，既能表示光源的光谱成分，又能概括物体的吸收特性，描述物体的色彩，客观地表现光源、物体与色彩的关系。

染料三基色系统研究、设计的理论依据虽然显得无可置疑的明确和充分，而数字系统的组成，均匀颜色空间的建立，以及色彩的类别、特征和相互关系表现上的难度却使我苦心、极力地奋斗多年。直到1994年6月，中国科学院印刷厂用彩色电子出版系统将12–5分级染料三基色系统图谱制作成功的时候，才使我在数字系统与心理判断的符合上看到了梦想成真的曙光。

染料三基色系统的最终完成是在“均匀颜色空间与数字系统”的基础上建立的“标准染料三基色系统”。这个颜色系统与国际典型颜色系统相比，在染料三基色数式这种标志方式及光源、物体与色彩显现的关系上，具有鲜明特点、科学系统性和独到功能。

它的作用和意义不仅在于促进了色彩科学的发展，而且使中华民族有了自己独创的具有国际先进水平和重要价值的颜色系统。

在色彩标志方法和颜色系统上，从我们国家来看，中国科学院编译出版委员会于1957年10月编辑出版的《色谱》是用自然界物体的颜色名称来描述色彩的特征，使人容易理解，便于应用。但令编辑者遗憾的是：没有实现使色谱在对色彩的标志上具有科学系统性的设想。国家技术监督局于1995年6月发布的《中国颜色体系》采用的是与“孟塞尔颜色系统”相同的标志形式（HV/C），不是自己的独创。

我研究、设计染料三基色系统迄今为止的三十多年，经历过艰苦的生活环境和某些精神上的困扰，所以，每当和人们谈论如何珍惜成绩的时候才说：“我把用苦中之苦换取的成果视为自己的生命。”这个颜色系统研究、设计的成功也使我对“功夫不负苦心人”这句俗语有了更深刻的理解：成绩取得和梦想成真也是对精勤价值的见证。

在我有生之年，我还要以自己一贯保持的“求实、进取与勤奋”的精神继续探索色彩世界的奥秘，在美化生活和创造艺术上为社会发展增添光彩。

作者　2016 年 5 月 24 日